中国基础教育课程
改革与发展史

On the Reform and Development of Basic Education Curriculum in China

龙安邦　殷世东　余文森　著

教育科学出版社
·北　京·

出 版 人 郑豪杰
责任编辑 方檀香
版式设计 杨玲玲
责任校对 贾静芳
责任印制 米 扬

图书在版编目（CIP）数据

中国基础教育课程改革与发展史 / 龙安邦，殷世东，余文森著. -- 北京：教育科学出版社，2025. 5.
ISBN 978-7-5191-4376-3
Ⅰ. G639.21
中国国家版本馆 CIP 数据核字第 2025HU2935 号

中国基础教育课程改革与发展史
ZHONGGUO JICHU JIAOYU KECHENG GAIGE YU FAZHAN SHI

出版发行	教育科学出版社		
社 址	北京·朝阳区安慧北里安园甲9号	邮 编	100101
总编室电话	010-64981290	编辑部电话	010-64981252
出版部电话	010-64989487	市场部电话	010-64989009
传 真	010-64891796	网 址	http://www.esph.com.cn
经 销	各地新华书店		
制 作	山东临沂新华印刷物流集团有限责任公司		
印 刷	唐山玺诚印务有限公司		
开 本	720毫米×1020毫米 1/16	版 次	2025年5月第1版
印 张	14	印 次	2025年5月第1次印刷
字 数	210千	定 价	52.00元

本书是田慧生教授主持的2024年度国家社会科学基金教育学重大项目“立足基础教育课改实践的课程教学理论建构研究”（课题批准号：VPA240005）子课题“我国课程教学改革的历史经验与理论成果”的阶段性成果

前　言

本书呈现了一部中国基础教育课程改革与发展实践史，梳理了新中国成立70余年来基础教育课程改革的变迁历程，总结基础教育课程改革与发展的中国道路和中国经验，揭示其内在的发展规律和未来趋向。

本书的研究对象是基础教育课程改革，但它不是一般意义上的基础教育课程改革问题研究与课程理论建构，而是对确确实实在中国大地上发生并对我国基础教育产生实质性影响的基础教育课程改革与实践进行研究。

本书全面梳理和分析了我国基础教育课程改革与发展的基本历程，总结了我国基础教育课程本土化的初步探索、新生与外引、创新与发展三个历史阶段，揭示了我国本土基础教育课程体系的构建过程。在这一历史进程中，课程方案、课程标准和教科书作为基础教育课程的主要物质载体，在文本层面体现着我国基础教育课程改革与发展的主体脉络。其中，课程方案发展经历初创、重建、转型、深化四个历史阶段，在课程目标、课程类型、课程结构、课程权力关系等方面取得突出成就，形成了中国特色的课程方案变革经验与发展方向。以1954年前后、1963年、1988—1993年、2001—2003年、2017—2022年颁布的五套课程标准为标志，我国基础教育课程标准在颁布、修订、调整与完善的持续变革中改进其形式结构、课程理念和课程内容，为基础教育各门课程的建设与发展确立了更加可靠、更加明确的“航标”。基础教育教科书经过初建阶段的迅速转型、改革阶段的管理创新、繁荣阶段的人文凸显，证明了正确的政治方向、科学的管理体制、知识的内核地位、人的价值归宿对教科书改革与发展的重要意义。

同时，本书还对基础教育课程改革与发展中的实践问题进行了专项分析和研究。对基础教育课程政策变迁史进行专题研究，揭示基础教育课程改革政策不仅具有一般公共政策的特征，还具有自身的特质。新中国成立以来，我国基础教育课程政策适时地变革与调整，经历了启动与初建、调整与转型、健全与完善三个阶段，驱动、规范和指引着基础教育课程发展，取得了巨大成就。随着课程政策的变化，基础教育课程目标也因社会对人才素质要求的变化而变革，从“双基”，到“三维目标”，再到核心素养。课程结构因课程目标的变化，先后经历了以学科为中心的课程结构、偏重自然科学的课程结构、去中心化与综合化的课程结构的发展与变化。课程实施在不同的历史阶段有着不同的特点，经历了从忠实取向的课程实施，到调适取向的课程实施，再到创生取向的课程实施的历史过程。综合实践活动的演进，经历了一个漫长的过程，从零散的课外活动、生产劳动课程到“第二渠道”“第二课堂”，再到成为基础教育阶段的一门必修课程。地方课程经历孕育、雏形、成熟与完善阶段，校本课程建设经历萌生、雏形、成型阶段，两者已成为基础教育课程体系的重要组成部分，与国家课程相辅相成。地方课程和校本课程建设的历程，体现了我国基础教育课程管理权限逐步下放与变革的过程，形成中国特色的课程“三级管理”创新模式。这些专题研究从课程的内在维度和重要领域出发，展示了我国基础教育课程改革的多方面成果与经验。

基础教育课程改革与发展蕴含着一定的课程理念和价值取向，实质上体现着基础教育课程为学生创设的文化生存方式的变革，影响着学生成长与发展。中国基础教育课程改革与发展的历史轨迹彰显着中国基础教育育人方式的变革过程。

新中国的基础教育课程改革与发展走了70余年的历程，取得了显著的成效和经验，也出现了一些值得思考与改进的问题，基础教育课程的改革与发展一直在路上。

本书在写作的过程中，遵循历史与逻辑相统一、史与论相结合的原则，以中国大地上真实发生的基础教育课程改革历史过程为线索，观点依据史料，史料佐证观点，从而揭示出基础教育课程改革与发展的中国道路和中国经验，彰显基础教育课程改革的中国文化基因和文化特质，为当下及未来的中国基础教育课程改革与发展提供历史经验，推进基础教育的深化改革与健康发展。

目　录

第一编

课程改革的总体梳理

课程方案、课程标准、教科书是基础教育课程的三大物质载体，是基础教育课程改革与发展的最直接、最明显的表征。本编首先梳理我国70余年来基础教育课程改革的基本历程，再着重回顾与总结我国基础教育课程方案、课程标准及教科书的改革历程与基本经验，从而刻画出我国基础教育课程改革的主体脉络。

第一章

课程改革的基本历程

基础教育课程是基础教育的核心抓手，是根据党的教育方针和教育目的，结合基础教育阶段人才培养目标，为学生提供的在当下与未来生存和生活所必须具备的各种学习经验。新中国成立以来，我国基础教育课程因应时代的要求，不断进行改革与探索，为培养符合时代需要的各级各类人才打下基础，取得了良好的教育成效。基础教育课程已历经数次改革，形成了具有中国特色的基础教育课程改革与建设经验，每一次改革与调整都在不同程度上促进了基础教育发展和质量提升，彰显着基础教育课程建设的中国特色和中国路径，逐步形成中国基础教育课程体系和课程文化。

第一节　课程改革的历史进程

自新中国成立以来，我国基础教育课程经历数次改革，每次课程改革呈现出不同的特点。从基础教育课程变革的政策层面来看，通常认为新中国成立后经历了九次基础教育课程改革。我们依据基础教育课程改革与发展所体现出来的特征，将我国基础教育课程改革与发展的基本历程分为三个阶段。

一、课程本土化的初步探索时期（1949—1977 年）

1949 年 10 月 1 日新中国成立，开辟了中华民族历史的新纪元。当时各行各业还存留旧时代的印迹，因而首要的任务是对旧思想观念、旧制度等方面进行改造，教育行业也不例外。人们希望建立一种新教育，由此开启了中国基础教育课程的本土化尝试，对建立适合中国国情的基础教育课程体系进行了初步探索。这一时期的基础教育课程改革与探索，为我国基础教育的本土化发展奠定了坚实的基础。

1949 年 9 月 29 日，中国人民政治协商会议第一届全体会议通过了《中国人民政治协商会议共同纲领》，其中第五章“文化教育政策”中明确指出：“中华人民共和国的文化教育为新民主主义的，即民族的、科学的、大众的文化教育。人民政府的文化教育工作，应以提高人民文化水平、培养国家建设人才、肃清封建的、买办的、法西斯主义的思想、发展为人民服务的思想为主要任务。”（中共中央文献研究室，2011a）[9]

同年 12 月 23 日至 31 日，新中国第一次全国教育工作会议在北京召开。会议根据《中国人民政治协商会议共同纲领》中“人民政府应有计划有步骤地改革旧的教育制度、教育内容和教学法”（中共中央文献研究室，2011a）[10]的规定，结合当时的国情，要求“以老解放区新教育经验为基础，吸收旧教育有用经验，借助苏联经验”（中共中央文献研究室，2011a）[73]建设教育，这成为新中国基础教育课程改革的指导方针。经过对旧教育制度的改造，结合老解放区的教育经验，借鉴苏联的经验，我国初步确立了中小学新的课程体系，开始了新中国第一次基础教育课程改革。

1950 年 8 月教育部颁发了《中学暂行教学计划（草案）》，这是新中国颁布的第一份教学计划，是指导新中国基础教育课程设置和课程开发的纲领性文件。这一文件规定在中学设置门类齐全的学科课程，如政治、语文、数学、自然、生物、化学、物理、历史、地理、外国语、体育、音乐、美术等课程。

为了开发中国本土化的教材，老一代课程专家进行了不懈的探索。1949 年 10 月 19 日，中共中央宣传部部长陆定一在全国新华书店出版工作会议闭幕词中指出，教科书要由国家办，因为必须如此，教科书的内容才能符合国家政策，教科书才可能印刷得好些，价钱也便宜些，发行方面也免得浪费。教科书对国计民生影响特别巨大，所以非国营不可。（中国教育科学研究院，2022）[189]1950 年刘松涛等编写的老解放区小学语文课本和俞子夷编写的小学算术课本等修订出版，这是新中国成立后最早出版的小学教材，并于当年秋季开始选用。为了进一步开发相关的课程资源和教材，以满足当时的基础教育改革与发展的需要，1950 年 12 月人民教育出版社成立，承担编写国家统一教材的任务。根据教育部的要求，人民教育出版社以小学各科课程暂行标准（草案）和《中学暂行教学计划（草案）》为依据，改编和修订了中小学教科书，并于 1951 年秋季在中小学使用。

1951—1952 年，教育部发布了全国统一使用的教学计划、教学大纲，要求编写中小学教科书，从而建构了新中国的课程开发、管理与实施的“大一统”模式。1952 年 3 月，教育部颁布了中学教学计划和新中国成立以来第一份五年一贯制小学教学计划，要求在小学主要设置语文、算术、自然、历史、地理、体育、图画、音乐课程。

在第一次改革中，教育部规定了中小学的课程门类，统一了课程安排和课时安排，优化了中小学课程的比例结构和课程的衔接，颁布了各学科的新教学大纲，从使用旧教材逐步过渡到修改旧教材再到编写新教材。“经过短短三年改造旧教育、建设新教育的变革，初步形成了新中国初期自己的中小学课程体系和教材体系。”（田慧生，2015）[84] 然而，在教学方法上，虽然从政策上为教学方法的改进指明了方向，但是由于忙于对旧的教育机构进行接收改造，忙于新学校的建设，直到 1952 年，教学方法的改革尚未大规模进行。同时，由于这一时期旧有的残留思想的影响，基础教育课程内容比较落后、陈旧，结构单一，导致学生掌握的知识比较片面等，不能很好地适应新中国的建设和人才培养需要。

1953 年，党中央提出了过渡时期的总路线。结合我国经济社会发展的新形势，政务院于同年 11 月发布了《关于整顿和改进小学教育的指示》，1954 年 4 月又发布了《关于改进和发展中学教育的指示》，掀起新中国第二次基础教育课程改革。第二次改革的重点是对 1949—1952 年设置的课程体系、教学大纲、教材以及教师参考用书等进行调整与改革，逐步建立比较全面的基础教育课程体系。

《关于整顿和改进小学教育的指示》规定：“关于小学五年一贯制，从执行情况看来，由于师资教材等条件准备不足，不宜继续推行。因此已从本学年起，一律暂行停止推行。小学学制仍沿用四二制，分初、高两级。初级修业期限四年，高级修业期限二年。”（何东昌，1998）[264] 文件同时指出，今后几年内小学教育应在整顿巩固的基础上，有计划、有重点地发展，小学工作和学习应由教育行政部门统一领导布置。《关于改进和发展中学教育的指示》明确指出：“为提高教学质量，中央教育部应根据国家过渡时期的总任务和中学教育的目的，……有计划地修订中学教学计划，修改教学大纲和教科书，并为教师编辑一套教学指导书，这是目前提高学校教育质量的一项最基本的工作。”（何东昌,1998）[306] 这两个文件为基础教育课程改革提供了指导和依据。

根据相关的政策文件及中小学教学计划，1956年，教育部颁布了新中国成立以来第一套中小学各科教学大纲，人民教育出版社出版了基础教育第二套通用教材。这套教材理论性有所加强，特别注意了学生动手能力的培养。然而，由于第二套教材以苏联教材为蓝本，内容偏深过难，被教育部要求精简，所以只使用了一年便停用。

第二次基础教育课程改革，从总体上看，重视学科与育人的作用，提出设置选修课，重视地方教材、乡土教材的编写等，初步形成了比较全面的中小学课程体系。但这一时期基础教育课程改革受到苏联教育思想的影响，在课程设置和教育教学方式上都留有苏联教育的痕迹。在课程设置与管理体制上，由国家控制课程管理与编制，全国设置统一科目、统一的课程与教学内容，课程结构单一。由于课程变动过于频繁，教材又跟不上需要，教学工作不能完全按照教学计划执行，部分学科间的相互联系和配合不够紧密，课程设置不尽合理。

随着社会主义“三大改造”基本完成，我国开始探索社会主义建设道路，各项事业开始改革与调整。1957年2月，毛泽东做了《关于正确处理人民内部矛盾的问题》的报告，其中提出：“我们的教育方针，应该使受教育者在德育、智育、体育几方面都得到发展，成为有社会主义觉悟的有文化的劳动者。”（中共中央文献研究室，2011b）[76] 为了更好地贯彻这一教育方针，在教育部的周密部署下，基础教育课程进行了第三次大的改革与调整。

1957年6月教育部颁布了《关于1957—1958学年度中学教学计划的通知》，1958年3月颁发了《关于1958—1959学年度中学教学计划的通知》，对中学课程做了调整和变动，加强知识教学与劳动教学的结合。1958年9月中共中央、国务院发布了《关于教育工作的指示》，要求在学校中加强政治思想教育和教师思想改造。

1958—1960年，中小学校贯彻党的教育与生产劳动相结合的方针，实行勤工俭学，兴起课程和教学改革的群众运动，其中课程改革的主题是缩短学制、精简课程。

在1961年召开的中共八届九中全会上，党中央确立了“调整、巩固、充实、提高”的方针。依据这一方针，基础教育课程进行了以下几个方面的调整。

一是在课程管理体制上，重新收回基础教育课程管理权，实行国家统一管理。1963 年 3 月，中共中央颁布的《全日制小学暂行工作条例（草案）》《全日制中学暂行工作条例（草案）》规定，中小学课程实行国家统一管理。同时，提出了教科书实行“国定制”与“审定制”相结合的管理制度。

二是制订新的教学大纲，强调“双基”训练，编写第三套全国通用教材，并更换使用。1963 年 5 月，教育部颁布了中小学各科教学大纲，重新确立了各学科的性质、任务和基本的教学内容，课程与教学目标强调“双基”的掌握和训练。

三是制订新的教学计划，确立基础教育的核心课程。1963 年 7 月，教育部颁布了《关于实行全日制中小学新教学计划（草案）的通知》，规定小学核心课程为语文和数学，中学核心课程为语文、数学、外国语。

二、课程本土化的新生与外引时期（1978—2000 年）

改革开放以来，我国基础教育在积极借鉴国际先进经验的基础上，稳步推进课程本土化改革，并通过发布课程计划、编写教材、划分学校课程、设置地方课程，从多个方面积极探索、总结基础教育课程实践经验，这促使我国在该阶段初步形成了具有自身特色的基础教育课程体系和课程文化。

1978 年 1 月，教育部颁发《全日制十年制中小学教学计划试行草案》，启动了新中国成立以来的第五次基础教育课程改革。这次课程改革的主要措施有：（1）统一了学制，即五五学制。统一规定全日制中小学学制为十年，其中小学五年、中学五年。（2）恢复了分科课程模式和开设的主要课程，颁布了全国统一的教学大纲。（3）要求人民教育出版社集中编写第五套全国通用的中小学教材，于 1978 年秋在全国使用。第五套教材吸取了国际、国内中小学课程改革的经验和教训，进行了教学内容的现代化改革，特别是清除了“文化大革命”时期出版的教材中的谬误，改正了在政治与业务、理论与实践等问题上的一些不适当的处理方法，注意基础知识的选择、智力和能力的培养。

随着国内与国际形势的巨大变化，人才竞争愈益激烈，要求基础教育课程必须进行改革。1981 年，教育部根据邓小平“要办重点小学、重点中学、重点大学”的指示精神，相继颁布了《全日制五年制小学教学计划（修订草案)》和《全日制六年制重点中学教学计划试行草案》，调整了课程和课时。

1982年9月召开的党的十二大，明确将教育列为经济发展的一个战略重点，我国进入了建设有中国特色的社会主义的新时期。根据国家经济社会发展的需要，基础教育进行了进一步改革，对课程和教学做了进一步调整。1984年教育部颁发了农村和城市小学六年制教学计划等，对农村和城市小学的数学、外语、自然常识、劳动等课程实施提出了不同的要求，同时对教学大纲进行重新修订。根据新教学计划的要求，人民教育出版社组织编写了第六套全国通用教材。“应该说，这是文革以后第一套质量水平较高、学科体系健全的好教材。”(田慧生，2015)[85]课程领域开始系统介绍国外的课程理论，借鉴国外课程改革的经验，并对新中国成立以来基础教育课程改革的经验进行认真总结。

1985年5月，中共中央颁布《关于教育体制改革的决定》，确立了“三个面向”的教育目标，以“提高民族素质，多出人才、出好人才”为根本出发点，从根本体制入手，改革与社会主义现代化建设不相适应的教育思想、教育内容、教育方法等。1986年国家教委颁发了小学、初中各科教学大纲，对基础教育课程进行第六次改革。同年《中华人民共和国义务教育法》(简称《义务教育法》)施行，标志着我国基础教育进入依法治教的新阶段。

基础教育课程的第六次改革，取得了显著成就，也存在一些问题，如政府有关部门对学校统得太死，学校缺乏活力；教育结构不合理；教育体制僵化；等等。为了进一步加快基础教育发展与提升基础教育质量，国家对基础教育课程进行了进一步改革，即实施了第七次基础教育课程改革。

为配合《义务教育法》的实施，1988年国家教委颁发了《义务教育全日制小学、初级中学教学计划(试行草案)》。由于实行九年义务教育后，初中课程从原有的中学课程体系中分离出来，而且原教学计划中高中的课程结构也不够合理，一些学科的要求偏高，国家教委于1990年颁发了《现行普通高中教学计划的调整意见》，作为新的普通高中教学计划颁发前的过渡性教学计划。1992年国家教委颁布了《九年义务教育全日制小学、初级中学课程计划(试行)》，国家教委基础教育司在1996年颁发了同义务教育课程计划相衔接的《全日制普通高级中学课程计划(试验)》。在这一次课程改革中，我国教育界探索并提出了建构国家课程、地方课程、校本课程以及活动课程、研究性学习课程等，要求建设具有中国特色的课程体系。

（1）改革了课程计划。1992年颁布的《九年义务教育全日制小学、初级中学课程计划（试行）》，首次将“教学计划”更名为“课程计划”，在“课程计划”中将课程表分为六三制和五四制两种。同时，将学校课程分为两大类：学科课程和活动课程。基础教育课程开始改变传统的“小学—中学”的分段设计，而代之以“义务教育—高中”两阶段的设计。

（2）优化了课程结构。各地可以根据本地实际情况和需要设置地方课程，改变了我国国家课程一统天下的课程结构。中小学的课程设置，进行了较大的改革，如设置综合课，初中开设选修课，活动课也被正式纳入教学计划。

在这个阶段基础教育课程改革的视野扩大了，主动借鉴国际基础教育课程先进经验，开始关注地区差异，废除了课程行政管理“集中制”，确立了“一纲多本”的基础教育教材改革方略。从某种意义上说，“新中国成立以来真正意义上的课程改革是从第七次课程改革开始的”（田慧生，2015）[86]。这次改革使课程思想和课程体制等发生了诸多实质性变化，对中小学课程建设产生了巨大的历史性影响。通过对基础教育课程实践经验的总结与理论探索，结合外引与借鉴，我国初步形成了具有自身特色的基础教育课程体系和课程文化。

在世纪之交，人们开始总结和反思我国基础教育改革取得的成就和面临的挑战。1999年6月15—18日，中共中央、国务院在北京召开改革开放以来的第三次全国教育工作会议。会议的主题是动员全党同志和全国人民，以提高民族素质和创新能力为重点，深化教育体制和结构改革，全面推进素质教育，振兴教育事业，实施科教兴国战略，为实现党的十五大确定的社会主义现代化建设宏伟目标而奋斗。这次会议从社会主义现代化建设全局和战略的高度，对我国面向新世纪的教育改革和发展做出了重要部署。会议进一步强调必须全面贯彻党的教育方针，坚持教育为社会主义服务、为人民服务，坚持教育与社会实践相结合，以提高国民素质为根本宗旨，以培养学生的创新精神和实践能力为重点，努力造就有理想、有道德、有文化、有纪律的，德育、智育、体育、美育等全面发展的社会主义事业建设者和接班人。会议期间新华社播发的《关于深化教育改革全面推进素质教育的决定》明确提出，调整和改革课程体系、结构、内容，建立新的基础教育课程体系。

三、课程本土化的创新与发展时期（2001 年至今）

进入 21 世纪以来，我国在继承与创新的基础上持续推进了两次重大的基础教育课程改革，以适应新时期实施素质教育的基本要求，回应发展学生核心素养的时代诉求。基础教育课程改革坚持目标导向、问题导向和创新导向，着力培养能够适应未来社会发展的时代新人。

2001 年教育部颁布了《基础教育课程改革纲要（试行）》，之后印发了《义务教育课程设置实验方案》和语文等学科的课程标准（实验稿）。从当年 9 月起，全国 27 个省（自治区、直辖市）的 38 个国家级实验区（以县区为单位）开始了基础教育课程改革实验。这是新中国历史上的第八次基础教育课程改革。2002 年秋季，除上海、西藏外，全国范围内有 530 个省级实验区开始课程改革的实验，参加实验的学生达 870 余万人。到 2003 年秋季，全国共有 1 642 个县（区）、3 500 万名中小学生进入课程改革实验。

2003 年，教育部印发了《普通高中课程方案（实验）》和语文等 15 个学科课程标准（实验）。2004 年秋季，高中课程改革首先在山东、广东、海南和宁夏四省区进行实验。2005 年增加了江苏，2006 年增加了天津、浙江、福建、安徽和辽宁，2007 年增加了北京、湖南、陕西、黑龙江、吉林，2012 年高中课程改革推广到全国。

第八次基础教育课程改革的具体目标为实现六大转变：一是改变课程过于注重知识传授的倾向，强调形成积极主动的学习态度，使获得基础知识与基本技能的过程成为学会学习和形成正确价值观的过程。二是改变课程结构过于强调学科本位、门类过多和缺乏整合的状况，使课程结构具有均衡性、综合性和选择性。三是改变课程内容繁、难、偏、旧和偏重书本知识的状况，加强课程内容与学生生活及现代社会科技发展的联系，关注学生的学习兴趣和经验，精选终身学习必备的基础知识和基本技能。四是改变课程实施过于强调接受学习、死记硬背、机械训练的状况，倡导学生主动参与、乐于探究、勤于动手，培养学生搜集和处理信息的能力、获取新知识的能力、分析和解决问题的能力、交流与合作的能力。五是改变课程评价过分强调甄别与选拔功能，发挥评价促进学生发展、教师提高和改进教学实践的功能。六是改变课程管理过于集中的状况，实行国家、地方、学校三级课程管理，增强课程对地方、学校及学生的适应性。这次课程改革的特点是：国际视野与本土经验相结合，继承与创新相结合，注重构建中国本土化的基础教育课程体系，营造一种新的课程文化。

为适应新时期全面实施素质教育的要求，国务院在2010年颁发了《国家中长期教育改革和发展规划纲要（2010—2020年）》（简称《教育规划纲要》），明确了新时期推进课程改革的任务要求。2011年，教育部颁布了义务教育课程标准（2011年版），以适应新时期全面实施素质教育的要求，深化基础教育课程改革，提高教育质量。

2014年3月30日教育部印发的《关于全面深化课程改革落实立德树人根本任务的意见》提出："教育部将组织研究提出各学段学生发展核心素养体系，明确学生应具备的适应终身发展和社会发展需要的必备品格和关键能力。"实际上，"自进入21世纪以来，世界各国包括一些重要的国际组织都纷纷启动了学生'核心素养'的研究，并在此基础上开启了新一轮基础教育课程改革"（左璜，2016）[39]，核心素养培养成为之后基础教育课程改革的航标。2016年9月13日中国学生发展核心素养总体框架发布，它以培养"全面发展的人"为核心，分为文化基础、自主发展、社会参与三个方面，综合表现为人文底蕴、科学精神、学会学习、健康生活、责任担当、实践创新等六大素养，具体细化为国家认同等十八个基本要点。各素养之间相互联系、相互补充、相互促进，在不同情境中整体发挥作用。

按照学生发展核心素养目标要求，在"关注学生发展、培养学生核心素养"的新理念指引下，我国课程目标、课程内容、课程评价等方面进一步发展变化。课程目标围绕学生核心素养确立，课程内容围绕学生核心素养培养需要进行选择。同时，根据我国基础教育课程改革目标，借鉴国际经验，构建基于学生发展核心素养的课程评价体系，以促进我国基础教育课程科学有序地迈向新时代，为新时代培养合格的人才。

2017年12月29日，教育部印发2017年版普通高中课程方案和语文等学科课程标准，规定普通高中学制、课时和课程结构。2019年6月23日，中共中央、国务院发布的《关于深化教育教学改革全面提高义务教育质量的意见》强调，突出德育实效、提升智育水平、强化体育锻炼、增强美育熏陶、加强劳动教育，构建德智体美劳全面培养的教育体系，为进一步完善中国特色的基础教育课程体系指明了方向。同月，国务院办公厅印发的《关于新时代推进普通高中育人方式改革的指导意见》规定：各省（自治区、直辖市）要结合推进高考综合改革，制定普通高中课程改革实施方案；2022 年前全面实施新课程、使用新教材；强化体育锻炼，加强美育工作，重视劳动教育等。

2022 年 3 月，教育部印发了 2022 年版义务教育课程方案和课程标准，标志着我国基础教育课程改革进入新的发展阶段。义务教育课程凸显了“课程育人”主题，其制度安排和实践策略充分体现了育人为本和素养导向，其基本精神主要体现在四个方面：落实“五育并举”，独立设置劳动课程，推动德智体美劳各领域均衡发展，研制劳动课程标准；强化育人为本，聚焦核心素养，完善培养目标，明确核心素养发展水平，增强课程的思想性；倡导课程综合化，设计跨学科主题学习活动，注重综合课程设计和课程的综合化实施；倡导综合学习，深化课堂教学改革，凸显实践育人价值，聚焦教师的课程实施，强化教师的课程角色（杨明全，2022）。

2022 年版义务教育课程方案和课程标准坚持三个导向。一是坚持目标导向。认真学习领会习近平关于教育的重要论述，准确理解把握中央关于教育改革的各项要求，确立课程修订的根本遵循。对重大主题教育进行整体规划、系统安排，充分反映习近平新时代中国特色社会主义思想，有机融入社会主义先进文化、革命文化和中华优秀传统文化，全面落实有理想、有本领、有担当的时代新人的培养要求，增强课程的思想性。二是坚持问题导向。全面梳理分析课程改革中的困难和问题，明确修订重点和任务，注重对实际问题的有效回应。遵循学生身心发展规律，强化一体化设置，促进学段间的衔接，提升课程科学性、系统性；优化课程设置，细化学科育人目标，明确实施要求，增强课程指导性、可操作性。三是坚持创新导向。进一步深化改革，既注重继承我国课程建设的成功经验，也充分借鉴国外课程改革新成果，更新教育理念，体现中国特色，增强课程综合性、实践性，引导育人方式变革，着力发展学生核心素养。坚持与时俱进，反映经济社会发展新变化、科学技术进步新成果，更新课程内容，体现课程时代性。

与之前的课程方案相比较，《义务教育课程方案（2022 年版）》的主要变化包括三个方面。一是完善了培养目标。全面落实习近平关于培养担当民族复兴大任时代新人的要求，结合义务教育性质及课程定位，从有理想、有本领、有担当三个方面，明确义务教育阶段时代新人培养的具体要求。二是优化了课程设置。整合小学原品德与生活、品德与社会和初中原思想品德为“道德与法治”，进行九年一体化设计；改革艺术课程设置，一至七年级以音乐、美术为主线，融入舞蹈、戏剧、影视等内容，八至九年级分项选择开设；科学、综合实践活动开设起始年级提前至一年级；将劳动、信息科技及其所占课时从综合实践活动课程中独立出来。三是细化了实施要求。增加课程标准编制与教材编写基本要求；明确省级教育行政部门和学校课程实施职责、制度规范，以及教学改革方向和评价改革重点，对培训、教科研提出了具体要求；健全实施机制，强化监测与督导要求。

2022 年版各学科课程标准主要在五个方面有所变化（田慧生，2022）。一是各课程标准基于义务教育培养目标，将党的教育方针具体化细化为本课程应着力培养的学生核心素养，体现正确价值观、必备品格和关键能力的培养要求。二是优化了课程内容结构。基于核心素养培养要求，遴选重要观念、主题内容和基础知识技能，精选课程内容，优化组织形式。涉及同一内容主题的不同学科，根据各自的性质和育人价值，做好整体规划与分工协调。设立跨学科主题学习活动，加强学科间相互关联，带动课程综合化实施，强化实践要求。三是研制了学业质量标准。依据核心素养发展水平，结合课程内容，整体刻画不同学段学生学业成就的具体表现，形成学业质量标准，引导和帮助教师把握教学深度与广度，为教材编写、教学实施、考试评价等提供依据。四是增强了指导性。各课程标准针对“内容要求”提出“学业要求”“教学提示”，细化了评价与考试命题建议，注重实现教、学、考的一致性，增加了教学、评价案例，不仅明确了“为什么教”“教什么”“教到什么程度”，而且强化了对“怎么教”的具体指导，做到好用、管用。五是加强了学段衔接。注重幼小衔接，基于对学生在健康、语言、社会、科学、艺术领域发展水平的评估，合理设计小学一至二年级课程，注重活动化、游戏化、生活化的学习设计。依据学生从小学到初中在认知、情感、社会性等方面的发展，合理安排不同学段内容，体现学习目标的连续性和进阶性。了解高中阶段学生特点和学科特点，为学生进一步学习做好准备。

2022 年版义务教育课程标准在属性、立意和结构上实现了突破和创新（余文森 等，2022）。在属性上，课程标准强调国家教育意志在课程层面的体现，通过课程性质、课程理念、课程目标、课程内容、学业质量、课程实施等几个部分，形成相对完整的逻辑体系，使课程标准成为一门具有法规性质的实践性的“教育学”。在立意上，课程标准凸显人的因素，将课程目标指向核心素养，深入挖掘课程的独特育人价值，突出义务教育阶段核心素养的基础性、综合性、成长性，注重课程对学生一般发展应做的贡献，实现基础教育课程由学科立场向教育立场转型。在结构上，课程标准包含内容标准、活动标准、质量标准三大方面。其中内容标准强调课程内容的结构化，聚焦学科大观念，提供有利于学生核心素养发展的少而精、有机整合的课程内容；活动标准以育人方式变革为核心，突出学科实践，通过教学理念、教学提示、教学建议和教学案例等，增强课程标准对教师教学的指导性和约束性；质量标准通过“单位”质量标准、学段质量标准、义务教育质量标准几个层次，努力让核心素养可见，确保和检验学习达成的水平和成果。核心素养贯穿、统领这三个方面，使三者构成有机的整体课程标准。

2022 年版义务教育课程方案和课程标准是中国特色社会主义课程理论的具象化表达，亦是对“建设什么样的课程”“怎样建设课程”“为谁建设课程”不断追问的实践结晶（何茜 等，2022）。这既是对我国以往基础教育课程改革经验的总结，亦为未来基础教育课程改革勾勒了蓝图（张妍 等，2023）。

第二节　课程变革的经验与思考

历经 70 多年的探索与实践，中国基础教育课程在课程目标、课程内容、课程管理与课程评价等各个方面，形成了具有自身特色的表达方式和实践路径，彰显着中国基础教育课程话语体系和课程文化，孕育着祖国的未来和民族的希望。

一、课程目标必须坚持以人为本，关注学生成长

新中国成立后，我国基础教育课程改革长期存在着较为严重的社会本位价值取向。新中国成立初期，为了巩固新生的人民政权，课程的政治功能得到凸显，而为了恢复经济发展，课程的经济价值也受到一定程度的重视。改革开放以后，随着党和国家的工作重心向现代化建设转移，教育的经济功能

被强化，课程表现出泛经济主义的特点。这些价值取向，都对培养具有健全人格的公民造成多重影响。

从国际上看，课程改革最初受到人力资本理论的推动。人力资本理论认为教育具有提高劳动生产率、培养经济发展所需人才、促进经济增长的功能。但这种理论把人等同于资本，在某种程度上贬低了人的价值。在基础教育课程改革历程中，人们逐渐意识到教育改革应该以人为本，从主体性的“人”的角度来推动改革，彰显生命的活力。“实践证明，课程改革中‘以人为本’的正确价值取向，是我国基础教育课程改革健康发展的关键，是全面推进素质教育的重要保障。”（田慧生，2015）[88]

“以人为本”是课程根本的价值导向。从人发展的角度看，基础教育课程改革是一种人本性教育更新。（李润洲，2011）世纪之交启动的第八次基础教育课程改革提出“为了中华民族的复兴，为了每位学生的发展”的课程改革理念，让课程改革回归初心、回归根本。新一轮课程改革强调，义务教育要在坚定理想信念、厚植爱国主义情怀、加强品德修养、增长知识见识、培养奋斗精神、增强综合素质上下功夫，使学生成为有理想、有本领、有担当，德智体美劳全面发展的社会主义建设者和接班人。课程不仅仅是教育和社会发展的工具，也是个人发展的主要途径。课程在关注国家利益的同时也应关注个人思想、情感和人格的发展需要。因此，必须以学生预期变化为依据，构建符合学生发展需求和促进其自我实现的课程体系，以更好地达成人才培养目标。同时，还应该处理好学生发展与学科体系、社会需求的关系，即处理好儿童与知识、社会的关系，这也是长期实践与探索的经验。因为学生发展离不开学科体系的教学，而学生发展既要根据社会需求，又要更好地为社会需求服务。

长期以来，由于片面强调基础知识和基本技能，教学忽视了学生的实践能力、创新精神和个性培养。“重教轻学”“以本为本”“以纲为纲”的课堂教学阻碍了学生成长，也不符合时代发展对人的要求。“三维目标”，即知识与技能、过程与方法、情感态度与价值观，本质上是对“双基”教学目标的重新解读，是对“双基”目标进行更具体的剖析和分解，使得教学目标更加多元。但“三维目标”在某种程度上对学生关键能力培养的指向并不明确。不处理好三者的关系，难以实现课程的应然目标。在课程改革的过程中，必须保持三者的动态平衡。为此，基础教育课程改革又从“三维目标”转向核心素养，“从‘双基’到三维目标再到核心素养，其变迁基本体现了从学科本位到以人为本的转变”（余文森，2018a）。

二、课程内容必须回归生活世界，建构结构合理的课程体系

中小学各门学科如果过分追求学科体系结构的完整性和单一性，则容易脱离社会实践和学生生活。在设置、开发与实施基础教育课程时，如果对基础教育的基本职能——培养公民基本素质认识不足，则容易过分看重学科后备人才的培养。在课程设置、开发与实施的过程中，如果重视学科知识体系的完整性和学术性，则容易忽视生活世界和对生活技能的培养。

人的发展不能离开生活世界，“学校必须呈现现在的生活——即对于儿童说来是真实而生气勃勃的生活”（杜威,1981）[4]。课程内容必须回归生活世界，让学习者在学习的过程中获得生活体验。“回归生活世界的课程，在内容上意味着要突破狭隘的科学世界的框束，要首先把科学世界理解为生活世界中的科学世界。”（张华，2001）[29] 通过形成生活教育模式，构建学习群体，开展发散思维训练等，学生可以获得直接经验，发展实践能力和创造能力，增强生存能力和社会责任感，提升整体素质（殷世东，2011a，2011b）。回归基础教育课程应有的功能，必须加强课程与学生生活和现实社会实际之间的联系，以实现基础教育的基本职能。“课程改革不仅仅是当下取向，关注社会文化的制约性及其现实需要；课程改革更是未来取向的，寄托了未来人之发展的内涵和理想社会的前景。”（屠莉娅，2007）[24] 课程内容的选择要切合学生的实际生活，从学生的视角出发对知识进行选择和组织，让学生真正成为课程价值的主体，保证每个人都能够获取适合的课程。加强校外课程，丰富课程内容，统筹文本课程与体验课程，兼顾校内与校外课程资源，以校内课程资源为主、校外课程资源为辅，帮助学生与学校以外的环境打交道，注重生活体验，以提升学生生存与发展能力。“课程内容面向学生的真实生活，增加了与现代社会生活关系密切的现实内容，为学生提供接触生活和解决生活中各种实际问题的必要空间。”（田慧生，2015）[88] 让课程回归生活，联系社会实际，贴近学生生活，加强生活技能培养，进行通盘考虑。本真的课程与“本真的课堂生活应该是现实生活世界和意义世界的交汇地，在追求科学与理性的过

程中，以生活世界为基础，以生命教育、生活教育的理念为指导，润泽生命”（殷世东，2016）[119]，才能提升学生生存与发展所需的核心素养。

三、课程管理必须坚持三级管理体制，鼓励多主体参与

新中国成立初期，为了结束全国基础教育课程散乱不一的混乱局面，国家对基础教育课程实行统一管理，这对于全国基础教育事业的有序发展以及基础教育办学质量的提高起到了重要的作用。但是过分强调基础教育课程的集中和统一，剥夺了地方和学校参与课程管理的权力，不仅不利于教育资源的开发，而且不能满足不同地区和学校发展的需要。

经过实践探索与思考，1958 年国家开始下放教育管理权力，给地方课程改革权限。由于缺乏经验，各地中小学课程改革出现了混乱局面。1963 年国家收回基础教育课程的管理权。

我国是一个幅员辽阔、民族众多的国家，各地社会、经济、文化、教育发展都各不相同，统一的课程管理体制有利于保证课程改革的有序性和有效性，但是往往形成“千校一面”的局面，难以适应各地区、各学校和学生个性发展的需要，不利于教育事业的发展和改革的推进，而赋予地方过多的教育管理权限又会引起改革的混乱。因此，我国的基础教育课程改革既要有基本的统一的要求，又要有一定的灵活性，实现国家、地方和校本课程的有机结合。

第八次基础教育课程改革正式提出改变课程管理过于集中的状况，实行国家、地方、学校三级课程管理，增强课程对地方、学校及学生的适应性。以正式的文件对国家、地方、学校在基础教育课程管理中的职责进行了重新划分，在保证课程统一性的前提下，增加了与地方、学校及学生兴趣发展相适应的课程。“三级课程管理体制提高了课程的适应性，实现了课程的多样化，保证了中小学课程的正常运行和课程效能的发挥，使我国中小学课程管理逐步走上科学化、民主化的道路。”（田慧生，2015）[88] 2023 年 5 月教育部印发了《关于加强中小学地方课程和校本课程建设与管理的意见》，依据新修订的国家课程方案和课程标准，更新了地方课程和校本课程的指导思想以及统筹规划、功能定位与监测管理等方面的建设意见。

课程的开发与实施，需要多主体参与。基础教育人才培养的质量与规格是基础教育课程体系合理化设计的出发点和归宿。在课程设计的过程中，教

师和学生是重要的主体，没有他们的参与，不可能设计合理的课程体系。在第八次基础教育课程改革之前，教师参与课程改革的作用和意义没有得到充分的重视，甚至在很长的一段历史时期里，教师被看作课程计划的“忠实执行者”和课程改革的“旁观者”。由于课程设计缺少一线教师和学生的参与，缺少对学校课程实施情况的了解，缺少对课堂真实情境的了解，缺少对学生现实生活的了解，基础教育课程体系与我国基础教育人才培养目标和经济社会发展需要存在落差，影响了基础教育课程的合理开发和有效实施。从第八次基础教育课程改革至今，一线教师不再是课程开发与改革的“旁观者”，而是课程开发、设计、决策、实施、评价的主体，能够积极参与课程开发与改革，有力推进了基础教育课程改革与发展。

四、课程评价必须指向核心素养，推进可持续发展

奠定全民族文化素养基础和为高一级学校输送人才是基础教育的两项基本功能。前者是普惠性、非甄别性的，后者则是竞争性、选拔性的。甄别性课程评价的基本特征是重视考试，将考试成绩作为学业水平评定与人才选拔的基本依据。纠正课程评价过于强调甄别功能的倾向，突出评价促进学生发展的功能，是我国基础教育课程改革的努力方向。在课程改革的推动下，综合素质评价、形成性评价等发展性评价方法与技术发挥着越来越大的作用。与甄别性评价以共同的质量标准衡量所有学生，是一种基于共性的课程评价方式不同，发展性评价重视个体的发展经验与体验，是一种强调个性的课程评价方式。

课程评价改革以促进学生全面发展和终身幸福为主旨。课程评价的功能将实现由甄别、选拔向激励、发展过渡。在课程评价的过程中，评价的主体以学生为主，评价者依据学生获得发展和幸福的体验，依据对学生未来发展的潜在功能评价课程。在具体评价方式上，使静态评价指标与学生的动态发展相统一，使量化数据收集与质性分析相结合，利用信息交流和反馈平台形成良性互动机制，实现评价手段的多元化，使学生看到自己的进步与不足，进行正确归因，获得自我认识、自我教育和自我进步的意识与能力，最终实现个体的充分发展。

附：我国历次基础教育课程改革情况简介

基础教育课程改革	改革时间	改革情况简介
第一次	1949—1952 年	1950 年 8 月，教育部颁发了《中学暂行教学计划（草案）》，这是新中国第一份教学计划，设置了门类齐全的学科课程，包括政治、语文、数学、自然、生物、化学、物理、历史、地理、外国语、体育、音乐、美术等。1952 年 3 月，教育部颁布了中学教学计划和新中国成立以来第一份五年制小学教学计划
第二次	1953—1957 年	1953—1955 年颁布的教学计划，大幅削减了教学时数，首次要求实施基本生产技术教育。1956 年国家正式发行新中国成立以来的第二套中小学教科书。这套教材理论性有所加强，特别注意了学生动手能力的培养
第三次	1958—1965 年	这一时期是我国经济发展的重要时期，也是“左”倾思想萌芽的时期。1958 年“教育革命”要求缩短学制，精简课程，增加劳动，注重思想教育，出现了多种学制的改革试验
第四次	1966—1977 年	“文化大革命”使教育领域受到重大影响，学校课程与教学经历了一场灾难
第五次	1978—1985 年	1978 年颁发《全日制十年制中小学教学计划试行草案》，统一规定全日制中小学学制为十年，其中小学五年、中学五年。1982 年出版了新中国成立以来全国统编第五套中小学教材
第六次	1986—1991 年	《义务教育法》施行。国家教委公布了《义务教育全日制小学、初级中学教学计划（试行草案）》，突出了新的教育方针的要求，适当增加了基础学科的教学时数，给活动留出固定的空间

续表

基础教育课程改革	改革时间	改革情况简介
第七次	1992—2000 年	1992 年国家教委颁布《九年义务教育全日制小学、初级中学课程计划（试行）》，第一次将“教学计划”改为“课程计划”。新的计划突出了以德育为首、德智体美劳五育并举、全面发展的教育方针，第一次将活动课程与学科课程并列。1999 年国务院批转教育部《面向 21 世纪教育振兴行动计划》，要求启动课程改革实验，推行 21 世纪基础教育课程教材体系。在这一次课程改革中，我国教育界掀起了对国家课程、地方课程、校本课程以及活动课程、研究性学习课程研究的热潮
第八次	2001—2015 年	2001 年颁布了《基础教育课程改革纲要（试行）》，以及《义务教育课程设置实验方案》和语文等学科课程标准（实验稿）。2002 年教育部印发了《关于积极推进中小学评价与考试制度改革的通知》。2003 年，印发了《普通高中课程方案（实验）》和语文等学科课程标准（实验）。2004 年秋季，在对实验区工作进行全面评估的基础上，课程改革进入全面推广阶段。2012 年，高中课程改革在全国范围内全面实施
第九次	2016 年至今	2017 年 12 月教育部颁布了 2017 年版普通高中课程方案和课程标准。2022 年 3 月 25 日教育部颁布了 2022 年版义务教育课程方案和课程标准，标志着我国基础教育课程改革进入新发展阶段。该阶段以核心素养统领课程，突出实践育人及学业质量标准，培养担当未来使命的时代新人。2023 年 5 月 9 日，教育部办公厅印发《基础教育课程教学改革深化行动方案》，提出五大重点任务，即课程方案转化落地规划行动、教学方式变革行动、科学素养提升行动、教学评价牵引行动、专业支撑与数字赋能行动

第二章

课程方案变革史

课程方案[①]是一个国家学校课程的总纲要，它规定学校的培养目标以及课程开设的种类、结构、顺序与课时等，对学校课程具有基础性的调节作用。新中国成立以来，我国基础教育课程在持续的改革中发展和完善，课程方案的变革是基础教育课程改革的核心内容。可以说，每一次重大的基础教育课程改革，都是以课程方案研制与修订为龙头，进而牵引着课程标准编撰、教科书编写、课程实施推进、课程评价创新和课程管理完善。课程方案变革之于基础教育课程改革，具有“牵一发而动全身”之效果与作用。从这个意义上说，课程方案的得失成败意味着基础教育课程改革的得失成败。由此，简要梳理我国70余年来基础教育课程方案变革的历史，概括课程方案变革的基本特征，总结历史经验，并展望基础教育课程方案变革的发展趋势，对提升我国基础教育课程方案的科学性和有效性，推动基础教育课程改革的深化发展，建构更加完善的基础教育课程体系具有重要意义。

第一节　课程方案变革的基本历程

从课程方案的文本来看，我国基础教育课程方案存在两种类型：一种是具有节点意义的，侧重于课程体系创新性建构的整体变革型课程方案；另一种是侧重于对已有课程方案进行修订、调整、完善的局部变革型课程方案。

① 在我国，课程方案的概念表述在不同的历史时期有所不同，如“教学计划”“课程计划”“课程设置方案”“课程方案”，它们均是对我国基础教育学校课程体系进行顶层设计的规范性、指导性文件。本书中的课程方案，包括中央教育行政部门颁布的，对我国基础教育学校课程体系进行顶层设计的所有规范性、指导性文件，具体包括各种教学计划、课程计划、课程设置方案（课程方案）以及对这些计划与方案进行解释说明、调整完善的通知与意见。

前者承担着将党的教育方针政策具体化为课程政策，推动基础教育课程改革进入新的历史阶段，使学校课程产生质的飞跃，形成适应社会发展和教育改革新需要的基础教育课程体系的时代使命。后者承担着根据课程方案的具体变革与实施状况，随时采取变革措施，使学校课程产生量的变化，以适应社会发展和教育改革的具体现实，实现课程方案灵活、有效引导学校课程实践，解决学校课程实践具体问题的现实任务。综合考察我国社会发展与教育改革的历史进程、整体变革型课程方案颁布的历史背景与价值取向、局部变革型课程方案出台的现实环境与变革措施，可以将我国基础教育课程方案的变革历程区分为初创、重建、转型、深化四个历史阶段。

一、初创阶段（1949—1977 年）

1949 年新中国成立，开创了中华民族历史的新纪元，中国的教育发展和基础教育课程改革随之翻开了新的历史篇章。1949 年 9 月 29 日通过的《中国人民政治协商会议共同纲领》规定，“中华人民共和国的文化教育为新民主主义的，即民族的、科学的、大众的文化教育”，“中华人民共和国的教育方法为理论与实际一致。人民政府应有计划有步骤地改革旧的教育制度、教育内容和教学法”，这为基础教育课程改革指明了方向和路径。为改变各地学校课程不尽一致的状况，尽快出台统一的课程方案成为课程改革的当务之急。1950 年 8 月 1 日，《中学暂行教学计划（草案）》颁布，该教学计划旨在“增加教学的计划性，提高教学的效率”，要求设置政治、语文、数学、自然、生物、化学、物理、历史、地理、外国语、体育、音乐、美术、制图等科目，并规定所有科目均为必修。1951 年 10 月 1 日，政务院颁布《关于改革学制的决定》，要求实行五年一贯的小学制度和修业年限各为三年的初、高两级中学制度。为使在新旧学制过渡时期，旧制小学有所遵循，1952 年 2 月教育部还制定了“四、二旧制小学暂行教学计划”。同年 3 月 18 日，《小学暂行规程（草案）》和《中学暂行规程（草案）》颁布，标志着新中国基础教育课程体系的创立。规程明确了全面发展的教育目标，要求实施智育、德育、体育、美育等全面发展的教育，并规定在小学开设语文、算术、自然、历史、地理、体育、图画、音乐科目，在中学开设本国语文、数学、物理、化学、生物、地理、历史、中国革命常识、社会科学基础知识、共同纲领、时事政策、外国语、体育、音乐、美术、制图科目（课程教材研究所，2001a）[200-208]。1953年1月，大区文委主任会议提出1953年文化教育工作的方针是“整顿巩固、重点发展、提高质量、稳步前进”（何东昌，1998）[189]。在此方针的指导下，结合实行五年一贯制的师资教材等条件准备不足，并且与中国学生学力普遍较低的现实不相符合的情况（张建文，2011）[122]，政务院在1953年11月26日通过的《关于整顿和改进小学教育的指示》中要求暂行停止推行五年一贯制，仍沿用四二制，并在1954年4月8日通过的《关于改进和发展中学教育的指示》中强调有计划有重点地发展中学教育，着重发展高级中学。

教育部于1953年7月颁布《中学教学计划（修订草案）》，8月颁布《小学（四二制）教学计划（草案）》，1954年2月颁布《小学“四二制”教学计划（修订草案）》。此后几年，教育部对中小学教学计划进行了较为频繁的局部调整。其中，1955年颁发的“小学教学计划”将“音乐”改为“唱歌”，增加了“手工劳动”，并适当减少了教学时数，精简了部分科目的教材；1955年颁发的“1955—1956学年度中学授课时数表”对多个科目的设置进行了优化；1956年颁发的“1956—1957学年度中学授课时数表”增设了工农业基础知识和实习科，将语文改为汉语、文学两科；1957年发布的《1957—1958学年度中学教学计划及说明》取消初中卫生常识科和高中汉语科，暂停实习科，暂时停授高中达尔文主义基础、制图、外国经济地理三科，增设政治科、农业基础知识科，并调整了部分学科的课时数；“1957—1958学年度小学教学计划”新设“周会”一节，增加五、六年级语文教学时间，面向农村小学专设“农业常识”。

1963年3月23日，中共中央发布《关于讨论试行全日制中小学工作条例草案和对当前中小学教育工作几个问题的指示》。指示强调依据统一规定的教学计划、教学大纲和教科书进行教学，并规定地方教育行政部门和学校不得任意修改，强调按期完成教学计划，反对不适当地放慢教学进度和降低教学要求，强调教学为主的原则，强调课堂教学，强调基础知识和基本技能，强调书本知识教学，重视语文、数学、外国语的教学，并在其他方面做出创新性的探索，如试行教科书审定制、在高中开设选修课等。

二、重建阶段（1978—1984 年）

“文化大革命”结束后，我国基础教育课程重回正轨，颁布新的基础教育课程方案、重建基础教育课程体系成为当务之急。1978 年 1 月 11 日，教育部发布《关于办好一批重点中小学的试行方案的通知》，指出“切实办好一批重点中小学，以提高中小学的教育质量，总结经验，推动整个中小学教育革命的深入发展，具有重大意义”，并规定“城市重点小学必须从三年级起开设外语。重点中学的高中可进行文理分科的试验”。（何东昌，1998）[1591] 同月 18 日，教育部颁发了《全日制十年制中小学教学计划试行草案》，草案重申了“教育必须为无产阶级政治服务，必须同生产劳动相结合”，“使受教育者在德育、智育、体育几方面都得到发展，成为有社会主义觉悟的有文化的劳动者”的教育方针，强调要大力加强文化课教学，重视基础知识的教学和基本技能的训练。（课程教材研究所，2001a）[325–329]9 月 22 日，教育部印发《关于试行全日制中学暂行工作条例（试行草案）、全日制小学暂行工作条例（试行草案）的通知》。通知指出，所颁发的“试行草案”是对 1963 年的《全日制中学暂行工作条例（草案）》《全日制小学暂行工作条例（草案）》“进行必要的修改和补充，其他基本不动”（课程教材研究所，2001a）[303]。文件规定小学开设语文、数学、政治、常识、体育、音乐、美术、劳动等课程，初中开设语文、数学、外国语、政治、历史、地理、生物、物理、化学、生产知识、生理卫生、体育、音乐、美术、劳动等课程，高中开设语文、数学、外国语、政治、物理、化学、生物、生产知识、历史、体育、劳动等课程。“试行草案”延续了 1963 年版课程方案的价值立场，强调基础知识和基本技能，强调语文、数学、物理、化学、生物、外国语等学科的教学，提倡勤奋学习、刻苦钻研，并进行了新的改革和尝试，如办重点学校和重点班，开设选修课程，进行文理分科试验等。1980 年 10 月 14 日，教育部颁布的《关于分期分批办好重点中学的决定》提出“重点中学学制要有计划有步骤地改为 6 年”（何东昌，1998）[1861]。12 月 3 日，中共中央、国务院《关于普及小学教育若干问题的决定》提出将中小学学制逐步改为十二年制，并在城市小学先试行六年制。1981 年 3 月 13 日，《全日制五年制小学教学计划（修订草案）》颁布，该教学计划对小学课程进行了局部调整，如恢复了地理、历史课程，将政治课改为思想品德课。4 月 17 日，教育部颁发《全日制六年制重点中学教学计划试行草案》，强调使学生掌握基础知识和基本技能，特别要打好语文、数学、外语的基础，将选修课分为单课性选修和分科性选修两种，开设劳动技术教育课。1984 年 8 月 15 日，教育部印发《关于全日制六年制小学教学计划的安排意见》，强调加强基础知识教学和基本技能训练，降低小学和幼儿园衔接的坡度，在城市和农村实行两种教学计划，将历史、地理、自然改为历史常识、地理常识、自然常识，在农村小学开设农业常识。

经过几年的努力，我国基础教育课程体系得以重建，并获得了一定的发展。

三、转型阶段（1985—2000 年）

1985 年 5 月 27 日，中共中央印发《关于教育体制改革的决定》，将实行九年制义务教育作为发展我国教育事业的基础一环，标志着我国基础教育课程从“小学—（初中—高中）”三段体制进入“义务教育—高中”两段体制的新阶段。1986 年 4 月 12 日颁布的《义务教育法》规定国务院教育主管部门应当“确定义务教育的教学制度、教学内容、课程设置”。1988 年 9 月 20 日，我国第一个义务教育课程方案《义务教育全日制小学、初级中学教学计划（试行草案）》发布。试行草案分别为六三制和五四制的小学、初中制定了课程方案，其中六三制小学开设思想品德、语文、数学、自然、社会、体育、音乐、美术、劳动等课程，六三制初中开设思想政治、语文、数学、外语、历史、地理、物理、化学、生物、体育、音乐、美术、劳动技术课程；另外开设了“活动”课，小学“活动”课包括自习、班队会、体育活动、兴趣活动，初中“活动”课包括时事政策、班团队活动、课外活动，并提出在初中开设选修课。试行草案还对各门课程的课时进行了调整，其中六三制小学语文减少 221 或 204 课时，数学减少 170 课时，社会、自然、美术、劳动分别增加 68、68、68、34 课时；六三制初中语文、数学、外语、地理、物理、生物分别减少 34、66、100、17、32、30 课时，历史、体育、劳动技术分别增加 30、68、200 课时。为与义务教育课程方案相配套，1990 年 3 月 8 日国家教委印发《现行普通高中教学计划的调整意见》，调整的原则包括“适当调整文理科的比例”“减少各门学科过多的内容，降低过高的教学要求和难度”“适当减少必修课的课时”（课程教材研究所，2001a）[363]，调整后的课程结构由包括必修课和选修课的学科课程与包括课外活动和社会实践活动的活动两部分组成，在课时上数学、外语、物理、化学的课时有所减少，历史、地理、生物的课时有所增加，历史增加了中国近现代史。1992 年 8 月 6 日，《九年义务教育全日制小学、初级中学课程计划（试行）》颁布。该课程计划设置了类型丰富的课程，有学科、活动，有国家安排课程、地方安排课程，有文化基础教育、职业技术教育，有分科课、综合课，有必修课、选修课，有学年学期课、短期课等，并强调发挥学科和活动的整体功能，还安排了晨会（夕会）、班团队活动、体育锻炼、科技文体活动、社会实践活动、校传统活动等丰富的活动内容。1994—1995 年，为适应新工时制，国家教委对基础教育各门课程的课时进行了调整，并在高中首次开设艺术学科。1996 年 3 月 26 日，国家教委基础教育司印发了《全日制普通高级中学课程计划（试验）》，将普通高中课程分为学科类课程、活动类课程两类，其中学科类课程包括必修学科、限定选修学科、任意选修学科三种，必修学科有思想政治、语文、数学、外语、物理、化学、生物、历史、地理、体育、艺术和劳动技术 12 门，活动类课程包括校会班会、社会实践、体育锻炼、科技艺术等，并明确了中央、地方、学校三级课程管理体制，此外还以全学段周课时的方式规定各学科课时，增加了学校课程安排的灵活性。2000 年 1 月 31 日，教育部印发《全日制普通高级中学课程计划（试验修订稿）》，首次开设了包括研究性学习、劳动技术教育、社区服务、社会实践的综合实践活动，新设信息技术课程，并引入了“课程资源”“学分制”等概念范畴。至此，我国基础教育课程方案基本完成了向“义务教育—高中”框架转型的体系建构任务。

四、深化阶段（2001—2024 年）

进入 21 世纪以后，我国进行了一场轰轰烈烈的基础教育课程改革，将基础教育课程方案变革在“义务教育—高中”的框架下向纵深推进。1999 年 6 月 13 日，中共中央、国务院发布《关于深化教育改革全面推进素质教育的决定》，提出“调整和改革课程体系、结构、内容，建立新的基础教育课程体系，试行国家课程、地方课程和学校课程”。2001 年 5 月 29 日，国务院发布《关于基础教育改革与发展的决定》，提出“整体设置九年义务教育课程”，“加快构建符合素质教育要求的新的基础教育课程体系”。6 月 8 日，教育部印发《基础教育课程改革纲要（试行）》，对新世纪我国第一场基础教育课程改革进行了整体规划。11 月 19 日，教育部颁发《义务教育课程设置实验方案》，新世纪基础教育课程改革正式拉开序幕。实验方案充分体现了《基础教育课程改革纲要（试行）》的精神，大力加强课程的均衡性、综合性和选择性，课程结构变革取得了突破性的进展（钟启泉 等，2001）[70]。实验方案要求实行国家、地方、学校三级课程管理体制，九年一贯整体设置义务教育课程，开设包括信息技术教育、研究性学习、社区服务与社会实践、劳动与技术教育等内容的综合实践活动，将 16%—20% 的课时划分给地方与学校课程和综合实践活动，从小学三年级起开设英语课，开设的课程有品德与生活（品德与社会、思想品德）、历史与社会（或历史、地理）、科学（或生物、物理、化学）、语文、数学、外语、体育（体育与健康）、艺术（或音乐、美术）等。2003 年 3 月 31 日，教育部印发《普通高中课程方案（实验）》。该课程方案着力于构建重基础、多样化、有层次、综合性的课程结构，按学习领域、科目、模块三个层次设置课程，其中学习领域包括语言与文学、数学、人文与社会、科学、技术、艺术、体育与健康、综合实践活动，开设的科目有语文、数学、外语、思想政治、历史、地理、物理、化学、生物、艺术（或音乐、美术）、体育与健康、技术等，并实行学分制，包括必修学分、选修学分Ⅰ、选修学分Ⅱ，总学分达到 144 方可毕业。

2014 年 3 月 30 日，教育部印发《关于全面深化课程改革落实立德树人根本任务的意见》，将修订课程方案和课程标准作为着力推进的关键领域和主要环节，提出“依据学生发展核心素养体系，进一步明确各学段、各学科具体的育人目标和任务，完善高校和中小学课程教学有关标准”。据此，教育部于 2017 年 12 月 29 日颁布了《普通高中课程方案（2017 年版）》，明确普通高中的培养目标是“在义务教育的基础上，进一步提升学生综合素质，着力发展学生核心素养，使学生成为有理想、有本领、有担当的时代新人”，设置语文、数学、外语、思想政治、历史、地理、物理、化学、生物学、技术、艺术（或音乐、美术）、体育与健康、综合实践活动等国家课程和校本课程，并将课程分为必修、选择性必修、选修三类。此外，方案文本增加了“课程内容确定的原则”“课程实施与评价”“条件保障”“管理与监督”等内容，要求加强对课程方案实施的指导与监测。2022 年 3 月 25 日，教育部颁布《义务教育课程方案（2022 年版）》。该课程方案在培养目标上延续了有理想、有本领、有担当的框架，明确义务教育课程应遵循的基本原则是：坚持全面发展，育人为本；面向全体学生，因材施教；聚焦核心素养，面向未来；加强课程综合，注重关联；变革育人方式，突出实践。明确义务教育课程包括国家课程、地方课程和校本课程三类，按六三学制或五四学制九年一贯设置，其中国家课程包括道德与法治、语文、数学、外语（英语、日语、俄语）、历史、地理、科学、物理、化学、生物学、信息科技、体育与健康、艺术、劳动、综合实践活动等。

第二节　课程方案变革的主要成就

作为我国基础教育课程的顶层设计，基础教育课程方案的变革推动着我国基础教育课程体系的发展和完善。经过 70 余年的努力，我国基础教育课程方案的变革与发展取得重大突破，其中主要成就包括培养目标内涵逐步丰富、课程类型与课程领域持续开拓、课程结构趋于均衡灵活、课程权力关系逐渐理顺，对我国基础教育课程育人功能的强化和发挥做出了突出的贡献。

一、确立了内涵丰富的培养目标

培养目标是国家对各级各类学校人才培养提出的规格和要求。培养目标的合理定位是一个事关我国整个教育能否顺利发展和我国现代化发展战略能否顺利实现的重要理论与实践问题（彭泽平 等，2003）。培养目标的厘定是制定基础教育课程方案的首要环节，是将党的教育方针政策转化为课程话语，引导课程设置、课程内容选择、课程实施和课程评价的关键环节。从总体上看，我国基础教育培养目标既有稳定的逻辑框架，也随着时代发展与时俱进（孙霄兵，2005）。培养目标的稳定性体现在我国基础教育培养目标确立的早期就根据马克思主义人的全面发展学说确立了“德智体美劳全面发展”的基本框架，并为此后的基础教育课程改革所遵循。培养目标的时代性表现在随着基础教育课程方案变革进程的推进，培养目标在形式、内容、价值等方面不断实现突破和发展（黄甫全，2004），培养目标的内涵不断得到更新和丰富。

在形式上，我国基础教育课程方案的培养目标大致经历了从单层表述到多层表述、从静态分裂到整体描述的过程，并在这个过程中不断厘清培养目标的内在逻辑结构，优化表述方式和表述语言，努力使培养目标的表述更清晰、更合理、更准确、更严谨。例如，1952 年培养目标①直接按“智育方面”“德育方面”“体育方面”“美育方面”进行表述，1981 年培养目标尝试采用了“总体目标 + 具体规格”的表述方式，此后的培养目标大多延续了这种表述方式。2017 年版普通高中课程方案和 2022 年版义务教育课程方案的培养目标还对具体规格的内容进行了提炼，形成了三层表述方式，使培养目标更好地描述了所培养的人的整体形象。

在内容上，历次课程方案既坚持和优化原有培养目标的合理内涵，又不断更新人才培养的具体内涵，使培养目标的内涵不断丰富。表述的字数不断增加，从 1952 年的 100 余字，增加到 2017 年的 717 字。从具体内容来看，1952 年中学培养目标仅涉及效忠祖国、为人民服务、国民公德、优良品质、本国语文、基础知识和技能、科学世界观、体格、体育卫生智能和习惯、审美观念、艺术创造等 11 个指标点。此后的课程方案均在不同程度上加入新的指标点。例如，与 1996 年高中培养目标比较，2000 年培养目标新增了创新精神和实践能力、国际意识、了解中国历史和国情、集体意识和合作精神、民主和法制精神、公民权利与义务、独立生活、终身学习、生活方式、创业精神、生活和发展选择等 20 余个指标点。与 2000 年培养目标比较，2003 年培养目标增加了开放意识、民族精神、维护国家尊严和利益、环境意识、科学与人文素养、理解文化多样性等十几个指标点。2017 年培养目标又在 2003 年

① 本节所提及的 1952 年、1963 年、1978 年、1981 年、1988 年、1992 年、1996 年、2000 年、2003 年、2017 年、2022 年的培养目标，分别指 1952 年颁布的《小学暂行规程（草案）》和《中学暂行规程（草案）》、1963 年颁布的《全日制小学暂时工作条例（草案）》和《全日制中学暂时工作条例（草案）》、1978 年颁布的《全日制小学暂行工作条例（试行草案）》和《全日制中学暂行工作条例（试行草案）》、1981 年颁布的《全日制六年制重点中学教学计划试行草案》、1988 年颁布的《义务教育全日制小学、初级中学教学计划（试行草案）》、1992 年颁布的《九年义务教育全日制小学、初级中学课程方案（试行）》、1996 年颁布的《全日制普通高级中学课程计划（试验）》、2000 年颁布的《全日制普通高级中学课程计划（试验修订稿）》、2003 年颁布的《普通高中课程方案（实验）》、2017 年颁布的《普通高中课程方案（2017 年版）》、2022 年颁布的《义务教育课程方案（2022 年版）》等课程方案中的培养目标。

培养目标的基础上增加了十几个指标点。历年新增的指标点中，有不少被此后的文本所保留，成为我国基础教育课程培养目标的基本内容，例如1952年培养目标中的“为人民服务”“爱祖国、爱人民、爱劳动、爱科学”“强健的体格”，1963年培养目标中增加的“拥护共产党的领导，拥护社会主义”“基础知识和基本技能”“良好的学习习惯”“良好的生活习惯和劳动习惯”，1978年培养目标中的“分析问题、解决问题的能力”，1988年培养目标中的“爱美的情趣”，1992年培养目标中的“讲文明、讲礼貌”，等等。

在价值上，我国基础教育课程培养目标变革存在从重结果到结果与过程并重、从重集体到集体与个体并重、从重共性到共性与个性并重、从重社会到社会与生活并重的发展和丰富过程。早期的培养目标主要从结果、集体、共性、社会需要的价值立场上进行规定，如1952年培养目标。1963年培养目标中加入了“生活习惯”，1992年培养目标中加入了“个性品质”和“自我管理”，2000年培养目标中加入了“独立思考、自主学习”，2003年培养目标中加入了“正确认识自己”，2017年培养目标中加入“形成良好的学习习惯和适合自身的学习方法”，2022年培养目标中加入“学会在真实情境中发现问题、解决问题”。诸如此类的培养目标的加入表明我国基础教育课程培养目标在价值层面上不断得到丰富和发展。

二、开发了多样的课程类型和课程领域

在保持统一性的前提下追求多样性是我国基础教育课程改革的总体特征（龙安邦 等，2019）。这一特征在课程方案中的重要表现是课程类型从单一性向多样化的持续发展。新中国成立初期，建立统一的基础教育课程体系，尽快恢复基础教育学校的教学秩序是基础教育课程改革的当务之急，我国在苏联的影响下形成了统一、单一的课程体系。除音乐、美术（图画）、体育，以及少量特殊课程如制图外，其他课程均为学科课程，且所有课程均为必修课程。1950年《中学暂行教学计划（草案）》、1952年《小学暂行规程（草案）》和《中学暂行规程（草案）》均如此规定。此后，基础教育课程方案在变革中陆续提出新的课程领域和课程类型，课程类型多样化的趋势逐渐明显。1953年《小学（四二制）教学计划（草案）》增加了“每周集体活动”，包括朝会、周会、课外活动、社团活动。1955年“小学教学计划”增加了手工劳

动。“1956—1957学年度中学授课时数表”增设了实习。1956年7月17日，教育部发出通知，要求中小学实施基本生产技术教育。1963年《全日制小学暂行工作条例（草案）》和《全日制中学暂行工作条例（草案）》要求开设劳动课，并提出在高中“酌设农业科学技术知识、制图、历史文选、逻辑等选修课程”（课程教材研究所，2001a）[283]，首次打破了大一统的基础教育课程格局。1981年《全日制六年制重点中学教学计划试行草案》将高中选修课分为单课性选修和分科性选修，并分别制订了教学计划，使选修课程得到进一步落实和发展。1988年《义务教育全日制小学、初级中学教学计划（试行草案）》要求开设职业选修课和文化选修课，并首次独立设置了包括时事政策、班团队活动、课外活动的“活动”课程。1992年《九年义务教育全日制小学、初级中学课程计划（试行）》提出“课程包括学科、活动两部分，主要由国家统一安排，也有一部分由地方安排。学科以文化基础教育为主，在适当年级，因地制宜地渗透职业技术教育；以分科课为主，适当设置综合课；以必修课为主，初中阶段适当设置选修课；以按学年、学期安排的课为主，适当设置课时较少的短期课”（课程教材研究所，2001a）[373]，大大丰富了基础教育课程类型，其中地方安排课程、活动课程、综合课程的提出更具有开创性的意义。1996年《全日制普通高级中学课程计划（试验）》将普通高中课程分为学科类课程和活动类课程，并将学科类课程分为必修、限定选修和任意选修三种，进一步完善了课程选修制度。2000年《全日制普通高级中学课程计划（试验修订稿）》要求新开设信息技术、综合实践活动，并单独设置“地方和学校选修课”。综合实践活动包括研究性学习、劳动技术教育、社区服务、社会实践，强化了基础教育课程的综合性、实践性和生活性。“地方和学校选修课”为地方和学校开辟了专门的课程空间，初步形成了国家课程、地方课程、校本课程三级课程体系。2001年《义务教育课程设置实验方案》大力加强课程的综合性，开设品德与生活（品德与社会）、科学、艺术、历史与社会、体育与健康等综合课程，设置包括信息技术教育、研究性学习、社区服务与社会实践、劳动与技术教育等内容的综合实践活动，综合课程成为基础教育课程体系的重要组成部分。综合实践活动的课时和地方与学校课程的课时占总课时的比例达到16%—20%。2003年《普通高中课程方案（实验）》将普通高中课程分为学习领域、科目、模块三个层次，并实行学分制，强化了课程的综合性和选择性。《普通高中课程方案（2017年版）》为每一门科目设置了必修学分、选择性必修学分、选修学分，将选修课程改革推向纵深。至此，我国基础教育课程形成了国家课程与地方课程、校本课程相结合，必修课程与选修课程相结合，学科课程与活动课程相结合，分科课程与综合课程相结合，文化课程与职业课程相结合，学术课程与生活课程相结合的多样化课程体系，课程的整体功能、综合功能得到实质性的提升，对促进学生的全面发展和个性发展起到越来越重要、越来越有效的作用，课程类型的多样化发展对我国基础教育课程建设与发展做出了突出贡献。

三、建立了均衡灵活的课程结构

课程设置是课程方案的核心任务，设置什么课程并使各门课程之间形成怎样的结构关系决定着基础教育课程的培养目标能在多大程度上得以实现。经过70余年的变革，我国基础教育课程方案建立了均衡灵活的课程结构，德智体美劳等方面协调发展的思想在课程体系上体现得更加充分（柯政，2018a），为基础教育课程培养目标的实现提供了有效的载体。

首先，课程设置与时俱进。伴随着变革的历程，我国基础教育课程方案在不同的历史阶段所设置的课程有所不同，其中有比较稳定的课程，也有在改革进程中不断更新和优化的课程。语文、数学、外语、物理、化学、生物、历史、地理、体育、音乐等是比较稳定的课程，虽然其中某些课程在特定的时期有名称与形式上的变化，但总体上保持着连续性和一贯性。思想政治类课程是变动较大的一类课程，在新中国成立初期主要以中国革命常识、社会科学基础知识、共同纲领、时事政策、政治常识、社会科学常识、中华人民共和国宪法等科目的方式设置，20世纪60年代以后逐渐形成了政治、思想品德、品德与生活、品德与社会、思想政治等科目形式，课程的内涵和重心随着时代的发展而不断更新。早期设置的图画、唱歌、外国语、手工劳动、手工、生产常识、工农业基础知识、农业基础知识、生产劳动等逐渐被美术、音乐、外语、劳动、劳动技术等科目代替。自然常识、历史常识、地理常识、唱游、卫生常识、生理卫生、制图、实习等课程在某些课程方案中出现，虽然最终没有成为课程体系的主流，但仍然标记着课程方案与时俱进的变革努力。改革开放以来，活动类课程、地方课程、校本课程、选修课程等成为课程方案变革与发展的重要生长点，产生了课外活动、活动、活动类课程、综合实践活动、地方安排课程、校本课程、选修课、地方和学校选修课、任选课程等课程形式。科学、艺术、体育与健康等课程作为我国 21 世纪课程综合化的产物而成为基础教育课程体系的重要组成部分。

其次，课时比例趋于均衡合理。为各门课程和各学年、学期分配课时是基础教育课程方案的一项重要任务，课时分配使各门课程之间形成一定的比例关系，恰当的课时比例是基础教育课程实现培养目标的重要保障。我国促进学生全面发展的价值取向决定我国基础教育课程应形成比较均衡的课程结构。但是，新中国成立初期的基础教育课程存在结构失衡的问题。如果将我国基础教育课程分为思想政治类课程、工具类课程、科学类课程、音体美类课程、劳动综合类课程，统计发现，在 1952 年课程方案中，工具类课程和科学类课程课时所占比例偏高，小学、初中、高中分别为 71.8% 和 12.2%、48.4% 和 33.6%、49.0% 和 33.3%。此后，基础教育课程方案不断调整各门课程的课时，课程结构逐渐趋于均衡合理。在 2001 年义务教育课程方案中，工具类课程、科学类课程的课时比例分别下降至 42.0% 和 11.5%，思想政治类课程、音体美类课程、劳动综合类课程的课时比例分别上升至 8.0%、20.5%、18.0%。在 2017 年高中课程方案中，工具类课程、科学类课程的学分比例均下降到 25.0%，思想政治类课程、音体美类课程、劳动综合类课程学分比例分别上升至 6.8%、20.5%、22.7%。在 2022 年版义务教育课程方案中，各类课程课时比例与 2001 年版课程方案基本相当，科学类课程课时比例增加 3 个百分点，其中“科学”课程课时比例增加 1 个百分点，新设“信息科技”课程课时占总课时的 1%—3%（见表 2–1）。这样的课时比例更加突出基础教育课程的均衡性和综合性，更有利于学生的全面发展，更有利于培养学生的综合素质，更加适应我国基础教育的基本任务和基本要求。

表 2–1　小学、初中、高中各类课程周课时占总周课时的比例（%）

学段	课程方案	思想政治类课程	工具类课程	科学类课程	音体美类课程	劳动综合类课程
小学	1952 年版	0	71.8	12.2	16.0	0
	1963 年版	0	72.8	5.5	15.6	6.1
	1992 年版	3.1	41.7	7.3	21.9	26.0
	2001 年版	8.0	42.0	11.5	20.5	18.0
	2022 年版	7.0	42.0	14.5	20.5	16.0
初中	1952 年版	5.3	48.4	33.6	12.6	0
	1963 年版	5.9	59.4	22.8	9.9	2.0
	1981 年版	6.5	54.5	23.9	15.2	0
	1992 年版	5.5	36.7	22.9	13.8	21.1
	2001 年版	8.0	42.0	11.5	20.5	18.0
	2022 年版	7.0	42.0	14.5	20.5	16.0
高中	1952 年版	8.3	49.0	33.3	6.3	3.1
	1963 年版	6.2	57.7	29.9	6.2	0
	1981 年版	7.4	51.9	33.4	7.4	0
	1996 年版	8.9	34.1	25.9	11.9	19.2
	2003 年版	6.9	25.9	25.9	14.6	26.7
	2017 年版	6.8	25.0	25.0	20.5	22.7

注：本表仅统计必修课程的课时。劳动教育课程仅统计在周课时分配表中明确分配的课时，不包括课外安排和集中安排的部分。对 1992 年课程方案统计的是六三制学校各类课程的课时比例；2001 年、2022 年课程方案规定了九年一贯制学校课时比例范围，本表小学、初中均采用相同的数据，且以课时范围的平均数作为各门课程课时比例计算的数值；2003 年、2007 年课程方案中高中课程所占比例为各类课程的学分比例。

最后，课时安排更加灵活宽松。我国早期的基础教育课程方案规定了各年级各门课程的课时，有时甚至具体到学期的课时安排，学校和教师按规定的课时安排课程，基本没有自主调节的权力和空间。1984 年公布的全日制六年制小学教学计划打破了这种局面，在课时安排上显示出一定的灵活性，其中规定城市小学一、二年级数学周课时均为5—6节，小学数学总课时数为1156—1224节，三至六年级体育周课时均为2—3节，小学体育总课时数为408—544节，学校和教师可在该范围内自行进行课程安排。1996年《全日制普通高级中学课程计划（试验）》规定语文、数学、外语的限定选修课周课时均为2—4节，任意选修课周课时为9.5—16.5节。2001年《义务教育课程设置实验方案》仅规定了各门课程的课时比例范围，学校在课时安排上拥有了较大的自主空间。《普通高中课程方案（2017年版）》仅硬性规定了必修学分，对选择性必修学分和选修学分均只规定了一定的范围。《义务教育课程方案（2022年版）》规定“学校在保证周总时长不变的情况下，确定各科目周课时数，自主确定每节课的具体时长”，给予学校和教师一定的灵活宽松的课时安排权力和空间，更有利于学校灵活安排课程，有利于形成富有个性的课程修习计划，有利于学生的自主学习和个性成长。

四、形成了多级互补的课程权力关系

我国基础教育课程政策的发展经历了“国家”模式阶段、“国家＋地方”模式阶段和“国家＋地方＋学校”模式阶段这三个时期。（黄忠敬，2003）伴随着这一历史进程，我国课程管理体制从集中转向分权（胡航舟 等，2018），逐步形成了多级互补的课程权力关系。

新中国成立初期，我国采用了国家集中的基础教育课程管理体制，课程方案、课程标准、教科书的编写均由教育部负责，地方和学校负责课程实施，没有自主开发与改编课程的权力，只有在由于具体困难而无法实施国家课程或存在特殊情况下，才允许地方对课程方案进行变动。1952年《小学暂行规程（草案）》规定“各校得根据实际情况增减教学时间；但增减的时间每周不得超过两节”（课程教材研究所，2001a）[202]。1953年《小学（四二制）教学计划（草案）》规定：大、中、小城市各小学和乡镇农村的中心小学、完全小学必须遵照规定实施教学计划，农村初级小学、民族小学需变更教学科目和每周教学时间时，得由省、市教育行政部门另订科目时间表，报请教育部批准施行（课程教材研究所，2001a）[214]。在这一时期，课程设置与开发权属于国家，地方拥有一定程度的课程调整权，学校只有课程实施权，无权调整和开发课程。

《1957—1958学年度小学教学计划及说明》指出“在执行教学计划时，允许各地因地制宜，作适当的变动”（课程教材研究所，2001a）[251]，明确了地方的课程调整权力，但课程变动的范围仍局限于如复式班级、巡回教学班级等特殊班级，权力集中在各省级教育部门。《关于1958—1959学年度中学教学计划的通知》在语文、历史、地理等学科之中增加了乡土教材，乡土教材由各地自行编写，这就赋予了地方一定的课程开发权力。1963年《关于实行全日制中小学新教学计划（草案）的通知》规定“实行新教学计划（草案）的学校，开设的课程以及各门课程的教学时间和要求，全学年的上课周数、劳动时间和假期，应该执行教学计划的规定，不得随意变动；如果必须变动，应该由省、市、自治区教育厅、局报经教育部审批”（课程教材研究所，2001a）[295]。1978年《全日制中学暂行工作条例（试行草案）》提出高中“有条件的可以酌设选修课程”（课程教材研究所，2001a）[305]，首次赋予了学校课程开发的权力。可以说，1992年以前，我国基础教育课程方案主要赋予了地方一定的课程调整权力，也有对地方和学校下放课程开发权力的探索和尝试，但总体上课程管理和开发权力集中于国家，具有典型的单级课程管理模式的特征。

1992年《九年义务教育全日制小学、初级中学课程计划（试行）》将基础教育课程分为国家安排课程和地方安排课程，规定“地方课程由各省、自治区、直辖市教育委员会、教育厅（局）根据本地实际情况和需要制定”（课程教材研究所，2001a）[376]，标志着我国基础教育课程管理由国家单级体制转向“国家—地方”两级体制。1996年《全日制普通高级中学课程计划（试验）》首次提出“普通高中课程由中央、地方、学校三级管理”，学校可根据有关规定，“从实际出发，对必修学科和限选学科做出具体安排，合理设置本学校的任选课和活动课”（课程教材研究所，2001a）[402]，标志着我国基础教育课程管理由“国家—地方”两级体制发展为“国家—地方—学校”多级体制。2001年《义务教育课程设置实验方案》提出“国家通过设置供选择的分科或综合课程，提供各门课程课时的弹性比例和地方、学校自主开发或选用课程的空间，增强课程对地方、学校、学生的适应性，鼓励各地发挥创造性，办出有特色的学校”，赋予了地方和学校更大的课程设置和开发权力。2003年《普通高中课程方案（实验）》提出“赋予学校合理而充分的课程自主权，为学校创造性地实施国家课程、因地制宜地开发学校课程，为学生有效选择课程提供保障”，进一步扩大和落实了学校的课程开发权。《普通高中课程方案（2017年版）》具体规定了省级教育行政部门、市县级教育行政部门、学校的课程权力，发展和完善了三级课程管理制度。《义务教育课程方案（2022年版）》进一步理清国务院教育行政部门、省级教育行政部门、地市及县级教育行政部门、学校等的权责关系，三级课程管理体制更加完善。

至此，我国基础教育课程形成了多级互补的课程权力关系。国家负责宏观层面的课程方案设计、课程标准编制、部分国家课程的教科书编写，保证了基础教育课程的方向、水平和质量；地方负责中观层面的课程管理、课程开发和课程指导，使基础教育课程更加适应地方的社会经济文化状况；学校负责微观层面的课程实施和课程开发，充分调动学校的课程开发积极性和创造力，使基础教育课程具有更强的适应性和灵活性，能够更加切实地发挥促进学生发展的作用。

第三节　课程方案变革的基本经验

回顾我国基础教育课程方案变革的70余年历程，我们发现，基础教育课程方案变革各项成就的获得，正是由于课程方案变革坚持了正确贯彻党的教育方针，坚持了统一性与灵活性相结合的发展方向，坚持了借鉴、继承与创新相结合的变革路径，坚持了“群策群力”的变革策略。这是我国基础教育课程方案变革的宝贵经验，是指导基础教育课程方案变革的重要原则。

一、坚持正确贯彻党的教育方针

“教育方针是一个国家教育工作的总目标和总方向，是教育事业的根本指针和主导价值。”（蔡中宏，2005）[145] 基础教育课程方案是党的教育方针落实在课程领域的首要环节，正确贯彻党的教育方针，是我国基础教育课程方案体现国家教育意志和价值立场，实现教育目标的基本前提。从某种程度上说，我国基础教育课程方案是党的教育方针在基础教育课程领域的具体落实，基础教育课程方案变革的历程与教育方针的确立和发展进程具有密切的关系。1949年9月29日通过的《中国人民政治协商会议共同纲领》规定：“中华人民共和国的文化教育为新民主主义的，即民族的、科学的、大众的文化教育。”这确定了我国教育的基本属性，也确定了我国基础教育课程方案的基本性质。1951 年 3 月，第一次全国中等教育会议提出，普通中学的宗旨与教育目标“必须符合全面发展的原则，使青年一代在智育、德育、体育、美育各方面获得全面发展，成为新民主主义社会自觉的积极的成员”（何东昌，1998）[87]，明确要求促进学生全面发展，这为后来基础教育课程方案所遵循。1952 年《小学暂行规程（草案）》规定“小学教育的宗旨是：根据新民主主义的教育方针和理论与实际一致的教育方法，给儿童以全面的基础教育，使他们成为新民主主义社会热爱祖国和人民的、自觉的、积极的成员”（课程教材研究所，2001a）[200]，并具体规定了小学德育、智育、体育、美育的目标，鲜明地体现了对党的教育方针的落实。此后，党的教育方针在不同的历史阶段有不同的表述和发展，教育方针的发展和完善成为基础教育课程方案变革的重要原因，基础教育课程方案的具体内容亦随教育方针而发生相应的变化和发展。1958 年《关于教育工作的指示》提出“党的教育工作方针，是教育为无产阶级的政治服务，教育与生产劳动结合”（何东昌，1998）[859]，教育与生产劳动相结合成为党的教育方针的重要内涵，劳动教育成为我国基础教育的重要内容。1963 年《全日制小学暂行工作条例（草案）》规定“全日制小学应该贯彻执行教育为无产阶级的政治服务、教育与生产劳动相结合的方针”（课程教材研究所，2001a）[274]，并辟专章对生产劳动进行了详细规定。1985 年中共中央颁布的《关于教育体制改革的决定》指出，教育要“面向现代化、面向世界、面向未来”，教育为现代化建设服务成为基础教育课程方案变革的重要指导原则。1999 年 6 月 13 日，中共中央、国务院发布《关于深化教育改革全面推进素质教育的决定》，将实施素质教育作为全面贯彻党的教育方针的重要途径。2001 年实施的基础教育课程改革就是落实素质教育要求的重要工程。2014 年 3 月 30 日，教育部印发《关于全面深化课程改革落实立德树人根本任务的意见》，提出将研究制订学生发展核心素养体系作为深化课程改革的关键领域，“核心素养”成为《普通高中课程方案（2017 年版）》和《义务教育课程方案（2022 年版）》的核心范畴。党的教育方针是基础教育课程方案变革的基本依据，明确了基础教育课程方案的基本立场，为基础教育课程方案注入核心内涵，并建构起基础教育课程方案的基本框架。基础教育课程方案对党的教育方针的贯彻，体现在培养目标上，就是根据党的教育方针，厘定基础教育课程所要培养的人的具体规格，使教育方针转化为国家对基础教育课程培养目标的具体要求；体现在课程设置上，就是设置和规定一系列有利于落实教育方针的科目与学习领域，使基础教育课程内在地具有实现国家教育意志的功能；体现在课时比例上，就是根据教育方针所规定的主导价值，评估基础教育各门课程落实教育方针的具体作用及其相互关系，形成实现国家教育目标的最佳课程组合关系。

二、坚持统一性与灵活性相结合的发展方向

作为国家层面的规范性课程文件，课程方案承担着规范学校课程秩序，统一管理学校课程的任务。统一性是基础教育课程方案的基本属性。但是，基础教育课程方案还必须考虑不同地区、学校和个体的差异，保持一定的灵活性，增强自身对不同地区、不同学校和不同个体的适应性。灵活性是基础教育课程方案的重要属性。对历史悠久、幅员辽阔的我国来说，统一性与灵活性的关系问题是基础教育课程方案变革中需要处理的一个重要问题。一方面，我国中央集权的政治传统、多元一体的民族格局、铸牢中华民族共同体意识的历史使命决定着我国基础教育课程方案要以总体上统一的课程，为全国中小学生提供共同的文化教育，奠定共同的文化基础，形成共同的文化意识，为中华民族意识的形成和家国观念的培育提供基础性的课程保障。另一方面，我国各地经济文化发展水平不均衡，不同学校课程执行能力存在差异，学生个性发展需求各有不同，基础教育课程方案要在坚持统一性要求的前提下，给予地方、学校和学生一定的课程自主权和选择权，使不同地区、不同学校和不同学生能够根据自己的实际情况在国家规定的课程范围内选择更加适合的课程，从而更好地实现发展。

在不同的历史时期，我国基础教育课程方案对统一性与灵活性的关系采取了不同的处理方式，但总体上坚持了统一性与灵活性相结合的发展方向，呈现出从以统一性为主导向兼顾统一性与灵活性发展的趋势。新中国成立初期，规范学校课程秩序、统一学校课程是基础教育课程改革的基本任务，这一阶段的基础教育课程方案注重统一性，强调各地各校对课程方案的忠实执行，所设课程均为必修课，并对课程内容进行较为具体的规定和指导。改革

开放以后，随着社会发展多样性的增强，基础教育课程方案越来越注重灵活性，在统一性的总体框架下采取多种方式提高课程方案对不同地方、不同学校和不同学生的适应性。在培养目标上，逐渐加入个性化、生活化的发展目标，更加突出学生的主体性和个性发展。1992 年《九年义务教育全日制小学、初级中学课程计划（试行）》增加了培养学生良好品德和个性品质、具有较广泛的兴趣等目标，培养目标的表述更加具有时代特征。在课程设置上，逐渐增加反映时代发展要求、提升个体生活能力的课程，设置更有利于培养学生创新精神和实践能力的课程，使课程设置更具时代性和灵活性。2001 年《义务教育课程设置实验方案》设置品德与生活、科学、艺术等综合课程，增设综合实践活动，推行研究性学习，大大增加了课程对学生的生活适应性，突出了课程促进学生个性发展、综合发展的作用。在课时安排上，适当降低传统学术性课程的课时比例，增加经验性、实践性课程的课时，改革课时规定方式，允许学校自主安排课程。《义务教育课程设置实验方案》规定“各年级周课时数、学年总课时数、九年总课时数和各门课程课时比例，每门课的课时比例有一定弹性幅度”。2003 年《普通高中课程方案（实验）》以模块设置课程，采用学分制，“有利于学校灵活安排课程，学生自主选择并及时调整课程，形成有个性的课程修习计划”。在课程管理上，赋予地方、学校更大的课程权力，发挥地方和学校的课程创造力，增加学校课程的地方特色和学校特色。1992 年《九年义务教育全日制小学、初级中学课程计划（试行）》增加“地方安排课程”，2001 年《义务教育课程设置实验方案》增加“地方与学校课程”，大大增强了课程方案的灵活性，催生了地方课程和校本课程开发。

实践表明，当基础教育课程方案的统一性过强时，基础教育课程实践容易陷入僵化、单一和机械执行的局面，课程方案的执行在不同的地方和学校面临不同的困难，既导致课程方案被不同程度地扭曲、架空，也导致学校课程实施的困难与无效。当基础教育课程方案的灵活性过强时，基础教育课程实践容易产生混乱、无序现象，课程方案也会被扭曲和架空，同样不利于基础教育课程的实施和功能发挥。从某种程度上说，我国基础教育课程方案的变革历史就是根据国家教育需求和时代发展特征，努力把握课程方案统一性的力度，寻找课程方案灵活性的尺度，建立课程方案统一性与灵活性的动态平衡，挖掘基础教育课程内生力量，追求基础教育课程最大覆盖面和蕴含力的过程。

三、坚持借鉴、继承与创新相结合的变革路径

从我国基础教育课程方案变革与发展的内在脉络看，继承先前课程方案的成功因素，借鉴国外课程方案变革经验，根据时代发展需要努力创新发展，是课程方案不断发展和完善的基本路径。

首先，我国基础教育课程方案变革注重继承此前课程方案变革所取得的优秀成果，保持课程方案的稳定性和连续性。从表面上看，我国基础教育课程改革具有明显的阶段性，甚至存在转型性的课程改革，但在更深的层面上，继承性发展却是我国基础教育课程改革的基本方式，这一点在基础教育课程方案变革上体现得尤为明显。从课程方案的文本来看，历次课程方案均在较大程度上沿袭了此前课程方案的形式与内容，课程方案的变革措施大多是局部性的，课程方案的大尺度变化往往需要在时间相距较远的课程方案文本的对比中才能显现。从培养目标来看，德智体美劳的培养目标框架为历次基础教育课程方案所遵循。从课程设置来看，1952 年《小学暂行规程（草案）》和《中学暂行规程（草案）》所确立的基础教育课程基本框架为此后课程方案所继承。即使是在课程方案变革中具有明显创新意味的措施，也是从此前课程方案变革所取得的成果发展而来。1963 年《全日制中学暂行工作条例（草案）》首次提出选修课的范畴，选修课由此成为我国基础教育课程方案的重要内容。1992 年《九年义务教育全日制小学、初级中学课程计划（试行）》提出“地方安排课程”，使地方课程成为课程方案的重要内容。2003 年《普通高中课程方案（实验）》采用的学分制，为《普通高中课程方案（2017 年版）》所继承。

其次，我国基础教育课程方案在借鉴经验中紧跟时代步伐，以开阔的视野提高课程方案的时代站位。放眼世界，从世界课程改革的最新动态中寻找先进经验，有利于澄清我国基础教育课程方案变革的时代站位，注入更新更先进的时代内涵，搭建更新更合理的课程框架。新中国成立伊始，我国亟须建立新的基础教育课程体系，从当时国家面临的国际形势出发，我国以苏联的基础教育课程体系为参照，出台了《小学暂行规程（草案）》和《中学暂行规程（草案）》，建立了高度统一的以分科课程、必修课程为主体的基础教育课程体系。21 世纪初我国基础教育课程方案变革使基础教育课程重心下移，

赋予地方和学校更多的课程权力，引入校本课程、综合实践活动等课程领域与课程范畴，这与国际基础教育课程综合化、实践化、生活化的改革趋势相呼应。近年来在我国基础教育课程改革深化发展中启动的以核心素养为导向的基础教育课程方案修订，同样是以当前国际课程改革重视和倡导核心素养的潮流为参照，具有鲜明的国际视野和时代站位。

最后，创新是我国基础教育课程方案变革和发展的基本动力，锐意创新使我国基础教育课程方案被不断注入新的内涵，以更新的形式和内容回应基础教育课程发展的新要求和新挑战，彰显出鲜明的创新性和持续的发展性。借鉴和继承是我国基础教育课程方案变革的重要方面，但对国际课程改革经验的借鉴和对此前课程方案内容的继承并不是简单性和机械性的，而是创新性的。新中国成立初期，尽管我国学习和借鉴了苏联的基础教育课程教学模式，但相关经验被整合到老解放区的教育经验和旧教育的有用经验中，我国初步形成了具有自身特色的基础教育课程体系。近年来我国基础教育课程方案修订借鉴了以“key competencies”为主流的国际课程话语，但将其翻译为“核心素养”，彰显了以我国传统文化和汉语语境解读与创新国际课程话语的取向和态度，赋予了其更新更本土化的话语内涵和课程意义。德智体美劳作为培养目标的基本框架为历次课程方案所继承，但培养目标的具体表述随时代的发展而有所不同，鲜明地体现了基础教育课程方案创新性继承的路径。从我国基础教育课程方案变革的全过程来看，培养目标从注重“双基”到注重“三维目标”再到注重“核心素养”，课程结构从全部课程必修到“必修＋选修”再到“必修＋选择性必修＋选修”，课程管理制度从国家课程到“国家课程＋地方课程”再到“国家课程＋地方课程＋校本课程”，这些都是我国基础教育课程方案在变革中锐意创新的结果。在创新中借鉴、继承和发展，是我国基础教育课程方案变革最直接、最鲜明的基本经验。

四、坚持群策群力的变革策略

基础教育课程方案是国家教育意志在基础教育课程领域的直接体现，也是众多基础教育课程方案研制参与者的智慧结晶。基础教育课程方案变革是国家行为，往往动用国家多方面、多层次的力量，其参与者包括国家领导人、教育部官员、地方教育行政部门领导、学校教师、课程专家、心理学家、学科专家、中小学生及各界社会人士等，经过一系列调查研究、专题研讨、开发设计、审查修改活动，不断澄清国家对基础教育课程的价值取向，集中社会对基础教育课程的利益诉求，揭示学校实施基础教育课程方案的真实状态，注入专家学者对基础教育课程方案的智慧创见，使基础教育课程方案在群策群力的集体智慧碰撞中涌现、完善直至确定。例如，1992年《九年义务教育全日制小学、初级中学课程计划（试行）》是在1988年《义务教育全日制小学、初级中学教学计划（试行草案）》的基础上，从1990年开始，经过对课程方案实践的深入调研、专题研讨、国际比较、历史比较，并邀请中小学校长、教师、专家召开座谈会，向国家教委党组汇报，向各省（自治区、直辖市）教委征求意见，广泛听取社会各界意见等工作方得确定（马立，1992）。1996年《全日制普通高级中学课程计划（试验）》也是干部、专家、教师三结合集体劳动的产物，是总结我国多年课程改革经验的成果（金学方，1997），经历了国家教委组织工作班子，对课程方案及实施情况进行调查总结，分析研究其他国家课程方案，委托中央教育科学研究所对课程方案讨论稿进行研究论证，邀请课程专家、学科教育专家和高中校长进行分析研究和修改完善，印发各地征求意见，召开座谈会、研讨会等过程。为修订《普通高中课程方案（实验）》，教育部做了大量工作，包括开展广泛深入的调查研究，组建高水平的工作团队，创建协调高效的工作机制，进行深入的论证测试，组织开展多层次的审查。（王湛，2018）在课程方案和课程标准的修订过程中，教育部委托专业机构进行了大规模调研，形成了达500余万字的20余份专题报告，260多位专家先后召开16次全体会议，在全国选择了19个省（市）的4万余名学生进行测试，向各省（区、市）和党中央、国务院等16个部门及课程教材专家征求意见，送国家教材委员会委员审读，提交国家教材委员会全体会议审查（中华人民共和国教育部，2018）。课程方案和课程标准的审议包括专家工作委员会审议、党的十九大精神落实情况专项核查、教育部党组审议、国家教材委员会审议等几个方面（田慧生，2018）。在基础教育课程方案变革中，教育部、课程专家与学科专家、中小学教育工作者发挥着核心作用。教育部是国家课程意志的代表，把握着基础教育课程方案变革的方向、进度和节奏，负责启动和推进课程方案研制的进程，组织课程方案研制的各种力量，举行相关调查与研讨活动，是课程方案变革的顶层组织者和设计者。中小学教育工作者是基础教育课程方案的具体实施者，对课程方案实施的状况有最直接和最具体的了解和体会，是基础教育课程方案变革行动中底层智慧的拥有者和提供者，对基础教育课程方案的有效性具有重要影响。课程专家和学科专家拥有课程与教学专业知识和学科专业知识，站在课程方案变革的时代最前沿，负责运用专业知识和专业技能汇集包括教育部官员、中小学教育工作者在内的各方的信息与智慧，并通过创造性工作将繁杂、零散的理论研究成果和实践经验转化为课程方案的立场、内涵、框架和具体文本。以教育部官员、课程专家和学科专家、中小学教育工作者为主体的多方面、多层次的基础教育课程方案变革力量，形成一个“上下贯通”的智慧集成系统，是基础教育课程方案变革得以顺利实现的保障。

第四节　课程方案变革的未来展望

经过 70 余年的锐意改革，我国基础教育课程方案不断完善和发展，对基础教育课程建设的引领作用越来越显著，为我国基础教育质量的提升做出了不可磨灭的贡献。但是，我国基础教育课程方案仍面临着许多问题与不足，如培养目标有待进一步厘清和聚焦，课程方案的研制方法与过程不尽完善，课程设置的体系化效应未能充分发挥，课程方案的理想设计与学校实践之间存在较大差距。展望未来，我国基础教育课程方案研制应进一步提高科学性，在课程目标上更突出“人”的内在规定性，在课程设置上增强课程体系的整体功能，在课程实施上更加重视课程方案的实施指导和监测。

一、提高课程方案研制的科学性

作为对一个国家基础教育课程的顶层设计，基础教育课程方案的科学性是至关重要的。基础教育课程方案的科学性依赖于科学的课程方案研制过程。我国在 70 余年的基础教育课程方案变革历程中，积累了丰富的经验，基础教育课程方案研制的方法与过程越来越科学，但课程方案研制的理论研究、制度建设、人员参与等诸多方面的科学性仍有待提高。提高课程方案研制的科学性，需要在认识层面加强课程方案研制的理论研究，在制度层面形成完善的课程方案研制机制，在实践层面提升课程方案研制参与者的专业水平。

首先，加强对基础教育课程方案的理论研究。理论是实践的导向，基础教育课程方案的理论研究为基础教育课程方案提供逻辑上的合理性辩护与实践上的合法性辩护。只有在理论上确立基础教育课程方案研制的科学性，才能使课程方案从行政性、经验性研制模式走向专业性、科学性研制模式。对课程方案的理论研究，需澄清基础教育课程方案的基本性质和基本功能，辨明基础教育课程方案对基础教育课程的基本作用逻辑，阐明基础教育课程方案如何关联社会的历史、现状与未来，如何关联社会经济、政治与文化，如何关联社会各群体各阶层，洞察基础教育课程方案的静态结构关系和动态运行逻辑，揭示课程方案研制中人员参与的基本过程与内在机理，为课程方案研制提供从宏观到微观、从应然到实然、从过程到结果的全方位理论论证。

其次，加强基础教育课程方案研制的制度建设。“课程改革作为一项复杂的社会实践活动，需要建立起健全的、合理的‘制度丛’来规约其朝着合理性的方向发展，并保障课程改革的顺利进行。”（肖磊，2016）[49] 基础教育课程方案作为课程改革的重要内容，同样需要健全的、合理的“制度丛”以实现课程方案的研制从理论的科学性向实践的科学性转换，确保课程方案的研制过程在科学的制度框架内。应以课程方案研制的理论研究成果为依据，根据我国的政治与教育体制，建构既有科学性又反映我国国情的基础教育课程研制制度体系。基础教育课程方案研制的基本制度包括决策制度、组织制度、咨询制度、审议制度、审定颁发制度等。在建立健全课程方案研制的基本制度的同时，还应出台具体的工作制度，详细规定课程方案研制过程中相关机构、人员和社会组织的职务职责、工作方式与流程、文件与信息传递机制、智慧汇集与创新机制等，在科学化、规范化的制度流程中形成科学的基础教育课程方案。

最后，提高基础教育课程方案研制参与者的专业水平和业务水平。课程方案研制是一项系统性工程，涉及教育部官员、地方教育行政管理人员、学科专家、课程专家、教研员、学校领导、教师、学生、家长、社会人士等各方面人员。其中大部分人员并不是课程方案研制的专业人员，但他们参与课程方案研制工作的科学性与专业性在很大程度上决定着基础教育课程方案的科学性。应建立一定的机制，采取一定的措施，对课程方案研制参与者进行专门的培训，使其在一定程度上掌握专业的课程方案研制知识与技能，能够以专业的、规范的方式参与课程方案研制，保证课程方案研制在行动上的专业性和科学性。

二、优化培养目标的表述方式

从功能上看，课程方案是对“培养什么人、怎样培养人、为谁培养人”的顶层设计，其中培养目标是对“培养什么人”的概括性回答。刻画基础教育课程所要培养的人的形象是基础教育课程方案的基本任务，培养目标的表述方式对培养目标的准确性和科学性具有重要影响。我国基础教育课程方案历来重视培养目标的定位和表述，70余年来的改革使基础教育课程方案培养目标的表述愈加丰富和完善，但培养目标的表述仍存在较明显的结果化、静态化、孤立化倾向。从某种程度上说，培养目标所表述的内容是关于“人是什么”的深层哲学观念的具体表现，内含着对人的内在性质的理解和把握。基础教育课程方案培养目标的表述制约着基础教育培养的人的内在规定性。结果化、静态化、孤立化的培养目标表述方式反映了我国基础教育课程方案对人的内在规定性仍秉持着“人是由外部塑造的”“人的发展具有终结性的状态”“人是个体性的存在”等假设。这些假设与马克思主义哲学关于人的阐释和社会发展对人的时代精神的诉求不相符合，不利于基础教育课程方案对基础教育课程引领作用的发挥。优化培养目标的表述方式，使培养目标反映更真实、更先进的人学理念，在更深刻、更全面的层次上把握和理解人的内在规定性，是未来我国基础教育课程方案变革的重要取向。

一是要突出人的内生性。环境和教育固然对人的发展具有重要影响，但外在的作用只有经过人的内在过程才有可能转化为人发展的力量。在最根本的层次上，人是内生性的。培养目标表述上的“获得”逻辑和“塑造”逻辑不能反映人的内生性逻辑。例如，培养目标过于注重知识掌握，并将学生的认知、能力、道德发展置于知识掌握的基础上，就是以外部塑造代替了人的内在生长。反映人的内生性的培养目标表述，从突出知识的传授转向注重人的内在能力和品质生成逻辑，更加倚重从能力、品格和情感生成的角度看待知识，着力从人的自主、实践、体验的角度描述学生在基础教育课程学习过程中的生成逻辑。

二是要突出人的过程性。人是一种过程性的存在，是永远处于发展过程中的，只要活着就没有所谓的终结性状态。基础教育是人的发展的一个阶段，基础教育课程所培养的人的各种能力与品格并不随着基础教育阶段的结束而消失，而是一方面延续了接受基础教育之前的发展状态，另一方面又为基础教育完成之后的发展奠定基础。由此，基础教育课程方案培养目标的表述应当更加突出人的发展的过程性，更多地采用过程性的表述，使培养目标的表述更加符合人的发展规律。例如，“具有终身学习的能力”是一种结果性的表述，“不断提升终身学习的能力”则是过程性的表述，后者更符合人的过程性存在假设。

三是要突出人的关系性。正如马克思所言：“人的本质不是单个人所固有的抽象物，在其现实性上，它是一切社会关系的总和。”（马克思 等，2012）[135] 基于人的个体性品质描述人的形象，固然能在一定程度上揭示人的性质，但从关系的角度对人进行描述，更加接近人的本质。当前基础教育课程方案培养目标，主要是在人的个体品质层面上进行描述，未能很好地反映和揭示人的关系品性。重构培养目标的表述逻辑，从人与自身、人与社会、人与自然的关系的角度描述基础教育课程培养的人的形象，有利于基础教育课程发展人的关系意识，丰富人的存在关系，构建人与世界的和谐生态关系，深化基础教育课程的内涵和功能。

三、增强课程设置的整体功能

随着基础教育课程改革的推进，学校课程整体功能的发挥越来越受到重视。1992 年《九年义务教育全日制小学、初级中学课程计划（试行）》强调要充分发挥学科和活动整体功能，为学生的全面发展打好基础（课程教材研究所，2001a）[373]。2014 年教育部颁布的《关于全面深化课程改革落实立德树人根本任务的意见》指出：“要增强整体性，强化各学段、相关学科纵向有效衔接和横向协调配合。”“要在发挥各学科独特育人功能的基础上，充分发挥学科间综合育人功能，开展跨学科主题教育教学活动，将相关学科的教育内容有机整合，提高学生综合分析问题、解决问题能力。”“体系性”缺失、分科过细、学科之间缺乏横向联系，这种碎片化的学校课程难以发挥课程的整体育人功能，不利于学生的全面发展（钱丽欣，2015）。突破从局部考虑问题的局限性，注重从整体上考虑课程门类设置，注重课程整体功能的发挥，成为基础教育课程方案变革的重要方向（赵昆伦 等，2018）。第一，强化培养目标对课程的整体引领作用。培养目标是对学校课程所培养的人的整体刻画与描述，基础教育各门课程及课程的整体结构均应以不同的方式、从不同的角度指向培养目标所指明的人的整体形象与规格。要考察每一门课程以及整个课程体系落实培养目标的逻辑路径，澄清各门课程及课程体系如何支撑培养目标的实现。第二，增强各门课程的整体功能。以往倾向于按德、智、体、美、劳的逻辑框架，分别设置课程，不同的课程侧重于人的发展的不同方面。这种课程设置方式使课程的整体功能发挥受到限制。应强调一门课程对学生发展的多方面作用，充分挖掘各门课程的育人功能，理清各门课程整体功能发挥的基本逻辑和基本路径，以立体的方式定位各门课程的功能，设置更具综合性、整体性育人功能的课程。第三，加强不同课程之间的横向联系。在把握各门课程育人功能的基础上，梳理各门课程育人功能的内在联系，以主题、领域、模块、学分等多种方式使各门课程之间发生聚合作用，发挥多门课程整体育人的协同效应。第四，强化课程的纵向联系。针对普通高中教育的发展趋势，在整体设置九年义务教育课程的基础上，加强义务教育课程与普通高中课程的联系，推进十二年基础教育课程一体化设计的体制机制建设，使义务教育课程方案改革与普通高中课程方案改革协调运行，使基础教育课程在培养目标定位、课程门类划分、科目设置、课程结构体系等方面形成整体协调的系统，以实现育人目标。第五，注重发挥综合课程、跨学科课程、超学科课程的整合作用。加大综合课程、跨学科课程、超学科课程的设置力度，强化课程的主题性、情境性、实践性，突出综合实践与问题解决的整体育人功能。第六，探索和提倡有利于发挥课程整体功能的课程内容组织方式、教学组织形式、学习方式和评价方式。多媒介与超文本课程内容组织、大单元集群式教学设计、情境化研究式学习、表现性综合性评价等课程实施与评价方式方法对发挥基础教育课程的整体功能具有重要价值。

四、完善课程方案的实施指导与监测

课程方案的实施是课程方案作用发挥的基本途径，课程标准研制、教科书编写、学校课程实施与评价是课程方案实施的主要内容。为保证课程方案实施的质量，基础教育课程方案应对课程方案的实施进行指导和监测。在较长的一段时间内，课程方案实施的指导与监测未被纳入课程方案内容，这大大削弱了课程方案指导和规范学校课程的效力。直到2000年，《全日制普通高级中学课程计划（试验修订稿）》才对“课程实施”和“课程评价”进行了专门规定，对课程实施与评价进行指导成为课程方案的重要内容。2003年《普通高中课程方案（实验）》在“课程实施与评价”一节中，对课程安排、选课指导制度、校本教研、课程资源开发、课程评价等方面进行了指导，进一步完善了课程方案的实施指导工作。但是，这些指导意见仅涉及学校课程实施与评价，未覆盖课程方案实施的全过程。《普通高中课程方案（2017年版）》的“课程实施与评价”部分从课程标准和教材编制、课程实施规划、学生发展指导、教学改革、考试评价制度、课程资源开发与利用几个方面进行指导，课程方案的实施指导意见更加全面、更加丰富。该课程方案还首次提出了建立课程实施监测制度，简要规定了国家、省级两级课程实施监测制度，但在内容上有待进一步深化和细化。《义务教育课程方案（2022年版）》将“课程标准编制与教材编写”和“课程实施”分开撰写，加强了课程方案对课程标准和教材编写的指导力度，“课程实施”部分包括科学规划课程实施、深化教学改革、改进教育评价、强化专业支持、健全实施机制等内容。其中，“健全实施机制”部分对国家、省级课程实施监测进行了更加详细的规定，同时提出“开展课程实施督导”，形成了更加完整的管理、监测、督导机制。可见，改革课程方案的基本结构，将课程方案的实施指导与监测作为课程方案的重要组成部分，完善课程方案的规范与指导功能，使基础教育课程方案的作用效力覆盖学校课程的全过程，是基础教育课程方案变革发展的重要方向。

完善基础教育课程方案的实施指导，应进一步完善课程实施与评价的指导意见，加强对课程标准研制的指导，明确课程标准落实课程方案的责任，明确课程标准研制的基本原则、基本过程、基本方法及基本框架。加强对教科书编写的指导，规范教科书编写的基本机制，明确教科书编写的基本原则，提供有利于落实课程方案精神与内容的教科书编写理念、方法与策略。加强对课程实施与评价的指导，为学校提供正确贯彻课程方案精神与内容的课程实施理念、原则、方法与策略。完善基础教育课程方案的实施监测，应进一步细化课程方案对课程实施监测的规定，建立国家、省级、县级三级课程实施监测制度。国家重在对全国范围内的课程方案实施情况进行宏观监测，主要是对课程标准研制与实施、教材开发与使用情况进行监测，并对学校课程实施与评价进行重点抽查，对各地课程方案实施监测的反馈情况进行调查和汇总，掌握全国课程方案实施的总体情况；省级教育行政部门重在对本地区的课程标准实施、教材选用、学校课程实施与评价进行监测，掌握本地区课程方案实施的总体情况，并对县级课程方案实施监测工作进行指导；县级教育行政部门重在监测学校课程实施与评价落实课程方案的情况，定期评估学校课程标准实施、教材使用的实际效果与问题，向上级教育行政部门汇报与反馈课程方案的实施情况。

第三章

课程标准变革史

课程标准是确定学校教育一定阶段的课程水准、课程结构与课程模式的纲领性文件（顾明远，1998）[893]。国家课程标准是国家对基础教育课程的基本规范和要求（崔允漷，2001）。在我国基础教育课程改革中，对课程标准的概念表述存在着变化：新中国成立初期沿用民国时的习惯采用“课程标准”的表述形式，但很快在学习苏联的过程中改为“教学大纲”，直到进入 21 世纪以后才再次采用“课程标准”的表述形式。不论采取哪种表述形式，大致上，它们都是规定基础教育各门课程的性质、目标、内容、实施与评价等方面的纲领性文件，为教材编写、教学实施与教学评价提供标准和依据。从隶属关系来看，基础教育课程标准是基础教育课程方案的具体化，为基础教育课程方案设置的各门课程提供更加具体和详细的规定和说明，是基础教育课程从宏观规定走向微观落实的中间环节。简单地说，基础教育课程标准是基础教育各门课程的“设计蓝图”，为各门课程的具体实现与实施提供目标定位和内容框架。从这个角度来看，基础教育课程标准的变革历史，不但是一部课程内容的变革史，也是课程理念的变革史。

纵观我国 70 余年基础教育课程标准变革的历史，课程标准的出台存在两种不同的动因：一是由于新的课程方案出台而配套出台新的课程标准，二是对已有课程标准进行修订而形成课程标准的修订版。此外，还有根据具体的实践需求而颁布的局部调整型课程文件。综合考察各阶段课程标准的出台动因、前后承续关系、对课程改革的实际影响等方面的情况，可以发现，1954 年前后、1963 年、1988—1993 年、2001—2003 年、2017—2022 年颁布的五套课程标准具有划时代的意义，其他课程标准基本上是对这几套课程标准的修订、调整与完善。如果将课程标准的修订版与原版看作同一套课程标准的话，我国至今仅颁布了五套课程标准。以这五套课程标准及其修订为线索，可以将我国基础教育课程标准的变革历程划分为五个阶段。本章通过回溯我国基础教育课程标准在课程理念、形式结构和课程内容等方面的变革进程，揭示出我国基础教育课程标准从形式到内容、从理念到实践变革的内在特征。

第一节　第一套课程标准的探索与成形

1949 年 12 月，第一次全国教育工作会议召开，基础教育课程标准的制订工作随之紧锣密鼓地展开。1950 年，教育部颁布小学语文、算术、历史、自然、地理、音乐、图画、体育等科目的课程暂行标准（草案），并颁发了中学数学、物理、化学三科精简纲要（草案）。1951 年，第一次全国中等教育会议讨论通过了普通中学数学、英语、化学等科目的课程标准草案。1952 年，教育部陆续颁发了小学算术、珠算两科教学大纲（草案）和中学数学、物理、化学、生物等科目的教学大纲（草案）。1956 年，教育部颁布了中小学各学科教学大纲（草案）。

一、第一套课程标准的探索

与其他几套课程标准不同，我国第一套基础教育课程标准并不是跟随基础教育课程方案而颁布的，而是在 1950—1954 年陆续颁布。这是由于新中国刚刚成立，规范和统一基础教育学校课程是基础教育课程改革的当务之急，需要尽快出台基础教育课程标准，使各门课程的教科书编写和学校课程实施有据可依。表现在课程标准上，就是先颁布应急性的“暂行标准”再颁布正式的课程标准，先颁布小学课程标准再颁布中学课程标准。1950 年 7 月，教育部中等教育司颁发了供普通中学教学参考适用数学、物理、化学精简纲要（草案）。同年 8 月，教育部颁布了小学各科课程标准，包括《小学语文课程暂行标准（草案）》《小学算术课程暂行标准（草案）》《小学历史课程暂行标准（草案）》《小学高年级自然课程暂行标准初稿》《小学地理课程暂行标准（草案）》《小学音乐课程暂行标准（草案）》《小学图画课程暂行标准（草案）》《小学体育课程暂行标准（草案）》。1951 年 6 月，教育部发布《关于改定中学政治课名称、教学时数及教材的通知》。同年，教育部颁布了《中学数学科课程标准草案》《普通中学英语科课程标准草案》《普通中学化学科课程标准草案》《中学生物科课程标准草案（植物学、动物学、生理卫生学、达尔文主义基础）》①。1952年教育部颁布《小学算术教学大纲（草案）》《小学珠算教学大纲（草案）》《中学数学教学大纲（草案）》《中学物理科课程标准草案》《中学物理教学大纲（草案）》《中学化学科课程标准草案》《中学生物教学大纲（草案）》。1954年，教育部颁布《中学化学教学大纲（草案）》。其他学科的课程标准则是在1956年对中小学课程标准进行修订的时候成套颁布的。

从形式结构上看，1950年颁发的小学各科课程标准比较简单，主要包含目标、教材大纲、教学要点三个基本部分。目标部分直接列举了该课程的几个目标，教材大纲部分列举了教学的基本内容，教学要点部分从教材编选要点、教学方法要点、教学设备要点几个方面进行了较为详细的指导。1951年颁布的中学数学、化学、生物课程标准在结构上有所改进。1952年颁布的小学算术、珠算教学大纲（草案），中学数学、物理、生物教学大纲（草案），以及1954年颁布的中学化学教学大纲（草案）的结构则更为成熟。教学大纲（草案）第一部分“说明”比较详细地介绍了该课程的教学任务、目标、定位，并对教学的内容、方法、组织方式等方面进行指导，使教师对该课程拥有较为全面、综合、系统的理解和把握。教学大纲（草案）分年级、领域对教学内容进行规定，条目更加清晰。此外，教学大纲（草案）还为各教学专题提供了课堂教学和课外作业课时数参考，更加有利于教师把握教学进度。

从内容上看，1952年和1954年颁布的课程标准对我国基础教育课程的价值立场、课程内容、课程实施等方面进行了探索。第一，初步确立了以基础知识、基本技能和思想教育为核心的课程目标。例如，《中学数学教学大纲（草案）》提出中学数学教学的目的是教给学生数学的基础知识，并培养他们应用这种知识来解决各种实际问题所必需的技能和技巧，同时在讲授数学的过程中，帮助学生形成辩证唯物主义的世界观，培养他们的爱国主义精神以及民族自尊心，锻炼他们坚强的意志和性格（课程教材研究所，2001d）[355]。第二，初步形成了各门学科课程内容的基本框架。其中，中学数学包括算术、

① 1951年，教育部先行颁布《初中自然课程标准草案（包括植物学、动物学、生理卫生学）》和《高中达尔文学说基础课程标准草案》，后颁布《中学生物科课程标准草案（植物学、动物学、生理卫生学、达尔文主义基础）》。

代数、几何及三角等几个部分，生物包括植物学、动物学、人体解剖生理学、达尔文主义基础等几个部分。第三，初步提出了教学的重要原则与方法。如《中学化学教学大纲（草案）》提出，在教学过程中，教师应使学生了解元素的自然体系，并获得物质的永恒存在及永恒变化的概念；使学生理解重要的化学工业生产过程中的科学原理；培养学生爱国主义思想；贯彻历史主义的原则；按照学生年龄特征和知识水平进行举例讲解；掌握直观原则；等等（课程教材研究所，2001b）[204–205]。

二、第一套课程标准的颁布

1954 年，教育部颁布了《中学数学教学大纲（修订草案）》。同年 7 月 20 日，教育部发布《关于颁发“精简中学物理、化学、生物等三科教学大纲（草案）和课本的指示”的通知》，对中学物理、化学、生物课程内容进行精简。1956 年，教育部颁布《小学语文教学大纲（草案）》《小学算术教学大纲（修订草案）》《小学历史教学大纲（草案）》《小学地理教学大纲（草案）》《小学自然教学大纲（草案）》《小学唱歌教学大纲（草案）》《小学图画教学大纲（草案）》《小学体育教学大纲（草案）》，以及《初级中学文学教学大纲（草案）》《初级中学汉语教学大纲（草案）》《高级中学文学教学大纲（草案）》《中学数学教学大纲（修订草案）》①《高级中学制图教学大纲（草案）》《中学物理教学大纲（修订草案）》《中学化学教学大纲（修订草案）》《中学生物学教学大纲（修订草案）》《中学地理教学大纲（草案）》《初级中学中国历史教学大纲（草案）》《初级中学世界历史教学大纲（草案）》《高级中学世界近代现代史教学大纲（草案）》《高级中学中国历史教学大纲（草案）》②《初级中学音乐教学大纲（草案）》《初级中学图画教学大纲（草案）》《中学体育教学大纲（草案）》《高级中学英语教学大纲（草案）》等学科课程标准。这是我国颁布的第一套比较齐全的课程标准，标志着我国基础教育课程标准体系的正式建立。

1956 年颁布的课程标准总体上延续了 1952 年颁布的课程标准的形式结构，大部分学科课程标准采用“说明 + 内容纲要”的结构，并进行了一定程

① 该教学大纲注明了 1956—1957 学年度使用。

② 1957 年教育部颁发《高级中学中国历史教学大纲（草案）（近代史部分）》。

度的优化。例如,《中学物理教学大纲(修订草案)》先对课程进行总说明,再分初中、高中两部分，按年级对教学内容、教学方法的一些要点进行说明,最后分年级分主题列举教学内容，并标明上课时数和课外作业时数。语文课程标准的结构更加完善。《初级中学文学教学大纲(草案)》的说明部分包括初级中学文学的教学任务、初级中学文学教学大纲规定的教学内容和教材编排体系、初级中学文学教学法几个部分，教学内容部分则分学年分学期规定了篇目，并对各篇目进行简要说明。

1956 年颁布的课程标准对课程目标进行了更详细的阐述，使各门课程的目标指向更加明确。《小学语文教学大纲(草案)》指出，小学语文教学的目的在于提高儿童的语言能力，培养儿童正确地听、说、读、写的技巧，即发展儿童语言，提高儿童理解语言的能力和运用语言的能力，并分别阐述了听、说、读、写四项能力的基本要求。同时，小学语文科还要完成发展儿童思维的任务，包括树立对社会主义的信心，树立辩证唯物主义世界观的基础，培养共产主义道德，培养爱美的情感和审美的能力，培养对本民族语言的热爱。(课程教材研究所，2001f)[117-118]《初级中学文学教学大纲(草案)》规定初级中学文学承担教养和教育双重任务。《中学数学教学大纲(修订草案)》规定,中学数学教学的目的是教给学生有关算术、代数、几何和三角的基础知识,培养他们应用这些知识解决各种实际问题的技能和技巧，发展他们的逻辑思维和空间想象力，同时以社会主义思想教育学生，培养他们成为积极参加社会主义建设和保卫祖国的全面发展的新人，培养学生的辩证唯物主义的世界观，培养学生的爱国主义思想和民族自尊心，以及爱科学、爱劳动、爱集体、守纪律的美德，锻炼学生坚强的意志和性格。(课程教材研究所,2001d)[397]《中学物理教学大纲(修订草案)》用 5 段篇幅阐述课程目标，包括学到符合学生年龄特征的系统的巩固的物理学基本知识，形成辩证唯物主义世界观的基础和发展他们的科学思维，了解现代生产技术的物理基础，培养学生对祖国的热爱和准备献身于祖国的社会主义建设的志愿，发展学生热爱劳动和尊敬劳动者的感情，养成坚强、勇于克服困难和合理地组织工作等劳动品质。(课程教材研究所，2001e)[171-172]

各科课程标准确立了以知识与技能为主体的教学内容体系。《小学语文教学大纲(草案)》规定小学语文主要有阅读、汉语、作文、识字、写字五项基本内容，具体包括：教儿童阅读文学作品，尤其是儿童文学作品，前四学年还要阅读有关自然、地理和历史的科学知识的文章；教儿童初步掌握汉民族语言的语音、文字、词汇、语法的基本规律；教儿童运用口头语言和书面语言来表达自己的思想；教儿童认识必要数量的常用汉字；培养儿童书写的技巧（课程教材研究所，2001f）[118]。《初级中学文学教学大纲（草案）》规定，初级中学的教学内容包括文学作品以及结合文学作品讲授的文学理论常识和文学史常识（课程教材研究所，2001f）[334]。《初级中学汉语教学大纲（草案）》规定，初级中学汉语包括语音、词汇、语法、修辞、文字、标点符号六项基本内容（课程教材研究所，2001f）[323–325]。《初级中学中国历史教学大纲（草案）》规定，初级中学中国历史分两学年讲授，一年级讲授我国原始公社制社会、奴隶占有制社会和封建主义社会的历史，二年级讲授从鸦片战争到当时的历史（课程教材研究所，2001c）[136]。

各科课程标准对教学进行了较为详细的指导，总体上确立了以课堂教学为主渠道，以讲授讲解为主要教学方法，重视作业与复习、实验与实践的教学理念。例如，《小学语文教学大纲（草案）》详细介绍了准备课、识字教学、阅读教学、汉语教学、作文教学、写字教学的教学理念和方法，提出阅读教学采取讲读法，阅读教学是凭借阅读课本来进行的，在阅读教学中还要完成词汇教学、朗读和默读、编段落大意和复述课文等几项任务（课程教材研究所，2001f）[118–138]。《初级中学文学教学大纲（草案）》规定，教师进行文学教学的时候，应该依据这门课程的特点和学生的年龄特点，适当地运用讲述、谈话、指导阅读、指导做练习、考查和评定学习成绩等方法，要针对每篇文学作品的特点，灵活运用词句的解释和练习、朗读和默读、编提纲、叙述、提问、背诵、作文等各种方式（课程教材研究所，2001f）[337–340]。《中学数学教学大纲（修订草案）》指出："在数学教学中，应当特别注意使学生自觉地掌握数学中的基本的概念、观念和方法，尤其是函数的观念和它的图象。"（课程教材研究所，2001d）[397]《中学物理教学大纲（修订草案）》指出，课堂教学是物理教学工作的基本组织形式，在课堂教学中真正使学生了解物理概念、定律和原理，是使学生学好这一门科学知识的关键；必须广泛举行教师的演示和学生实验，并运用物理习题、参观、复习等方式巩固所学知识，发展学生思维（课程教材研究所，2001e）[172–175]。

第二节　第二套课程标准的颁布与修订

1963 年颁布的第二套基础教育课程标准是我国基础教育课程标准变革史上的一座高峰。尽管 1963 年颁布的课程标准未及深入实施，但它对“文化大革命”结束后我国基础教育课程标准的建设与发展的影响却是很深远的。

一、第二套课程标准的颁布

在 1958 年开始的“教育革命”中，教育部下放教育管理的权力，赋予地方课程改革权力，各地进行了改革学制、改革教材和教法的试验，但造成了基础教育课程的失序与混乱，教育质量普遍下降。1961 年中共八届九中全会确立了“调整、巩固、充实、提高”的“八字方针”。根据“八字方针”，教育部收回了教育管理的权力，对基础教育课程进行调整和规范。1963 年 7 月 31 日，教育部发出《关于实行全日制中小学新教学计划（草案）的通知》，强调:“中小学在文化教育方面的主要任务，是使学生掌握基本的文化工具和基本的科学知识。小学阶段必须注重语文和算术的教学，中学阶段必须注重语文、数学和外国语的教学。这些课程是学习和从事工作的基本工具，使学生学好这些课程，对于提高中小学的教学质量有决定性的意义。”（课程教材研究所，2001a）[293]

1963 年 5 月，教育部颁布了新的基础教育课程标准，包括《全日制小学语文教学大纲（草案）》《全日制中学语文教学大纲（草案）》《全日制小学算术教学大纲（草案）》《全日制中学数学教学大纲（草案）》《全日制中学英语教学大纲（草案）》《全日制中学俄语教学大纲（草案）》《全日制中学物理教学大纲（草案）》《全日制中学化学教学大纲（草案）》《全日制中学生物教学大纲（草案）》《全日制小学历史教学大纲（草案）》《全日制中学历史教学大纲（草案）》《全日制中学地理教学大纲（草案）》《全日制小学自然教学大纲（草案）》等。这些课程标准是按照新的教学计划编制的，体现了新教学计划的基本精神。

相对于 1956 年颁布的课程标准，1963 年颁布的课程标准在形式结构上逻辑更合理，条理更清晰。各科课程标准基本包括教学目的和要求、教学内容、教学内容的安排、教学中应该注意的几点、各年级（各科）的教学内容五个部分。此外，不同学科的课程标准也有一些差异。例如，《全日制中学物理教学大纲（草案）》专门设置了“演示和学生实验”一节，对教学中的演示和学生实验进行指导。《全日制中学语文教学大纲（草案）》设置了“选材标准”一节，并将教学目的和要求分为“语文的重要性和语文教学的目的”和“教学要求”两节。

1963 年颁布的课程标准对各学科的性质、任务和目的进行了新的探索，尽可能明确各学科的定位，将“双基”的重要性提到了新的高度。《全日制中学语文教学大纲（草案）》强调语文是学好各门知识和从事各种工作的基本工具，中学语文教学的目的是教学生正确理解和运用祖国的语言文字，使他们具有现代语文的阅读能力和写作能力，具有初步阅读文言文的能力（课程教材研究所，2001f）[415–416]。《全日制中学数学教学大纲（草案）》指出，数学是研究现实世界空间形式和数量关系的一门科学，是从事生产劳动和研究科学技术的一种重要工具；数学是中学的主要学科之一，是学生必须掌握的一种基本工具。中学数学教学的目的是使学生牢固地掌握代数、平面几何、立体几何、三角和平面解析几何的基础知识，培养学生正确而且迅速的计算能力、逻辑推理能力和空间想象能力，以适应参加生产劳动和进一步学习的需要。（课程教材研究所，2001d）[434]

这套课程标准充实了课程内容，提高了课程难度。《全日制小学语文教学大纲（草案）》要求在小学阶段掌握 3500 个常用汉字。《全日制小学算术教学大纲（草案）》要求小学阶段学完全部算术和珠算，结束了以前初中一年级设算术课的做法，并恢复了过去删掉的一些内容，如运算定律、最大公约数的求法、循环小数、反比例、较复杂的应用题等，增加了大数目的计算和混合运算，加强了对三步以上的应用题和追及、差倍等特殊类型应用题的学习（熊明安，1999）[178]。《全日制中学数学大纲（草案）》规定，初中阶段讲授代数和平面几何，高中阶段讲授代数、三角、立体几何和平面解析几何，平面解析几何是新增加的教学内容。《全日制中学物理教学大纲（草案）》强调：“要全面地讲授物理学的基础知识，并且突出其中最重要的，使学生既了解物理学的概貌，又比较深入地掌握重点知识”，“教学内容的深度和广度，应当符合学生的接受能力，不能过深过多，也不能过浅过少。不适当地提高程度和增加分量，将使学生负担过重并且‘消化不良’，不适当地降低程度和精简教材，将使学生得不到应有的知识，都不利于提高中学物理的教学质量”。（课程教材研究所，2001e）[210] 在当时的历史背景下，强调教学内容的深度和广度不能过低，是该课程标准的重要着力点。该课程标准还梳理了中学教学内容的知识系统，如初中形成了力、声、光、热、电的教学内容框架。

教学内容的安排更加注重学科知识的逻辑性和系统性。《全日制中学语文教学大纲（草案）》要求教学内容的安排以学生阅读能力和写作能力的培养顺序为主要线索，组成由浅入深、循序渐进的体系。《全日制中学数学教学大纲（草案）》要求教学内容的安排，一方面应该根据数与数、形与形各自的内在联系以及数与形之间的联系和区别，另一方面又应该符合学生的认识过程和接受能力，此外还应该注意初中、高中的教学内容能各自成一段落、各有重点，并且注意和物理、化学等相邻学科的配合。《全日制中学物理教学大纲（草案）》强调，要根据力学、分子物理学和热学、电学、光学等分科来安排教学内容，使学生获得系统的知识；要加强各个分科之间的联系，以免学生把统一的物理知识割裂开来理解；初高中物理教学内容既要基本上一贯上升，又要适当分段，避免不必要的重复，保留必要的螺旋上升。

各科的教学强调勤学苦练，掌握系统的学科知识，突出重点难点，并重视练习和复习。《全日制中学语文教学大纲（草案）》强调要加强基本训练，对学生严格要求，树立勤学苦练的风气；讲读教学必须把课文讲解清楚，必须随时启发学生思考问题；加强课外的阅读指导和写作指导。《全日制中学数学教学大纲（草案）》强调要讲清概念、法则、定理、公式以及解题、证题的方法和步骤；突出重点，抓住关键，解决难点；加强练习，培养学生正确而且迅速的计算能力、逻辑推理能力和空间想象能力；适当地联系实际。《全日制中学物理教学大纲（草案）》强调讲好物理概念和规律；适当联系实际；突出重点，抓住关键；培养学生的辩证唯物主义观点；重视练习；重视复习。《全日制小学历史教学大纲（草案）》强调使学生掌握历史知识；教师必须根据课本，讲述具体的历史事实，指导学生阅读课本，启发学生积极思考；必须采取多种教学方法，训练学生记忆历史事件，记牢朝代名称、朝代顺序，记牢必要的人名、地名、年代、月日等。

二、第二套课程标准的修订

第二套基础教育课程标准分别于1978年、1986年进行了修订并颁布实施，其间部分学科的课程标准还经过了局部性的修订和调整。

（一）第二套课程标准的第一次修订

“文化大革命”结束后，我国基础教育课程进入重建时期。1978年1月18日，教育部颁布《全日制十年制中小学教学计划试行草案》。同年，教育部在1963年中小学各学科课程标准的基础上，修订并颁布了中小学各学科教学大纲（试行草案）[①]。这次颁布的课程标准重新确定了各门学科的性质和任务，更新了课程内容，并强调学生能力的培养，体现了服务现代化建设的需要。各科教学内容也做了更新，强调选择现代科学技术和从事社会主义现代化建设所必需的基础知识作为教学内容。（彭泽平，2006）[164]《全日制十年制学校中学物理教学大纲（试行草案）》规定，中学物理教学的目的是“使学生比较系统地掌握进一步学习现代科学技术需要的物理基础知识，了解这些知识的实际应用；培养学生的实验技能、思维能力和运用数学解决物理问题的能力；培养学生的辩证唯物主义观点”（课程教材研究所，2001e）[241]。教材的编排也有一定的改变。《全日制十年制学校小学语文教学大纲（试行草案）》提出：对前三年讲读课文里出现的生字，应有两种不同的要求；课文分为讲读课文、阅读课文、学生自学的独立阅读课文；根据需要安排进行读写综合练习的“基础训练”；每册课本后都附上生字表。各科课程标准还对教学内容的选择与确定做了新的规定。《全日制十年制学校小学数学教学大纲（试行草案）》提出确定学生学习的基础知识的具体方法是：精选传统的算术内容，适当增加代数、几何的部分内容，适当渗透一些现代数学的思想。与1963年《全日制小学算术教学大纲（草案）》相比，该课程标准删减了过繁的四则运算、含有大括号的式题、繁难的应用题、繁杂的复名数化聚和复名数四则计算、棱柱和棱锥、珠算除法和珠算三四位数的乘法、记账初步知识等内容，新增加了用字母表示数、简易

---

① 《全日制十年制学校小学自然常识教学大纲（试行草案）》于1977年颁布。

方程（$ax \pm b=c$）、列方程解应用题、正负数的概念及其四则计算、三角形内角和、轴对称、圆心角、扇形面积等内容，适当渗透了一些集合、函数、统计等数学思想（刘英杰，1993）[500]。

（二）第二套课程标准的第二次修订①

1986年，国家教委修订和颁布了中小学各学科的课程标准，并于1987年春季开始实施。课程标准主要根据国家对基础教育课程的新要求，适当降低了难度，强化了培养能力的要求（彭泽平，2006）[209–211]。例如，《全日制小学语文教学大纲》要求认识常用汉字3000个左右，但只要求掌握2500个左右。中学语文教材的课文由360篇减少到190篇。中学数学将微积分初步、行列式和线性方程组改为选学内容，降低了对方程、不等式同解原理的要求。《全日制中学英语教学大纲》对各年级学生听、说、读、写能力的培养提出了较为具体的要求或指标，如提出初二学生应“能听写浅于课文的材料（10分钟内能听写50—80个词）”。《全日制中学历史教学大纲》在初二下学期增加了世界历史部分的内容，中国历史和世界历史的内容均有扩大，中国历史内容的下限延续到社会主义现代化建设新时期，世界历史从人类历史的开端叙述到20世纪七八十年代。《全日制中学物理教学大纲》在教学目的中明确要求培养学生的观察和实验能力、思维能力、分析和解决实际问题的能力，增加了对学生观察能力的培养要求。

① 1979年，教育部颁发了《全日制十年制学校中小学音乐教学大纲（试行草案）》和《全日制十年制学校中小学美术教学大纲（试行草案）》。1982年，教育部颁布《全日制五年制小学思想品德课教学大纲（试行草案）》《全日制五年制小学音乐教学大纲（试行草案）》《全日制初级中学音乐教学大纲（试行草案）》《初级中学青少年修养教学大纲（试行草案）》《初级中学社会发展简史教学大纲（试行草案）》《高级中学政治经济学常识教学大纲（试行草案）》《高级中学辩证唯物主义常识教学大纲（试行草案）》《全日制六年制重点中学数学教学大纲（征求意见稿）》。1983年，教育部颁布《关于颁发高中数学、物理、化学三科两种要求的教学纲要的通知》。这些课程标准是继1978年课程标准修订之后，根据新修订的课程方案而颁发的，是对课程标准的部分调整、补充和完善。

第三节 第三套课程标准的颁布与修订

从第三套基础教育课程标准开始，义务教育和高中的课程标准颁布与修订存在既相互独立又相互照应的关系。这体现在时间上，一般先颁布义务教育课程标准，再颁布普通高中课程标准；体现在课程标准的形式与内容上，义务教育课程标准与普通高中课程标准往往借鉴和继承前一轮两个学段课程标准变革的优秀成果。在第三套基础教育课程标准中，义务教育课程标准于1988年颁布初审稿，1992年颁布试用版；普通高中课程标准于1996年颁布供试验用版，2000年颁布试验修订版。

一、义务教育课程标准的颁布与修订

1988年9月20日，国家教委颁布《义务教育全日制小学、初级中学教学计划（试行草案）》。根据新颁布的义务教育课程方案，国家教委印发了义务教育24个学科教学大纲（初审稿），涉及小学语文、数学、自然、社会、音乐、美术、体育、劳动、思想品德和初中语文、数学、英语、俄语、日语、物理、化学、生物、历史、地理、音乐、美术、体育、劳动技术和思想政治。

1988年颁布的义务教育各科课程标准基本延续了第二套课程标准的体例结构，并进行了一定程度的改革，在语言表述上更加简洁。《九年制义务教育全日制小学语文教学大纲（初审稿）》分为前言、教学目的和教学要求、教学内容和教学提示、课外活动、教学中应该注意的几个主要问题、各年级的具体教学要求六个部分，其中“教学内容和教学提示”分为“识字、写字”“听话、说话”“阅读”“作文”四部分。《九年制义务教育全日制初级中学语文教学大纲（初审稿）》先用三段话介绍语文学科的性质、价值和指导思想，再介绍语文学科的教学目的、教学要求、教学内容、教学中要重视的问题、各年级教学要求、教材基本篇目。《九年制义务教育全日制小学数学教学大纲（初审稿）》分为前言、教学目的和要求、教学内容的确定和安排、教学中应该注意的几个问题、各年级的教学内容和教学要求五个部分。《九年制义务教育全日制初级中学数学教学大纲（初审稿）》先用两段话介绍数学的性质与作用、数学学科的作用与重要性，再介绍数学学科的教学目的、教学内容的确定与

安排、教学中应该注意的几个问题、教学内容和教学要求。《九年制义务教育全日制小学自然教学大纲（初审稿）》先用一段话介绍小学自然的性质和意义，再按教学目的要求、教学内容的确定、教学内容、教材的编写、教学中应该注意的几个问题展开。

努力对本学科的性质和意义进行提炼与概括是这一版课程标准的显著特点。每一个学科的课程标准均在前言中阐述了本学科的性质和意义，并强调学习本学科之于学生学科能力提升、学习其他学科、贯彻教育方针的重要性。《九年制义务教育全日制小学语文教学大纲（初审稿）》指出："小学语文是义务教育中的一门重要学科，不仅具有工具性，而且有很强的思想性。教好这门学科，对于学生学习其他各门学科，获取新的知识和能力；对于贯彻教育方针，促进学生德、智、体、美全面发展，培育有理想、有道德、有文化、有纪律的社会主义公民；对于提高民族素质，都有着重要意义。"（课程教材研究所，2001f）[209]《九年制义务教育全日制初级中学物理教学大纲（初审稿）》指出："初中物理是九年义务教育必修的一门基础课程。学生在物理课中学习初步的物理知识，受到观察、实验的初步训练以及思想品德教育。这对完成义务教育的任务具有重要的意义。"（课程教材研究所，2001e）[344]

义务教育课程标准中的教学目的要求从提高全民族素质出发，面向所有学生的发展需要，使学生掌握必需的基础知识和基本技能，并受到思想品德教育。《九年制义务教育全日制小学语文教学大纲（初审稿）》规定，小学语文教学的目的是指导学生正确地理解和运用祖国的语言文字，使学生具有初步的听说读写能力，并在这个过程中进行思想品德教育，发展学生的智力，培养良好的学习习惯。《九年制义务教育全日制初级中学数学教学大纲（初审稿）》规定，初中数学的教学目的是使学生切实掌握现代社会中每一个公民适应日常生活、参加生产和进一步学习所必需的代数、几何的基础知识与基本技能，包括直观的空间图形和统计的初步知识，进一步培养运算能力，发展逻辑思维能力和空间观念，并能够运用所学知识解决简单的实际问题，培养学生良好的个性品质和初步的辩证唯物主义观点。《九年制义务教育全日制初级中学物理教学大纲（初审稿）》规定的教学目的包括四个方面：掌握物理学初步知识及其实际应用；形成初步的观察、实验能力，初步的分析、概括能力，运用物理知识解决简单问题的能力；培养学习物理的兴趣和求知愿望；

开展爱国主义教育和辩证唯物主义教育，养成实事求是的态度。

义务教育课程标准要求选取学生必需的、基本的、有用的、符合学生年龄特征的教学内容进行教学。《九年制义务教育全日制初级中学语文教学大纲（初审稿）》要求学生掌握必要的汉语知识、文体知识和文学常识，发展阅读能力、写作能力、听话能力和说话能力，在教学内容上分为基础知识、能力训练、课文三大部分。《九年制义务教育全日制小学数学教学大纲（初审稿）》指出，要选择日常生活和进一步学习所必需的、学生能够接受的、最基础的数学知识作为教学内容。为此，大数目的计算和比较复杂的四则混合运算，应该精减；笔算加减法一般不超过五位数；四则混合运算以三、四步为主，最多不超过五步；中、高年级要适当加强口算训练，并练习一些最简单的估算；繁分数只讲比较简单的；简易方程的内容只讲到 $ax \pm b=c$，$ax \pm bx=c$，不讲等式的基本性质和移项法则；适当渗透集合、函数等思想和方法。教学大纲要求教学内容适当，注意留有余地，增加灵活性。《九年制义务教育全日制小学自然教学大纲（初审稿）》要求教学内容应是学生周围常见的自然事物，以及人类与自然关系方面最基本的科学知识，适当介绍一些学生能够接受的先进科学成果和科学发展前景；应能反映自然的本来面目，是一些正确可靠的素材；应便于学生接触自然，亲自参加观察、实验活动；应能引起学生的学习兴趣和求知欲；应符合学生的年龄特点，是学生能够接受的。《九年制义务教育全日制初级中学历史教学大纲（初审稿）》要求历史教学充分体现时代精神，面向现代化、面向世界、面向未来。这套课程标准注重对教学内容的掌握，部分学科细化了教学内容掌握的水平层次。如初中数学课程标准将教学要求分为了解、理解、掌握、灵活运用四个层次；初中物理课程标准的教学要求分为知道、理解、掌握三个层次，并用“会”来表示对技能的要求，即能正确操作并得出结果。

课程标准要求注意处理好教学的各种关系，发挥教师的主导作用和学生的主体作用，注重启发学生，发展学生的智力和能力，注意联系实际等。《九年制义务教育全日制小学语文教学大纲（初审稿）》强调，语文教学要正确处理语言文字训练和思想教育的关系；要正确处理传授知识同发展智力、培养能力的关系；要注意教学的纵向联系和横向联系；要采用启发式，废止注入式；要重视培养学生的自学能力；要改进成绩考查的方法；要加强教师自身的修养。《九年制义务教育全日制初级中学语文教学大纲（初审稿）》提出：要正确处理语文训练和思想教育的关系；读、写、听、说四种能力都很重要；学习语文知识能提高学生文化素质，有助于语文能力的培养；语文训练中要重视发展学生的智力；课堂教学是语文教学的基本形式；语文课外活动是语文教学的组成部分。《九年制义务教育全日制小学数学教学大纲（初审稿）》要求：加强基础知识教学；重视发展智力、培养能力；结合学科特点，对学生进行思想品德教育；处理好共同要求和因材施教的关系；改革教学方法；有效地组织练习和复习；改进成绩的考查和评定。《九年制义务教育全日制初级中学物理教学大纲（初审稿）》要求：以学生为主体，发挥教师的主导作用；加强演示和学生实验；重视物理概念和规律的教学；重视物理知识的应用；进行思想教育；培养科学态度；培养良好的学习物理的习惯和自学能力；开展课外活动。

在 1988 年版的义务教育课程标准经过试用和修改后，国家教委于 1992 年颁布义务教育教学大纲（试用）。试用版对初审稿的体例结构和具体内容进行了一定程度的优化和完善。例如，《九年义务教育全日制小学语文教学大纲（试用）》的教学内容和教学提示由原来的单层结构变为双层结构，即分为语言文字训练和思想教育两个方面，强化了语文学科的思想教育功能。语言文字训练方面除了原有的“识字、写字”“听话、说话”“阅读”“作文”外，增加了“汉语拼音”的内容和要求。《九年义务教育全日制小学自然教学大纲（试用）》将确定教学内容的原则由原来的五条增加到七条，增加了“教学内容应有利于向学生进行思想品德教育”和“教学内容应注意联系学生周围的生活、生产实际”两条。《九年义务教育全日制初级中学物理教学大纲（试用）》将“教学中应该注意的问题”中的“培养良好的学习物理的习惯和自学能力”修改为“培养刻苦的学习精神、良好的学习习惯和自学能力”。

2000 年，教育部颁布了义务教育各科教学大纲（试用修订版），对小学、初级中学各科课程标准的形式结构和具体内容进行了局部性的调整、修订和完善。例如，《九年义务教育全日制小学语文教学大纲（试用修订版）》中“教学内容和要求”部分的修订包括：适当调整对汉语拼音的教学要求；对识字提出“认识”和“学会”两种要求；阅读方面要求减少头绪，加强综合；作文方面不再用“作文”的提法，低年级叫作“写话”，中高年级叫作“习作”，并降低了学习要求的坡度；明确规定课内外阅读量和背诵篇数；将听话、说话改为口语交际；加强语文实践活动等（崔峦，2000）。《九年义务教育全日制小学数学教学大纲（试用修订版）》对教学内容的调整包括：进一步降低对四则运算的要求，改变应用题的选材和呈现方式，调整了统计知识的内容，增加了实践活动（马云鹏，2000）。

二、普通高中课程标准的颁布与修订

1996 年，国家教委颁发了普通高中语文、数学、英语、物理、化学、生物等学科课程标准，于 1997 年秋季在江西、山西、天津两省一市进行试验。这些课程标准是根据《全日制普通高级中学课程计划（试验）》编订的，并与义务教育课程标准相衔接。

在形式体例上，1996 年颁布的普通高中课程标准延续了 1992 年颁布的义务教育课程标准的基本体例，并有所改动。《全日制普通高级中学语文教学大纲（供试验用）》包括教学目的、教学原则、课程结构和课时、教学内容和要求、评估和考试、教学设备、附录七个部分，其中“教学原则”和“教学设备”为新加内容，“推荐选文篇目”和“课外阅读书目”归入“附录”部分。《全日制普通高级中学数学教学大纲（供试验用）》有教学目的、教学内容的确定和安排、教学内容和教学目标、教学中应该注意的几个问题、教学测试和评估五个部分。《全日制普通高级中学物理教学大纲（供试验用）》包括教学目的、课程安排、教学内容的确定、教学中应注意的问题、必修物理课的教学内容和要求、必修和限选物理课的教学内容和要求、考试七个部分。《全日制普通高级中学历史教学大纲（供试验用）》包括教学目的、课程课时安排、教学目标和教学内容、教学中应注意的几个问题、考试与评估五个部分，其中“教学目标和教学内容”在每个领域均提出基础知识、能力培养、思想教育三个方面的要求。

各学科课程标准都在开头对本学科的性质、定位和作用进行了阐述。《全日制普通高级中学语文教学大纲（供试验用）》指出，语文是最重要的交际工具，也是最重要的文化载体；语文学科是一门基础学科。《全日制普通高级中学数学教学大纲（供试验用）》指出，数学是研究现实世界空间形式和数量关系的科学，高中数学是义务教育后普通高级中学的一门主要课程。《全日制普通高级中学物理教学大纲（供试验用）》指出，物理学是一门基础科学，是整个自然科学和现代技术发展的基础。《全日制普通高级中学历史教学大纲（供试验用）》指出，历史学是研究和阐述人类社会发展的具体过程及其规律的一门人文社会科学，在初中历史课程基础上开设的高中历史课程属于较高层次的基础教育内容。

各学科课程标准中教学目的的表述延续了1992年颁布的义务教育课程标准的表述方式，但教学目的的具体内容更加丰富、更加恰切，并根据高中教育的要求和特点有所调整。例如，《九年义务教育全日制初级中学语文教学大纲（试用）》用了两句话，分别阐述了教学的知识和能力目标、思想品德教育目标。《全日制普通高级中学语文教学大纲（供试验用）》将教学目的具体化为基础知识和基本能力、基本学习方法和习惯、思想品德教育三个方面，且各方面阐释得更加具体和丰富。《全日制普通高级中学数学教学大纲（供试验用）》与《九年义务教育全日制初级中学数学教学大纲（试用）》的教学目标表述基本一致，只是要求较初中更高一些。《全日制普通高级中学物理教学大纲（供试验用）》将《九年义务教育全日制初级中学物理教学大纲（试用）》的四点教学目标整合成三点进行表述，内容基本一致。《全日制普通高级中学历史教学大纲（供试验用）》与《九年义务教育全日制初级中学历史教学大纲（试用）》的教学目标均包括基础知识、能力培养、思想教育三个方面，但次序有所不同，且普通高中课程标准的目标表述较初中更加详细。

与此前课程标准相比，1996年版普通高中课程标准中课程内容的结构有很大不同。这是由于《全日制普通高级中学课程计划（试验）》将普通高中课程分为学科类课程和活动类课程两类，并设置必修、限定选修、任意选修三种课程类型。《全日制普通高级中学语文教学大纲（供试验用）》将课程分为学科类课程和活动类课程两种，其中学科类课程主要通过课堂教学使学生获得语文的基础知识和基本能力，分为必修课、限定选修课和任意选修课三类，必修课在高一、高二开设，限定选修课在高三开设；活动类课程包括阅读活动、写作活动、听说活动等。《全日制普通高级中学数学教学大纲（供试验用）》同样将高中数学课程分为必修课、限定选修课和任意选修课三种，同时指出高中数学课程宜将代数、几何的基础知识和概率统计、微积分的初步知识综合编排。《全日制普通高级中学历史教学大纲（供试验用）》规定，必修课为中国近现代史，在高一开设；文科限定选修课包括世界近代史和中国古代史，分别在高二、高三开设；任意选修课包括中国文化史和世界文化史，分别在高一、高二开设。

关于教学实施要注意的问题，《全日制普通高级中学语文教学大纲（供试验用）》提炼为教学原则，并列举了语文训练和思想道德教育统一，语文训练和思维训练相辅相成，语文训练中知识教学和能力训练密切结合，阅读能力、写作能力和听说能力全面训练，教师的主导性和学生的主动性相结合，语文课内教学和课外学习相结合等六条原则。其他学科表述方式仍沿袭此前的方式。《全日制普通高级中学数学教学大纲（供试验用）》指出教学应注意的问题包括：面向全体学生，加强思想品质教育，坚持理论联系实际，重视基础知识的教学、基本技能的训练和能力的培养，正确组织练习，改进教学方法和教学手段。

1996年版普通高中课程标准将考试与评估的内容设置成独立的部分，加强了对考试和评价的指导。《全日制普通高级中学语文教学大纲（供试验用）》列举了八条关于考试与评估的意见，涉及语文考试与评估的学科性、发展性、能力性、过程性、多样性、活动性、选拔性等方面。《全日制普通高级中学数学教学大纲（供试验用）》的“教学测试和评估”涉及数学教学测试和评估的依据、目的、方式、手段等几个方面。此外，部分学科课程标准还首次将对教学设备的指导意见纳入课程标准，如《全日制普通高级中学语文教学大纲（供试验用）》。

2000年，教育部颁发了普通高中多个学科的教学大纲（试验修订版），对课程标准的形式结构和具体内容进行了局部性的修订和完善。例如，《全日制普通高级中学语文教学大纲（试验修订版）》删去了“教学原则”部分，重新改为“教学中应重视的几个问题”；在教学内容和要求部分，不再分能力训练和基础知识，而是按照阅读、写作、口语交际的顺序进行表述，把原来的36条意见删减为18条；（顾之川，2000）在行文上，课程标准明确了我国现代作品、我国古代作品、外国作品的比例为5∶4∶1，明确了精读课文与略读课文一般各占50%，明确了文学作品可占全部课文的60%（陆志平，2001）。

第四节　第四套课程标准的颁布与修订

进入21世纪以后，我国进行了一场轰轰烈烈的基础教育课程改革，基础教育课程标准也随之发生深刻的变革。第四套基础教育课程标准仍然采用义务教育阶段和普通高中阶段先后颁布的节奏，2001年颁布义务教育课程标准（实验稿），2003年颁布普通高中课程标准（实验），2011年颁布义务教育课程标准（2011年版）。

一、第四套课程标准的颁布

2001年7月，教育部颁布义务教育课程标准（实验稿），包括语文、数学、品德与生活、品德与社会①、英语、日语、物理、化学、科学、历史、历史与社会（一）、历史与社会（二）、地理、生物、美术、艺术、音乐、体育（体育与健康）等多种。2003年3月，教育部颁发普通高中15个学科课程标准（实验），包括语文、数学、英语、日语、俄语、物理、化学、生物、历史、地理、体育与健康、音乐、美术、艺术、技术。

在结构体例上，第四套课程标准实现了突破性的变革。课程标准不再使用"教学大纲"的称谓，采用了"课程标准"的称谓。伴随着称谓的转变，课程标准的定位也有所不同，它"所规定的是某一阶段对学生学习结果的最低的、基本的要求，它是一个立足于让所有学生都能达到的基本标准，在课程上预留了满足不同学生发展需要的弹性空间"（彭泽平，2006）[265]。课程标准的基本组成部分包括前言、课程目标、内容标准、实施建议、附录，各科课程标准根据学科特点在具体结构上有所不同。《全日制义务教育语文课程标准（实验稿）》包括前言、课程目标、实施建议、附录四个部分，其中前言规定了课程的性质与地位、课程的基本理念、课程标准的设计思路，课程目标分总目标和四个学段的阶段目标，实施建议包括教材编写建议、课程资源的开发与利用、教学建议、评价建议，附录包括优秀诗文背诵推荐篇目、课外读物建议、语法修辞要点。《全日制义务教育数学课程标准（实验稿）》包括

① 《全日制义务教育思想品德课程标准（实验稿）》于2003年5月颁布。

前言、课程目标、内容标准、课程实施建议四个部分，其中前言包括基本理念、设计思路，课程目标包括总体目标和学段目标，内容标准分三个学段设计，课程实施建议包括三个学段的教学建议、评价建议、教材编写建议，以及课程资源的开发与利用建议。《普通高中数学课程标准（实验）》分前言、课程目标、内容标准、实施建议、附录五个部分，其中前言包括课程性质、基本理念、设计思路，内容标准包括必修课程五个系列和选修课程四个系列的内容与要求、说明与建议、参考案例，实施建议包括教学建议、评价建议和教材编写建议。

课程标准加强了对课程性质和课程理念的阐释。《全日制义务教育语文课程标准（实验稿）》指出，语文是最重要的交际工具，是人类文化的重要组成部分，工具性和人文性的统一是语文课程的基本特点，并提出全面提高学生的语文素养，正确把握语文教育的特点，积极倡导自主、合作、探究的学习方式，努力建设开放而有活力的语文课程等课程理念。《全日制义务教育数学课程标准（实验稿）》指出，义务教育阶段的数学课程应突出体现基础性、普及性和发展性，使数学教育面向全体学生，实现人人学有价值的数学、人人都能获得必需的数学、不同的人在数学上得到不同的发展。《普通高中数学课程标准（实验）》则提出构建共同基础、提供发展平台，提供多样课程、适应个性选择，倡导积极主动、勇于探索的学习方式等十条基本理念。《普通高中物理课程标准（实验）》指出：高中物理是普通高中科学学习领域的一门基础课程；在课程目标上注重提高全体学生的科学素养；在课程结构上重视基础，体现课程的选择性；在课程内容上体现时代性、基础性、选择性；在课程实施上注重自主学习，提倡教学方式多样化；在课程评价上强调更新观念，促进学生发展。

“三维目标”成为各科课程标准中课程目标的基本框架，这也是第四套课程标准取得的重要成果。《全日制义务教育语文课程标准（实验稿）》指出，课程目标“根据知识和能力、过程和方法、情感态度和价值观三个维度设计。三个方面相互渗透，融为一体，注重语文素养的整体提高。各个学段相互联系，螺旋上升，最终全面达成总目标”（中华人民共和国教育部,2001）[3]。《普通高中语文课程标准（实验）》从“积累·整合”“感受·鉴赏”“思考·领悟”“应用·拓展”“发现·创新”五个维度提出课程目标，还分别提出必修课程“阅读与鉴赏”“表达与交流”的目标和选修课程“诗歌与散文”“小说与戏剧”“新闻与传记”“语言文字应用”“文化论著研读”的目标。《全日制义务教育数学课程标准（实验稿）》从知识与技能、数学思考、解决问题、情感与态度四个方面提出课程目标，并界定和使用了“了解（认识）、理解、掌握、灵活运用”等刻画知识技能水平的目标动词和“经历（感受）、体验（体会）、探索”等刻画数学活动水平的过程性目标动词，以更好地体现对学生数学学习的要求。《全日制义务教育物理课程标准（实验稿）》和《普通高中物理课程标准（实验）》均在提出课程总目标之后，分别从知识与技能、过程与方法、情感态度与价值观三个维度提出课程具体目标。

课程内容的选择和组织也获得了新的发展，更加注重课程内容的选择性和综合性。《全日制义务教育语文课程标准（实验稿）》的课程内容除了识字与写字、阅读、写作、口语交际四大板块，还包括“综合性学习”。《普通高中语文课程标准（实验）》将课程内容分为必修课程和选修课程两个部分，按模块组织学习内容，其中必修课程设计“语文 1”至“语文 5”五个模块，选修课程设计五个系列。“这样的设计有利于学校灵活安排课程，也有利于满足学生多样的学习需求，便于学生根据自己的实际情况选学或者重新学习某个模块的内容。”（中华人民共和国教育部，2003c）[4]《全日制义务教育数学课程标准（实验稿）》在各个学段安排了“数与代数”“空间与图形”“统计与概率”“实践与综合应用”四个学习领域，并强调学生的数学活动，要求发展学生的数感、符号感、空间观念、统计观念，以及应用意识与推理能力。《全日制义务教育物理课程标准（实验稿）》将“科学探究”作为与“科学内容”并列的内容纳入课程标准。《普通高中物理课程标准（实验）》的课程内容由 12 个模块构成，其中物理 1 和物理 2 为共同必修模块，其余为选修模块。《全日制义务教育历史课程标准（实验稿）》使用学习主题的呈现方式。《普通高中历史课程标准（实验）》强调“遵循时代性、基础性、多样性和选择性的原则，规定适合高中学生学习的课程目标和学习内容”（中华人民共和国教育部，2003b）[2–3]。

课程标准从教材编写、教学实施、教学评价、课程资源开发与利用几个方面对课程实施提出建议，强调课程实施的灵活性、开放性、实践性、创造性。《全日制义务教育语文课程标准（实验稿）》指出，教材编写要体现时代特点和现代意识，教材选文要具有典范性，教材内容安排应致力于学生语文素养的整体提高，教材的体例和呈现方式应灵活多样，教材应具有开放性和弹性；教学应充分发挥师生双方的主动性和创造性，努力体现语文的实践性和综合性，重视情感、态度、价值观的正确导向，正确处理基本素养与创新能力的关系，遵循学生身心发展规律和语文学习规律选择教学策略；教学评价应突出语文课程评价的整体性和综合性，加强形成性评价，重视定性评价，加强学生的自我评价和相互评价。《普通高中数学课程标准（实验）》提出，教学应以学生发展为本，指导学生合理选择课程、制定学习计划；帮助学生打好基础，发展能力；注重联系，提高对数学整体的认识；注重数学知识与实际的联系，发展学生的应用意识和能力；关注数学的文化价值，促进学生科学观的形成；改善教与学的方式，使学生主动地学习；恰当运用现代信息技术，提高教学质量。评价应重视对学生数学学习过程的评价，正确评价学生的数学基础知识和基本技能，重视对学生能力的评价，实施促进学生发展的多元化评价，根据学生的不同选择进行评价。教材编写应选取体现数学本质、联系学生、适应学生特点的素材；体现知识的发生发展过程，促进学生的自主探索；体现相关内容的联系，帮助学生全面地理解和认识数学；注重新理念、新内容在教材编写中的处理；渗透数学文化，体现人文精神；内容设计要有一定的弹性；反映现代信息技术与数学课程的整合。

二、第四套课程标准的修订

2011 年，教育部颁布了 2001 年义务教育课程标准的修订版。此次课程标准修订坚持德育为先、全面发展、能力为重、以人为本、与时俱进的原则，突出德育的时代特征，强化能力培养的基本要求，合理吸收了社会发展和科技进步的新成果，合理控制课程容量和难度，有效减轻学生课业负担（田慧生，2014）。《义务教育语文课程标准（2011 年版）》对《全日制义务教育语文课程标准（实验稿）》各个部分进行了修订，其中改动幅度较大的有以下方面。（1）“前言”部分：导语完全重写，“课程性质”的表述有重要的补充，“课程基本理念”和“课程设计思路”也有较多的修改。（2）“课程目标与内容”部分：“总体目标与内容”和“学段目标与内容”在内容和语言表述方面有较多修改。（3）“实施建议”部分：“教学建议”中增加了比较多的具体建议；“评价建议”也补充了具体建议，结构有较大的调整；“教材编写建议”有所补充。（4）“附录”部分：“优秀诗文背诵推荐篇目”增加了16篇，具体篇目也略有调整；“关于课外读物的建议”列举的书目有所增补和调整；新增了两个“字表”——“识字、写字教学基本字表”和“义务教育语文课程常用字表”。（巢宗祺，2012a）修订后的课程标准在结构体例与标题上也与上一版有所不同。语文课程标准修订重点解决五个方面的问题：加强社会主义核心价值观在语文课程中的渗透；突出培养学生的社会责任感、实践能力和创新能力；进一步突出语文课程的核心目标——学习祖国语言文字的运用；进一步增加课程目标的适切性和教学实施的可操作性；采取一些新的措施，力求解决语文教学中有关语言文字运用的突出问题。（巢宗祺，2012b）《义务教育数学课程标准（2011年版）》的修订主要包括：在体例与结构上略有调整，增加了对目标行为动词的解释，三个学段统一表述实施建议，案例作为附录后移；理念与目标的表述更加清晰；三个学段的课程内容做了一些调整，内容总量基本未变，具体内容和要求几个学段都有不同程度的调整。（史宁中 等，2012）例如，2001年版数学课程标准提出了“数感、符号感、空间观念、统计观念、应用意识和推理能力”6个核心概念，2011年版数学课程标准发展为“数感、符号意识、空间观念、几何直观、数据分析观念、运算能力、推理能力、模型思想、应用意识、创新意识”10个核心概念。修订后的数学课程标准还将“四基”（基础知识、基本技能、基本思想、基本活动经验）和“发现和提出问题的能力、分析和解决问题的能力”作为课程目标的核心内容。

第五节　第五套课程标准的颁布

2012年11月8日，党的十八大召开，我国社会主义建设与发展进入新的历史阶段。党的十八大提出立德树人是教育的根本任务，为新时代基础教育课程改革指明了方向。2014年3月30日，教育部发布《关于全面深化课程改革落实立德树人根本任务的意见》，其中提出研究制订学生发展核心素养体系，并“依据学生发展核心素养体系，进一步明确各学段、各学科具体的育人目标和任务，完善高校和中小学课程教学有关标准”，核心素养成为新时代基础教育课程标准最鲜明的特色。

一、普通高中课程标准的颁布

2017 年，教育部颁布了新的普通高中课程标准。这是中国特色社会主义进入新时代以后颁布的第一套课程标准，课程标准注重贯彻新时代社会主义建设的新要求和新任务，融入社会发展、教育发展和课程发展的新成果，这使得课程标准在形式和内容上都发生比较明显的变化。

2017 年版的各科普通高中课程标准使用了与《普通高中课程方案（2017 年版）》一致的前言，前言说明了课程修订的背景与过程、指导思想和基本原则、修订的主要内容和变化。其中指出，课程标准修订的原则是坚持正确的政治方向、坚持反映时代要求、坚持科学论证、坚持继承发展。在内容上，各学科课程标准凝练了学科核心素养，明确了学生学习该学科课程后应达成的正确价值观念、必备品格和关键能力，对知识与技能、过程与方法、情感态度价值观三维目标进行了整合；更新了教学内容，进一步精选学科内容，以学科大概念为核心，使课程内容结构化，以主题为引领，使课程内容情境化，促进学科核心素养的落实；研制了学业质量标准，明确学生完成各学科学习任务后，学科核心素养应该达到的水平，各水平的关键表现构成评价学业质量的标准；增强了指导性，突出课程标准的可操作性，切实加强对教材编写、教学实施、考试评价的指导。

以语文和物理两门课程为例。《普通高中语文课程标准（2017 年版）》包括课程性质与基本理念、学科核心素养与课程目标、课程结构、课程内容、学业质量、实施建议、附录七个部分，在每个部分实现了新的突破和发展。例如，对课程性质的规定增加了“祖国语言文字”“真实的语言运用情境”“自主的语言实践活动”“思辨能力”“思维品质”“社会主义核心价值观”等内容，强调了立德树人、文化自信、核心素养、实践性、时代性等基本理念，提出了语言建构与运用、思维发展与提升、审美鉴赏与创造、文化传承与理解等语文学科核心素养，并围绕学科核心素养提出包括语言积累与建构、提升思维品质、传承中华文化等 12 个方面的课程目标。将课程内容分为必修、选择性必修、选修三类，分别安排 7—9 个学习任务群。将学业质量划分为五个水平，并阐明学业质量水平与考试评价的关系。在实施建议上对教学与评价、学业水平考试和高考命题、教材编写、课程资源利用与开发、地方和学校实施课程提出了建议。《普通高中物理课程标准（2017 年版）》较之以前的课程标准也有了很大的变化。如课程目标由“三维目标”变为核心素养目标，课程内容由必修加三个系列选修变为必修加选择性必修和选修，内容要求由侧重知识要求向注重物理观念、科学思维、科学探究、科学态度与责任等多方面要求转变，构建了由“内容要求”“学业要求”和“学业质量水平”组成的综合评价体系（彭前程，2018）。

二、义务教育课程标准的颁布

2017 年版普通高中课程标准颁布后，教育部随即启动义务教育课程标准的修订工作。2022 年 3 月 25 日，教育部颁布了新的义务教育课程标准。2022 年版义务教育课程标准大体上延续了 2017 年版普通高中课程标准的思路与框架，并有一定的创新与发展。

相对于上一版的义务教育课程标准，2022 年版义务教育课程标准的主要变化包括：一是强化了课程育人导向。各课程标准基于义务教育培养目标，将党的教育方针具体化细化为本课程应着力培养的核心素养，体现正确价值观、必备品格和关键能力的培养要求。二是优化了课程内容结构。以习近平新时代中国特色社会主义思想为统领，基于核心素养发展要求，遴选重要观念、主题内容和基础知识，设计课程内容，增强内容与育人目标的联系，优化内容组织形式。设立跨学科主题学习活动，加强学科间相互关联，带动课程综合化实施，强化实践性要求。三是研制了学业质量标准。各课程标准根据核心素养发展水平，结合课程内容，整体刻画不同学段学生学业成就的具体表现特征，形成学业质量标准，引导和帮助教师把握教学深度和广度，为教材编写、教学实施和考试评价等提供依据。四是增强了指导性。各课程标准针对“内容要求”提出“学业要求”“教学提示”，细化了评价与考试命题建议，注重实现教学评一致性，增加了教学、评价案例，不仅明确了“为什么教”“教什么”“教到什么程度”，而且强化了对“怎么教”的具体指导，做到好用、管用。五是加强了学段衔接。注重幼小衔接，基于对学生在健康、语言、社会、科学、艺术领域发展水平的评估，合理设计小学一至二年级课程，注重活动化、游戏化、生活化的学习设计。依据学生从小学到初中在认知、情感、社会性等方面的发展，合理安排不同学段内容，体现学习目标的连续性和进阶性。了解高中阶段学生特点和学科特点，为学生进一步学习做好准备。（中华人民共和国教育部，2022a）[3-4]

以语文和物理课程标准为例。《义务教育语文课程标准（2022 年版）》包括课程性质、课程理念、课程目标、课程内容、学业质量、课程实施、附录七个部分。在保留 2011 年版义务教育语文课程标准和 2017 年版普通高中语文课程标准的基本论述的同时，课程性质部分更加强调“继承和弘扬中华优秀传统文化、革命文化、社会主义先进文化，增强对习近平新时代中国特色社会主义思想的理解和认识”，更加强调“语文课程在推广普及国家通用语言文字、增强凝聚力、铸牢中华民族共同体意识，建立文化自信、培育时代新人，实现中华民族伟大复兴等方面具有不可替代的优势”。课程理念部分强调：立足学生核心素养发展，充分发挥语文课程育人功能；构建语文学习任务群，注重课程的阶段性和发展性；突出课程内容的时代性和典范性，加强课程内容整合；增强课程实施的情境性和实践性，促进学习方式变革；倡导课程评价的过程性和整体性，重视评价的导向作用。课程目标部分从核心素养内涵、总目标、学段要求三个层面展开，其中核心素养包括文化自信、语言运用、思维能力、审美创造四个方面，各学段的要求包括识字与写字、阅读与鉴赏、表达与交流、梳理与探究四个方面。课程内容部分按主题与载体形式、内容组织与呈现方式两部分展开，突出中华优秀传统文化、革命文化、社会主义先进文化三大主题，主要以学习任务群形式组织与呈现，按照内容整合程度不断提升，分三个层面设置学习任务群：第一层设“语言文字积累与梳理”一个基础型学习任务群，第二层设“实用性阅读与交流”“文学阅读与创意表达”“思辨性阅读与表达”三个发展型学习任务群，第三层设“整本书阅读”“跨学科学习”三个拓展型学习任务群。学业质量部分分四个学段（1—2 年级、3—4 年级、5—6 年级、7—9 年级）对学生完成阶段性学习后的学业成就表现进行描述。课程实施部分从教学建议、评价建议、教材编写建议、课程资源开发与利用、教学研究与教师培训等方面提出建议。《义务教育物理课程标准（2022 年版）》在课程性质部分不但强调物理课程的科学价值，同时也强调课程的育人价值；在课程内容部分突出了大概念、大主题的重要价值和意义，根据“物质”“运动和相互作用”“能量”“实验探究”“跨学科实践”五个一级主题组织课程内容，各一级主题均包含内容要求、学业要求及教学提示；附录提供了两个跨学科实践案例，指导教师开展跨学科主题学习。

第六节　课程标准变革的经验与启示

课程标准上承课程方案，是课程方案在学科层面的落实与具体化，下启教科书和课程实施，为教科书编写提供内容框架，对课程实施提出指导意见。基础教育课程标准的变革既受课程方案变革的影响，又要不断吸收和融汇教育与学科研究的最新成果，总结与提升课程实施的经验教训，在多方面力量的支持下实现发展和完善。

一、课程标准在落实与展开课程方案中成形

基础教育课程方案是基础教育课程标准的上位文件。基础教育课程方案确定了基础教育课程的培养目标、科目设置、课程结构，并提出课程内容选择与组织、课程实施与评价、课程管理等方面的意见和建议，在宏观层面确定了基础教育课程标准的价值向度、课程空间和展开思路。基础教育课程标准的形成直接受基础教育课程方案的制约和指导，在落实与展开基础教育课程方案中形成具体的课程标准框架和文本。课程方案中的培养目标是对学校课程“培养什么人”的总体刻画和描述，课程标准中的课程目标既落实课程方案中的培养目标，又彰显出课程的学科本质和学科优势。课程方案从总体上设置学校课程门类，规定各门课程之间的比例与结构关系，这就规定了一门课程在学校课程体系中的地位和空间，课程标准在这个课程空间中展开课程设计，落实课程方案设置该门课程的目标与意图。课程方案提出课程内容选择与组织、课程实施与评价的建议，指明了课程设计的方向与原则，课程标准在这些方向与原则的指引下，具体设计一门课程的基本框架，有效落实课程方案的意图。但是，基础教育课程方案是对基础教育课程的方向性、原则性、总体性规定，其中存在大量的空间需要课程标准进行充实。课程方案仅规定基础教育阶段学校课程培养人的总体目标，不同的课程受到自身性质与特点的影响在实现培养目标的具体价值与侧重点方面有所差异，课程标准需要将培养目标展开，形成一门课程的具体目标。课程方案仅规定了学校所开设的课程名称及课程时数，课程标准需要根据课程方案的基本精神，具体

规定一门课程的价值与功能定位、内容与结构设计、实施与评价方式等课程要素。课程方案仅从方向和原则层面规定了教科书编写和课程实施与评价的基本要求，课程标准需要将这些方向和原则展开为一门课程的教科书编写原则与方法，确定教科书的基本内容和基本框架，提出该门课程在实施与评价方面的具体要求和建议，使学校课程实施与评价有据可依。基础教育课程标准的研制要深入研究基础教育课程方案的确定性要求和可能性空间，有效落实与充实基础教育课程方案。

二、课程标准在吸收与融汇教育和学科最新研究成果中发展

基础教育课程标准的变革，从某种角度说，就是要改革课程标准的形式与内容，不断吸收教育研究和学科研究的最新成果，促进学校课程的更新换代，使学校课程更加符合时代的要求。随着时代的发展，教育研究不断取得进展，提出更新、更符合时代要求的课程理念、课程理论和课程研制技术与方法，基础教育课程标准修订中要研究、吸收和融汇教育研究的最新成果，将教育研究成果转化为课程研制与实施的新理念、新方法，使学校课程更好地反映时代精神，更有利于培养时代新人。学科知识是课程内容的重要来源，吸收和融汇学科研究的最新成果，是强化课程内容的科学性、时代性和有效性的重要途径。基础教育课程标准修订中要关注、梳理学科研究的最新成果，根据课程的目标和学生的年龄特征恰当吸收学科研究的最新成果，使课程内容更好地反映社会发展现状与趋势，提升课程培养时代新人的有效性。纵观我国基础教育课程标准的变革历程，每一次课程标准的研制与修订，无不努力吸收和融汇教育与学科研究的最新成果。新的教育与学科研究成果在各个版本课程标准中出现，构成了基础教育课程标准更新与发展的基本标志。从课程目标来看，我国第一套基础教育课程标准确立了以基础知识和基本技能为核心的“双基”课程目标体系，并在第二、三套课程标准中加以发展和完善。第四套基础教育课程标准吸收了课程研究的成果，将“双基”课程目标体系发展为包括知识与技能、过程与方法、情感态度与价值观的三维目标体系，更加突出课程目标的人文性和综合性。随着教育领域更加强调“立德树人”“以人为本”，第五套课程标准进一步整合“三维目标”，提出了以“核心素养”为本的课程目标。从课程设计理念来看，第一、二套课程标准基于

“课程即学科”的理念，侧重于从学科知识的角度设计课程，突出课程的学科性和知识性。第三套课程标准吸收了素质教育的最新研究成果，突破了“课程即学科”的理念，既重视“课程作为知识”，也重视“课程作为活动”和“课程作为经验”，更加注重处理好知识与技能、社会与个体、科学与生活之间的关系，突出课程之于学生素质发展的价值和意义。第四、五套课程标准则更加强调“课程作为经验”和“课程作为文化”的理念，加强课程内容的主题化、模块化设计，强调课程学习的自主性、合作性和探究性，加快课程的人本化转向。从课程内容来看，历次基础教育课程标准的研制和修订都将课程内容的调整和更新作为重要内容，努力吸收新的学科内容和学科知识，不断强化课程内容的时代色彩。第一套课程标准着力于清除旧教育的不良内容，强化课程内容的社会主义方向和性质。第二、三套课程标准则回应我国社会主义现代化建设的时代要求，大力加强现代科学知识在课程内容中的分量。第四、五套课程标准在知识经济和信息技术飞速发展的背景下，强化了信息技术、人文关怀、生态保护等新知识、新观念在课程中的存在。

三、课程标准在总结与提炼课程实施的经验教训中完善

课程实施是检验基础教育课程标准的实践准绳，课程在实施过程中暴露和产生的问题是基础教育课程标准修订和完善的重要动因。我国基础教育课程标准注重在变革过程中不断总结和提炼课程实施的经验教训，努力提升课程标准的实践适应性和实践有效性。新中国成立初期的基础教育课程标准，汲取了老解放区课程实践的经验。1963 年颁布的基础教育课程标准，总结了新中国成立初期学校课程实施的有益经验，反思了从 1958 年开始的“教育革命”中下放课程管理权限导致学校课程失序和混乱的教训，提出了加强基础知识和基本技能的“双基”目标，建立了以学科知识为核心的课程体系。“文化大革命”结束之后，我国深刻反思了此前学校课程实施的种种乱象，在 1963 年颁布的基础教育课程标准的基础上，进一步完善了课程标准的体系框架和课程内容，修正了过于注重政治功能的课程取向，突出了课程的本体功能，从而提高了课程标准的科学性和有效性，对重建我国基础教育课程体系起到了积极的推动作用。1986 年《义务教育法》颁布后，根据义务教育的性质和要求，我国提出了以推进素质教育为核心的教育改革战略，基础教育课

程标准的研制和修订工作更加注重梳理课程内容过高、过难的要求，对课程内容进行了大幅度的修改，使基础教育课程内容更加符合面向全体学生、发展学生素质的时代要求。进入21世纪以后，针对课程内容“繁、难、偏、旧”以及“应试教育”日益严重带来的课程价值偏离等问题，基础教育课程标准更加突出课程内容的文化属性，更加强调自主、合作、探究的课程实施方式，倡导发展性的课程评价，强化课程的育人功能，大力推动基础教育课程的价值转型。基础教育课程标准作为指导纲领为课程实施提供实践框架和价值引领，课程实施作为实践检验场域为基础教育课程标准的研制和修订提供效验结果和变革需求。正是在基础教育课程标准与学校课程实施的循环互动中，课程标准的研制和修订保持了生动的实践性和持续的有效性，实现了课程标准的不断提升和完善。

第四章

教科书变革史

教科书是国家意志、民族精神和专业知识在教育中的集中体现，是课程目标和教育内容的主要载体，是学校教学和教师教育的依据，也是学生终身发展的基本资源（朱华 等，2019）。如果说基础教育课程方案是一个国家基础教育课程的总体蓝图，基础教育课程标准是基础教育课程在学科层面的具体蓝图，那么教科书就是基础教育课程在文本层面的具体实现。依据课程标准，教科书选择一定的课程内容，以一定的方式组织起来，成为教师和学生可以直接学习的内容，使国家的课程意志转化为现实的教育教学行为。从这个意义上说，教科书是基础教育课程从设计转化为实践的中介环节，对上承载着国家课程意志，是国家课程设计的具体化，对下引领着教师的教和学生的学，是学校教育教学的内容载体和行动设计。

伴随着基础教育课程方案和课程标准的变革历程，我国基础教育教科书同样经历了一个跌宕起伏的变革历程。大致来说，我国基础教育教科书的变革过程可分为1949—1976年的初建阶段、1977—2000年的改革阶段和从2001年至今的繁荣阶段。

第一节　教科书的初建阶段

新中国成立后，建立与新中国政治体制相适应的新的教科书管理体制，编制和出版新的教科书，使基础教育为新中国的建设和发展服务，成为当务之急。为此，国家采取了一系列措施，成立专门的基础教育教科书编写机构，颁布与教科书相关的政策和制度，组织力量编写教科书，逐步形成了新的基础教育教科书体系。

一、教科书初建阶段的基本发展历程

新中国成立初期，基础教育教科书具有多样的来源：一是来自老解放区的教科书，二是原国民党统治区的教科书，三是从苏联引进的教科书。1949 年 12 月，第一次全国教育工作会议提出，新中国的教育改革以老解放区新教育经验为基础，吸收旧教育有用经验，借助苏联经验，建设新民主主义教育。为此，新中国成立初期采取了改革旧教材、继承和吸收有用成分的教材发展政策。总目标是确保学校教育的社会主义发展方向，迅速整顿和统一中小学教科书（石鸥 等，2015）[174]。同年 10 月 19 日，中共中央宣传部部长陆定一在全国新华书店出版工作会议上指出，教科书对国计民生影响特别巨大，所以非国营不可。1950 年 9 月，出版总署召开全国出版会议，确定了全国统一供应中小学教材的方针。同年 12 月，人民教育出版社成立，负责编辑出版基础教育教科书。随着人民教育出版社的成立，我国形成了集教科书研究、编写、出版、发行为一体的运作方式，基础教育教科书的编审、出版工作归于统一，新中国统一编撰出版基础教育教科书的制度正式形成（石鸥 等，2015）[178]。1951 年，人民教育出版社编辑出版了新中国第一套全国通用的教科书。由于时间紧迫，这套教科书主要是从老解放区的教科书改编而来，具有明显的过渡性质。1956 年，人民教育出版社完成了新中国第二套基础教育教科书的编写。这套教科书是人民教育出版社自编的第一套基础教育教科书，但教科书的编写深受苏联教科书的影响。例如，中学教科书中，数学和自然科学教科书以苏联最新出版的教科书为蓝本，不作大的变动。参考苏联经验，语文学习一分为二，编出了汉语、文学教科书，历史、地理教科书编写尽量吸收苏联的编辑原则、方法和经验。像世界史、世界自然地理、世界经济地理等这类课本，也是以苏联课本为蓝本，适当改编而成的（石鸥 等，2015）[182]。

1958 年 8 月 4 日，中共中央、国务院发出《关于教育事业管理权力下放问题的规定》，指出“各地方根据因地制宜、因校制宜的原则，可以对教育部和中央各主管部门颁发的各级各类学校的指导性教学计划、教学大纲和通用的教材、教科书，领导学校进行修订补充，也可以自编教材和教科书”（何东昌，1998）[850]。据此，全国各地教育部门和学校结合各自的实际情况，采用增、删、补、改等方式，对原来通用的人民教育出版社出版的教科书进行修订、改编甚至自编。据不完全统计，有 18 个省市和师范院校编写了整套或部分九年制、十年制基础教育教科书（石鸥 等，2012）[105]。由于当时特定的政治气候和缺乏教科书编写的经验，这些教科书普遍存在以下问题：一是各科教科书都普遍增加了许多同本学科知识无关的政治内容，存在着“形式主义”和“贴标签”的倾向；二是缩减教材内容，降低难度；三是由于缩短了学习年限，某些必要的基础内容又被删节过多，教科书系统性差，教师难教、学生难学。（彭泽平，2006）[93]

1959 年 1 月，中共中央书记处会议做出决议，认为体制改革后，中央该管的事，如学制、课程设置和课本等，必须管起来。国家开始回收对基础教育教科书管理的权限。1960 年 10 月，教育部党组决定成立中小学教材编审领导小组。1961 年随着“调整、巩固、充实、提高”方针的实施，教科书统一的步伐开始加快。为加强对教科书的管理，1962 年 5 月 23 日教育部决定完善普通教育教材工作小组。

1960 年下半年，根据中央文教小组的指示，人民教育出版社开始编写十年制中小学统编教科书，并对当时使用的十二年制教科书做适当修改。这是新中国成立后编写的第三套通用教科书。随着国民经济的大调整，人民教育出版社于 1961 年夏开始着手重新编写十二年制教科书，于 1963 年秋季开始在全国供应。这是新中国成立后编写的第四套通用教科书。这套教科书注意加强语文、外语、数学几门主要课程，适当提高了难度；注意用马克思列宁主义的立场观点方法阐述社会现象和自然现象；力求避免片面强调联系实际而削弱基础知识的缺点；注意了基础知识的充实和基本训练的加强；适当反映了科学技术的新成就；注意切合当时的教学实际。在试教中，得到了普遍好评，但在正式使用后不久，也有一些地方反映内容深、分量重，从而导致教学困难。（彭泽平，2006）[110] 应当说，这套教科书是当时我国基础教育教科书改革的优秀成果。

1972—1973 年国家对基础教育教科书进行“整顿”，但总体上基础教育教科书“完全打乱了学科的科学体系，各学科的基础知识与基本技能的内容完全被删除，充斥一些与学科无关的大量谬误内容”（朱华 等，2019）[9]，给教育教学造成非常严重的不良影响。

二、初建阶段教科书的基本特征

这一阶段，我国形成了统一的基础教育教科书格局，教科书具有明显的“移植”色彩，初步形成了重视思想政治教育的教科书传统，在教科书编辑上开启了科学化的初步努力。

（一）建立统一的教科书格局

新中国成立初期，我国基础教育教科书的编印、出版、使用混乱不一。为此，国家采取了一系列措施，建立了统一管理、统一编写、统一出版发行的基础教育教科书管理制度，形成了统一的基础教育教科书格局。首先，颁布统一的基础教育课程方案和课程标准。课程方案和课程标准是规范基础教育课程设置和课程内容的重要文件，对教科书的统一具有规范性意义。1950年，教育部颁发了小学各科课程暂行标准（草案）和《中学暂行教学计划（草案）》。1952年3月，教育部颁布《小学暂行规程（草案）》和《中学暂行规程（草案）》，对普通中小学的宗旨、目标、学制、领导、教学计划、教学原则、成绩考查和评定、组织管理等方面做了规定。这些文件确立了我国基础教育课程的基本框架，为基础教育教科书的统一奠定了基础。其次，成立专门的基础教育教科书编审出版机构。人民教育出版社成立之前，原华北人民政府教育部教科书编审委员会、中共中央宣传部出版委员会、新华书店、出版总署等机构为教科书的统一做了大量的工作。人民教育出版社成立后，承担了基础教育教科书编审、出版的任务，基础教育教科书的编审、出版工作归于统一。再次，统一全国教科书的售价和供应。1950年7月，教育部和出版总署发布了《关于1950年秋季教科书减低并划一售价及供应办法的决定》。同年12月，教育部和出版总署发布《关于1951年春季教科书的售价及生产供应办法的决定》。两个文件对教科书的价格进行了统一的规定，形成了全国统一定价的制度。1951年4月，教育部和出版总署发布《对教科书供应情况报告的指示》。同年10月，发布《关于改进1952年春季教科书供应工作的决定》。这些文件规范了基础教育教科书的供应和发行。最后，成立教科书出版发行委员会。1952年11月，教育部和出版总署发布《关于成立教科书出版发行委员会的指示》，同时颁发《教科书出版发行委员会组织条例（草案）》，对各级委员会的组织单位及各单位的任务进行了详细的规定。最终，我国形成了全国统一的基础教育教科书格局。

（二）具有明显的“移植”色彩

初建阶段的两套基础教育教科书均具有明显的“移植”色彩。第一套教科书主要是对老解放区的教科书进行了修订和改编。语文、历史、地理等科目的教科书大多是修订或改编自原华北区和华东区的版本。中学理科类教科书，如数学、物理、化学、生物等科目的教科书，基本上是以原东北人民政府教育部编译的苏联教科书为蓝本修订或改编而成。也有直接沿用原国民党统治区的教科书。第二套教科书受苏联教科书的影响比较大。1954年6月，人民教育出版社提出新编教科书的编辑方针，决定：“数学和自然科学教科书应吸取苏联先进成果，以苏联最新出版的教科书为蓝本，结合中国实际情况予以适当改编。对苏联教材的整个思想体系与基本科学内容不作大的变动，只对其中不适合中国实际情况的具体材料加以适当的更改或补充。语文、历史、地理等教科书必须自编，苏联在这方面的编辑原则、方法和经验，应尽量吸收。世界自然地理、世界经济地理及世界史等也可以苏联课本为蓝本，加以适当改编。”（《中国教育年鉴》编辑部，1984）[484] 以音乐和体育教科书为例，20世纪50年代初我国组织力量将中国赴苏体育访问团带回的苏联体育教材译成中文，如《苏联团体操教材》《苏联体育教材》《苏联学校体育教材》等；还翻译介绍了一批苏联音乐教材和参考资料，如格罗静斯卡雅著的《唱歌课的教育工作》、列宁格勒市立教师进修学院音乐组编的《唱歌教师辅导手册》等（石鸥 等，2012）[71]。

（三）重视思想政治教育

新中国成立初期，我国取消了国民党设置的许多课程，如“党义”“童子军”等，在中学开设了新的政治课程，并出版新的教科书，进行思想政治教育和国民公德教育，培养学生的爱国主义情感。新编写的教科书摒弃了国民党的政治立场和观点，指明新中国各项事业发展的社会主义方向（吴洪成 等，2017）[490]。例如，语文教科书注重树立无产阶级的人生观和世界观，用革命思想教育下一代（吴小鸥 等，2011）。曾次亮编的初级中学《本国地理课本》在编撰中特别注意纠正国民党统治时期地理课本中流行的错误理论，如地理环境决定论、大民族主义及法西斯主义的宣传等。在叙述地理知识时，不放弃与政治和历史方面的联系，通过地理知识来启发学生改造自然、建设新中国的信心，并加深其对祖国、对人民、对劳动的热爱情感。第一套教科书中，初级中学《动物学》教科书以原东北人民政府教育部根据苏联十年制中学《动物学》教科书改编的初中《动物学》为蓝本，为了帮助学生树立爱国主义精神，增加了许多本国的材料（石鸥 等，2012）[53]。

（四）开启教科书编写科学化的初步努力

从第二套基础教育教科书开始，教科书编写科学化成为教科书建设的重要方向。首先，教科书编写努力加强科学性和系统性。第二套基础教育教科书的编写一般有课程标准作指导。在小学方面，1953 年小学停止实施五年一贯制转而实行四二制以后，教育部开始制定四二制小学各科课程标准。1956 年，教育部颁发了小学各科课程标准，涉及语文、算术、历史、地理、自然、唱歌、图画、体育等。中学方面，1954 年，教育部根据各地反映的依据 1952 年课程标准编写的教材使学生负担过重的情况，先后颁发了精简中学物理、化学、生物三科教学大纲（草案）。1956 年，教育部颁发了中学各科课程标准。这些课程标准的颁布，使得中小学教科书的编写有了相对科学的依据（石鸥 等，2012）[57]。其次，努力建立教科书编写的程序和规范。1954 年，人民教育出版社提出对编辑干部的要求并确立编审制度，对各编辑室提出以下要求：第一，根据中央最近的指示和总的编辑方针修订教学大纲，并有重点地检查当时使用的教科书，指出主要错误观点，提出今后改进意见和改编计划，以提高编辑人员的思想水平和写作能力。第二，加强编辑人员对政治、教育、所任学科及语言逻辑方面的学习，特别是学习苏联先进经验，不断提高业务水平。第三，加强编辑制度，树立科学的工作方法。第四，执行严格的审查制度。每一本教科书在出版之前均须在政治上、科学上、教学原则上、文字上进行审查。在出版方面也必须进行严格的技术审查，做到排印正确，形式美观，装订坚实耐用。（《中国教育年鉴》编辑部，1984）[486] 各科教科书编写时间虽然很短，但一般都经过这样的过程：在明确编写原则之后，由出版社有关编辑室拟订编辑计划或提纲，分别向教师、专家、业务部门征求意见，采纳各方面的意见后按计划或提纲写成初稿，再在社内外组织讨论，进行修订，经教育部分别组织审阅后，出版发行。各科教材编写体系也不断完善，逻辑性、系统性不断增强。

第二节　教科书的改革阶段

“文化大革命”结束后，基础教育教科书的管理体制不断完善，教科书的发展开始走上多样化的道路。

一、改革阶段教科书的基本发展历程

1977 年 8 月 8 日，邓小平在科学和教育工作座谈会上指出：“关键是教材。教材要反映出现代科学文化的先进水平，同时要符合我国的实际情况。”（邓小平，1994）[55] 此后，邓小平还多次谈到教材建设问题：“教材非从中小学抓起不可，教书非教最先进的内容不可”（邓小平，1994）[69]，“教材很重要，要统一教材”（邓小平，1994）[63]。为此，教育部迅速行动起来，成立“教材编审领导小组”，重建人民教育出版社，集中编写了一套全日制十年制教科书。这是第五套全国通用的基础教育教科书，从 1977 年开始编写，1980 年基本完成。1981 年，教育部颁布了五年制小学和六年制重点中学教学计划，形成了两种学制。据此，人民教育出版社一方面按照降低难度、减轻分量的原则修订原来的十年制教科书，另一方面组织编写十二年制教科书，于 1986 年完成新的十二年制基础教育教科书的编写，这是人民教育出版社出版的第六套全国通用的基础教育教科书。1986 年国家教委颁布了全日制小学、中学各科教学大纲，人民教育出版社对中小学教材进行全面修订、改编，于 1987 年秋季供全国各地使用，这是人民教育出版社出版的第七套全国通用的基础教育教科书。

教科书的管理制度也有了新的改革。1985 年 1 月，教育部颁布《全国中小学教材审定委员会工作条例（试行）》。1986 年 9 月，全国中小学教材审定委员会和各学科教材审查委员会成立。1987 年 10 月，国家教委颁布了《全国中小学教材审定委员会工作章程》及《中小学教材审定标准》《中小学教材送审办法》两个附件。其中，“工作章程”指出：为了在统一教学基本要求的前提下，有领导、有计划地实现教材的多样化，以适应不同地区的需要，建立教材审定制度，成立全国中小学教材审定委员会，促进中小学教材质量的提高。审定委员会审定中小学各学科教学大纲，审定经省级教育部门、重点高等学校审查推荐的教材以及人民教育出版社、中央级科研单位和全国性学术团体编写的教材。为适应本地区或本学校使用而编写的教材（乡土教材、选修教材、补充教材等），由省级教育行政部门审查，报国家教育委员会备案。省级教育行政部门根据需要可建立相应的中小学教材审查机构。（何东昌，1998）[2673] 至此，我国基础教育教科书多样化发展获得了国家层面的制度支持。

1988 年 8 月，国家教委颁发《九年制义务教育教材编写规划方案》。规划方案提出，必须在统一基本要求、统一审定的前提下，逐步实现教材的多样化，以适应各类地区、各类学校的需要；把竞争机制引入教材建设，通过竞争促进教材事业的繁荣和教材质量的提高；鼓励各个地方，以及高等学校、科研单位，有条件的专家、学者、教师个人按照党的教育方针和教学大纲的基本要求编写教材；在教材内容的选择和体系的安排上允许不同的风格和不同的层次。根据规划方案，在国家教委的组织和统筹下，由人民教育出版社编写面向全国的适用于六三制和五四制的教科书各一套，北京师范大学编写一套适应五四制的教科书，广东省编写一套面向沿海地区的教科书，四川省编写一套面向内地和西部地区的教科书，八家师范院校联合编写一套要求较高的六三制教科书，上海和浙江各编写一套适合本地区课程改革的教科书，河北省编写一套农村小学复式班的教科书（因为这套教材缺少初中部分，被称为“半套”），由此产生了意义深远的“八套半”义务教育教科书。

与义务教育教科书改革相适应，普通高中教科书的改革也随之进行。1990 年 3 月，国家教委颁布了《现行普通高中教学计划的调整意见》。根据调整意见，人民教育出版社对当时的普通高中教科书进行新编或修订，于 1991 年秋季开始供应。1996 年，国家教委基础教育司颁布《全日制普通高级中学课程计划（试验）》，并于 1997 年 9 月开始在江西、山西、天津进行试验，与之配套的高中教科书被称为“试验本”。2000 年，教育部颁布《全日制普通高级中学课程计划（试验修订稿）》，由此产生的教科书被称为“试验修订本”，于当年秋季试用。

二、改革阶段教科书的基本特征

这一阶段基础教育教科书形成了多种版本并存的多样化格局，促进了教科书内容的现代化，重视知识，强调基础知识和基本技能。

（一）多样化的教科书格局

改革开放以来，多样化发展成为教科书改革的重要取向，我国先后形成了两种学制教科书并存、两种要求教科书并存、多种区域教科书并存、多家机构分别编写教科书的格局。首先，1978—1985年，我国先后颁布了十年制和十二年制基础教育课程方案，人民教育出版社先后修订或编写了十年制和十二年制基础教育教科书。其次，针对数理化等科目教科书在使用过程中被普遍反映深、难、重的问题，教育部于1983年发出了《关于颁发高中数学、物理、化学三科两种要求的教学纲要的通知》，要求供应数学、物理、化学三个学科适合较高要求的甲种本和适合基本要求的乙种本教科书。1984年秋季，高中一年级数学、物理、化学两种不同要求的教科书开始供应。适合基本要求的课本（乙种本）为新编教科书，适合较高要求的课本（甲种本）为当时通用的高中课本，内容基本不变。1985年1月，教育部又发布《关于颁发高中生物两种要求的教学纲要的通知》，生物教科书也产生了甲种本和乙种本，其中甲种本与原课本相比基本保持不变，乙种本则适当降低了要求。再次，1984年，教育部分别颁布了《全日制六年制城市小学教学计划（草案）》和《全日制六年制农村小学教学计划（草案）》，两者课程设置有所区别，教科书也有差异。例如，城市小学语文包括讲读、说话、作文、写字四个部分，农村小学语文则只有讲读、作文、写字三个部分；农村小学开设了农业常识课，城市小学则比农村小学多开了唱游课。最后，《义务教育法》颁布以后，伴随着国家基础教育教科书管理体制的改革，出现了多家机构分别编写的面向不同地区的“八套半”义务教育教科书。此外，高中教科书出现了必修课程教科书和选修课程教科书等不同形式，实验教科书、乡土教科书也获得了长足的发展。

（二）重视教科书内容的现代化

改革开放后，社会主义现代化建设成为党和国家工作的重心，为四个现代化建设服务成为教育改革的重要取向。这表现在基础教育教科书上，就是重视和加强教科书内容与现代化的联系，在教科书中充实和增加现代科学技术发展的内容。相比而言，数理化生等科目与生产实际联系更为紧密，教科书内容的现代化体现得更为明显。例如，全日制十年制高中化学教科书突出了转炉炼钢，简单叙述了石油化工的内容，更新了石油炼制以及塑料、合成橡胶、合成纤维的内容；增加了一些反映现代科技新成就的内容，如适当联系了工业发展中的一些重要问题和新成就。全日制十年制生物教科书（初中生物、高中生物、初中生理卫生）部分内容反映了分子水平和亚显微水平生物学研究成果，用现代遗传学理论解释孟德尔、摩尔根的遗传规律，生理卫生教科书中增加了免疫学知识等（石鸥 等，2012）[286]。

（三）重视知识，强调基础知识与基本技能

知识的系统性和科学性受到更多的重视，教科书更加强调基础知识与基本技能的掌握和训练。这在教科书的编写指导思想中就已明确："为了加强基础，必须重视基本技能的训练；通过基础知识的学习、基本技能的训练，启迪学生的智力，培养学生的能力"，"使学生知道理论在实际中的应用，培养学生具有运用所学理论去解决一些实际问题的能力"。（《中国教育年鉴》编辑部，1984）[485] 例如，语文教科书注重提高学生的读写能力，对学生基本认知能力的重视成为教科书编写的重要考察维度，在教学内容的选择上注意学生的智力发展，培养学生分析问题、解决问题的能力。小学语文教科书编排了看图识字、看图学词学句、看图学文、看图说话、看图作文等形式的课文，通过形象化的手段，逐步培养学生的读写能力，同时培养学生的观察力和想象力，发展学生的思维能力。理科教科书为了打好学生的基础，培养学生的能力，大量地增加了实验，培养学生的实验、观察能力和运用所学知识分析和解决现实问题的能力。如物理教科书注重从实际出发，经过分析比较，得出物理概念和规律，借以培养学生分析问题的能力。一些从实验中得出的知识，则主要被运用于解决物理问题，有意识地培养学生的推理能力。教科书注意讲述物理知识是

怎样应用于实际的，但不涉及实际问题解决中的技术细节，目的是进一步培养学生分析能力和应用所学知识解决简单问题的能力。（石鸥 等，2012）[289-290]

第三节　教科书的繁荣阶段

进入21世纪以后，在我国第八次基础教育课程改革的推动下，基础教育教科书的发展迎来了繁荣阶段。

一、教科书繁荣阶段的基本发展历程

2001年6月8日，教育部发布《基础教育课程改革纲要（试行）》，拉开了第八次基础教育课程改革的序幕。纲要指出，完善基础教育教材管理制度，实现教材的高质量与多样化。实行国家基本要求指导下的教材多样化政策，鼓励有关机构、出版部门等依据国家课程标准组织编写中小学教材；建立教材编写的核准制度；完善教材审查制度，除经教育部授权省级教材审查委员会外，按照国家课程标准编写的教材及跨省使用的地方课程的教材须经全国中小学教材审查委员会审查；地方教材须经省级教材审查委员会审查；教材审查实行编审分离；改革中小学教材指定出版的方式和单一渠道发行的体制，严格遵循中小学教材版式的国家标准，教材的出版和发行试行公开竞标。同年，教育部颁布《中小学教材编写审定管理暂行办法》，根据国务院办公厅转发的《关于降低中小学教材价格深化教材管理体制改革意见的通知》，进一步完善了教科书管理制度。在此指导下，我国基础教育教科书管理体制发生了深刻变革。第一，确立了教科书编写立项核准制度①。教科书编写实行有条件开放的策略，即先立项后编写，只有通过立项申请的机构才能编写基础教育教科书。第二，实行教科书两级审定制度。国家教材审定机构负责审定国家课程教科书及跨省使用的地方课程教科书，地方教材审定机构负责审查地方课程教科书，或审定经教育部授权的部分国家课程教科书。第三，推行教科书选用制度。教育行政部门定期向学校和社会公布经审查通过的中小学教材

① 2012年9月，国务院取消了教科书编写的核准制度，基础教育教科书发展进入自由撰写和严格审定相结合的新阶段。

目录，供各地教材选用委员会选用。第四，试行教科书免费供应与循环使用制度。

在新的教材管理制度的推动下，我国基础教育教科书发展迎来繁荣时期。义务教育课程标准（实验稿）颁布后，人民教育出版社、北京师范大学出版社、江苏教育出版社、广东教育出版社等机构投标参与中小学教科书开发。2003 年 6 月，教育部基础教育教材审定工作办公室受理了普通高中 15 个学科的课程标准实验教材立项申请材料 168 套和义务教育思想品德课程标准实验教材立项申请材料 25 套。7 月，教育部召开教科书编写方案评审会议，对 193 份编写方案进行评审，其中高中 15 个学科有 67 套教材申请获得立项，9 套义务教育思想品德课程标准实验教材申请获得立项（《中国教育年鉴》编辑部，2004）[155]。2004 年，教育部审查通过了高中 14 个学科 274 册教材供实验区学校选用（《中国教育年鉴》编辑部，2005）[168]。至 2009 年春，全国共有 84 家出版单位开发的基础教育教科书通过教育部审定，其中包括：六三制小学 10 个学科 115 套教科书、初中 19 个学科 116 套教科书，五四制小学 7 个学科 10 套教科书、初中 11 个学科 20 套教科书，普通高中 18 个学科 72 套教科书（石鸥，2009）[419]。基础教育各学科审定通过的教科书从几套到几十套不等。例如，共有 12 套小学语文教科书通过教育部组织的审定，初中语文教科书有 7 套，高中语文教科书有 6 套，小学数学教科书有 6 套，初中数学教科书有 9 套，高中数学教科书有 6 套，小学英语教科书有 30 套，初中英语教科书有 7 套，高中英语教科书有 7 套。至 2008 年底，小学共审定出版了 15 套品德与生活、品德与社会教科书，9 套初中思想品德教科书，8 套初中历史教科书，7 套初中地理教科书，6 套初中物理教科书。（石鸥 等，2015）[283]

2011 年 12 月，教育部印发了义务教育课程标准（2011 年版）。根据义务教育课程标准（2011 年版）编写的义务教育教科书进入新的审定阶段，通过审定的教科书陆续出版发行。2012 年，教育部统一组织编写义务教育阶段语文、历史和政治三科教科书，同时将原来小学的“品德与生活”“品德与社会”及初中的“思想政治”统一改为“道德与法治”，这三科由教育部组织编写并在全国统一使用的教科书被称为“统编版”教科书。2017 年 9 月，“统编版”教科书在全国小学、初中起始年级投入使用。2019 年，义务教育阶段所有年级均使用“统编版”教科书。

二、繁荣阶段教科书的基本特征

在这一阶段，基础教育教科书编写坚持“以人为本”的基本理念，设计与呈现更加精美，而立体化的教科书开发方式使基础教育教科书具有更丰富和强大的功能。

（一）“以人为本”的教科书编写理念

“为了中华民族的复兴，为了每位学生的发展”是第八次基础教育课程改革的基本理念和价值追求，突出人的价值和地位是新世纪基础教育课程改革的鲜明特色，“以人为本”成为基础教育教科书的核心编写理念。“以人为本”的编写理念具体体现为教科书注重学生的生活，注重学生综合能力的培养，关注学生的情感态度与价值观。首先，注重学生的生活。人是生活在世界中的，人与世界的关系是生活关系，教育是在“生活世界”中进行的，“生活世界”是教育借以展开的根基。浓郁的生活气息是基础教育教科书的显著特点。例如，物理教科书突出了“从生活走向物理，从物理走向社会”的追求，要求学生“研究电冰箱内外的温度差与所耗电能的关系，提出节能措施”“尝试对环境温度问题（如温室效应、热岛效应等）发表自己的见解”等等。教科书强调在日常生活中学习和探究物理，并将学习收获应用于生活中（石鸥 等，2012）[505-506]。其次，注重学生综合能力的培养。教科书强调学生在教师的引导下积极主动建构知识，通过自主学习发展综合能力。例如，鲁科版（山东科学技术出版社出版）物理教科书设置了“迷你实验室”栏目，其中不少实验原理清楚，适合学生自己完成。这些小实验贴近学生生活，既满足学生的求知欲望，又可以培养他们运用物理知识分析问题、解决问题的能力（张颖，2011）。最后，关注学生的情感态度与价值观。知识与技能、过程与方法、情感态度与价值观是第八次基础教育课程改革中课程标准普遍采用的课程目标框架，教科书也突破了从单纯的知识传授角度来编写的局限，努力使教科书有利于培养学生的情感态度与价值观。例如，英语教科书中设置形式多样的小组活动，如角色表演、游戏、做手工、演剧等，这些活动要求学生在独立思考的基础上，小组分工负责，相互支持、信任、帮助、配合，还要相互沟通、解决矛盾，加强团队意识和集体观念，从而改变学生由于长期处于个体的学习状态中形成的冷漠、自私、狭隘和孤僻的性格，增强集体的荣誉感、竞争的意识和能力等（刘道义，2002）。

（二）精美的设计与呈现形式

相比于以往的教科书，这一时期的教科书在设计、呈现与表达上有了很大的改进。首先，教科书的设计更加精良。教科书的封面色彩明艳、生活气息浓厚、富有童趣，内页插图绚丽多姿、形象鲜活、赏心悦目。例如，《全日制普通高级中学教科书·物理》的总图数为 1087 幅，而《普通高中课程标准实验教科书·物理》的总图数为 2009 幅。从图片的类型看，除了传统的原理图、模型图和示意图外，教科书还增加了精美的章首图和引语，力图从一开始就激发学生的兴趣，此外还设计了一些卡通图和有创意的图片，学生可以在赏心悦目的情景中领会知识（张颖，2011）。其次，从呈现方式上看，这一时期的教科书采用更加丰富和多元的呈现方式。以化学教科书为例，化学教科书的任务与活动呈现方式有：直接陈述式——通过语言陈述直接向学生提供课程内容；陈述附加活动式——在陈述基本逻辑或基本程序的基础上附加一些活动任务，如讨论、探究、实验、调查、应用等；任务提示式——在教科书中呈现要求学生完成的任务、学习内容，使学生活动围绕任务展开等。教科书的内容表达形式也有文字陈述、文字陈述 + 栏目、图表（图片、表格）等。（赵宗芳 等，2005）最后，从语言表达上看，教科书的语言更加自然、亲切、生活化。教科书不再以长者的身份居高临下地告诫学生要做什么、不能做什么，而是以朋友的身份融入学生的生活，与学生一起分享成长的喜怒哀乐。教科书上留白，让学生说出、写出自己的感受，开放式的问题让学生发表自己的意见，各种有趣的故事试图吸引学生的注意力。教科书从一个训导者变成一位交流者。（石鸥 等，2012）[507]

（三）立体化的教科书开发方式

走向立体化的教科书开发是新世纪基础教育教科书发展的重大突破。新世纪教科书更加注重配套资源的开发。这些配套资源既有适应六三学制的，也有适应五四学制的，还有向某个地区专供的；既有黑白版的，也有彩色版和双色版的；除了学生用书之外，还有配套的教师用书、挂图、投影片、学生练习册、录音带、录像带、学具、卡片、多媒体教学软件、电子书、网络教材等，形成一个可供不同地区和学校根据自身条件选用的立体化、电子化、网络化的教材体系（石鸥 等，2012）[508]。据统计，2001 年，教育部电化教育音像出版社向全国中小学推荐使用的电子音像教材有 18 种，其中录音带 39 盒、VCD 140 片。2003 年，国内出版第一部完整的中小学电子出版物“第 e 课堂”。2004 年，教育部电化教育音像出版社推出了未成年人思想道德建设音像教材，包括 14 种 92 碟。据 2006 年统计，人民教育电子音像出版社在参加“农村中小学现代远程教育工程”项目的教学光盘招标采购过程中，共中标教学光盘 2000 多万片，教学光盘覆盖全国 25 个省份、2000 多个项目县。（吴小鸥，2012）数字教科书成为教科书发展的新方向。数字教科书是现代信息技术与教育结合的产物，具有内容选择的目的性、知识呈现的立体性、学习场域的开放性、教学方式的交互性等特征。数字教科书既承担着培养学生的核心素养、实现教育目的等传统教科书的任务和功能，又契合了学科融合的时代需求，突破了传统的学习场域，引发了师生的积极响应，为学习者提供了更丰富的知识，并将受众扩大至学生以外更大的群体（石娟，2018）。教科书的立体化开发，尤其是数字教科书的出现和发展，将我国基础教育教科书变革与发展引入一个新的时代，预示着将出现一个全新的基础教育教科书发展格局。

第四节　教科书变革的经验与启示

回顾我国 70 余年基础教育教科书变革史，我们认识到，基础教育教科书的良好发展，需要以正确的政治方向为基础，以科学的管理为保障，以知识为基本内核，以人的发展为最终价值归宿。

一、正确的政治方向是教科书发展的基础

对一个国家而言，教科书具有举足轻重的地位。一个国家需要依靠教科书进行意识形态塑造，维护国家的政治稳定，并向学生传递国家所需要的文化，使国民具有必要的文化基础，形成文化共同体，维护国家和民族的统一和团结。所以，基础教育教科书的发展从来不是一个纯粹的教育问题，而是

一个重要的政治问题，正确的政治方向是基础教育教科书的发展基础。基础教育教科书只有符合国家与社会的发展需求，才能得到发展，才能发挥促进国家与社会发展的作用。基础教育教科书的政治方向，实质上是回答基础教育“培养什么人、怎样培养人、为谁培养人”的问题，尤其是“为谁培养人”的问题。我国历来重视基础教育教科书的政治方向。早在1949年，我国就确立了教育的基本政治方向，即建立民族的、科学的、大众的教育。坚持教育为社会主义现代化建设服务，为人民服务，坚持教育与生产劳动和社会实践相结合，培养德智体美劳全面发展的社会主义建设者和接班人，这是我国基础教育教科书发展的基本依据和方向。正是由于坚持了这样的政治方向，我国基础教育教科书总体上发展良好，取得了卓著的成就，为我国社会主义建设奠定了坚实的基础。

二、科学的管理是教科书的质量保障

基础教育教科书的管理是国家行为，国家对基础教育教科书采取的管理体制决定着基础教育教科书的具体运行机制，进而在很大程度上决定着教科书的质量。编制制或国定制、审定制、自选制是基础教育教科书管理的三种基本方式（柯政，2018a，2018b）。新中国成立以来，我国主要采取了国定制或审定制的教科书管理方式。两种方式均对我国基础教育教科书的质量产生重大影响。新中国成立初期，我国采取了国定制的教科书管理方式，国家直接组织力量编写全国通行的统一的基础教育教科书，这对迅速整顿我国当时混乱不一的教科书局面，提高基础教育教科书的质量起到了重要作用。但是，国定制造成了“一纲一本”的基础教育教科书格局，与我国区域教育的差异性多样性存在矛盾。

改革开放后，我国基础教育教科书管理体制从国定制转向审定制，编审分离使教科书编写拥有更大的自由度，更有利于体现教科书的文化性，同时在一定程度上促进了教科书研究，而教科书研究的成果运用于教科书编写，又进一步提高了教科书编写的质量。我国第八次基础教育课程改革在教科书管理体制上实现了重大突破，从“一纲一本”转向“一纲多本”，国家负责颁布课程方案和课程标准，出版社和个人均有权编写教科书，教科书经审定后，可以用于学校教育。在“一纲多本”的体制下，我国基础教育教科书迎来“百花齐放”的局面，多种版本的教科书为学校的个性化教学带来了更多的资源和便利。党的十八大以后，我国对基础教育教科书管理体制做出调整，在保持“一纲多本”总体格局不变的情况下，实行语文、历史、道德与法治三科教科书由教育部统一组织编写的管理体制，对加强国家意识形态建设、维护国家安全、铸牢中华民族共同体意识起到了重要作用。从总体上看，我国基础教育教科书管理体制的改革过程是一个科学的管理体制的探索过程，既能体现教科书国家事权，又能发挥相关主体能动性，合力提高教科书质量；既能保证教科书的思想性和政治性，又能实现教科书的科学性和实用性，使教科书的质量得到保证，功能和作用得到良好的发挥。

三、知识是教科书的基本内核

知识是人类探索世界的经验结晶，是人类的智慧成果。从某种程度上说，教育就是传递人类长期积累下来的知识，使下一代在人类已有知识和经验的基础上继续发展，从而实现人类的“简单再生产”和“扩大再生产”。基础教育作为教育的基础阶段，承担着将人类最基本的知识向下一代传递的任务，知识应当成为基础教育教科书的基本内核。从这个意义上说，教科书是人类知识的一种特殊载体。教科书不论怎么编写，都离不开知识这个基本内核。离开了这个基本内核，教科书就无法实现人类的文化传承，无法在人类已经取得的文化成果的基础上促进学生发展。当然，不能说知识是基础教育教科书的唯一内容，知识僭越成为教科书的唯一内容也会使教科书的功能产生变异，但知识被取消或轻视，同样会使教科书的功能被消解或弱化。第八次基础教育课程改革以学生经验作为教科书编写和内容组织的主要逻辑，引起了“轻视知识”的争论和质疑，并在实践中造成了某些不良后果，也说明了知识作为基础教育教科书基本内核的合理性与必要性。

四、人的发展是教科书的价值归宿

教育是培养人的社会活动，人的发展是教育的目的。毋庸置疑，人的发展也是教科书的最终价值归宿。但是，人的问题本身就是一个复杂问题。不能抽象地理解人及其发展问题，因为人是一个具有多重身份、多种属性的存在物。人具有多重身份，他首先是一个像天地万物一样的物，然后是一个生物，依次往上还有动物、人、某个国家的人、某个地区的人、某个社区的人等，每一重身份都使人遵循相应的规律，具有相应的力量或权力，承担相关的义务和任务。例如，在类的层面上，一个人要承担作为人类一员的责任和义务，而作为一个中国人，同时又要承担作为中国人的责任和义务。人还具有多重属性，包括政治属性、经济属性、文化属性等，也就是说，人具有政治性、经济性、文化性，要解决政治问题、经济问题、文化问题，正确处理人与自然、人与他人、人与自我的关系，才能形成一个完整的人、真正的人。为人简单规定了某一身份、某一属性，不可能真正实现人的良好发展。实现人的全面发展是马克思主义关于人的发展的基本论断，也是我国的教育目的。我国基础教育教科书改革与发展就是要以人的全面发展为方向，致力于建设促进人的全面发展的教科书体系。从我国基础教育教科书改革与发展的历史来看，尽管存在着这样那样的困难与问题，但统筹兼顾，努力实现统一性与多样性相结合，在保持统一性的前提下追求多样性是基础教育教科书改革与发展的底层逻辑。在现代社会以民族国家作为构建世界格局的基本单元的世界秩序体系下，我国教科书坚持既具有明确和坚定的政治立场，又具有开放包容、综合集成的融汇能力，是新中国成立以来我国基础教育教科书改革与发展取得的基本经验，也是未来要继续发展和加强的方向。

第二编

课程改革的专项分析

课程政策、课程目标、课程结构、课程实施是基础教育课程改革的核心主题，是基础教育课程改革成果的内在维度。综合实践活动、地方课程与校本课程是我国基础教育课程改革的突出成果。本编分六大专题分别梳理和总结我国基础教育课程政策、课程目标、课程结构、课程实施、综合实践活动、地方课程与校本课程的变革历程，具体展示我国基础教育课程改革与发展的多方面成果与经验。

第五章

课程政策变革史

基础教育课程政策是为实现一定历史时期的基础教育发展目标和任务，依据党和国家在一定历史时期的基本任务、基本方针而制定的关于基础教育课程的行动准则。基础教育课程政策不仅具有一般公共政策的特征，还具有自身的特质。新中国成立以来，基础教育课程政策适时变革与调整，规范与指引着基础教育课程的发展，逐步形成了基础教育课程政策变革和发展的中国路径和中国经验。

第一节　课程政策变革的基本历程

基础教育课程政策变革以学生发展的特点以及社会对于人才的需求为基点，以基础教育课程的权利与利益的合理分配为出发点，调节基础教育课程领域内各个主体之间的关系，从而更好地实现基础教育课程的最终目标。“国家课程政策是以国家权力机构，主要是主管教育的权力机构为主要的政策主体，因应国家的教育发展目标以及对人才结构的要求，针对普遍存在的课程问题制定的课程目标、内容标准、结构以及课程管理权限、课程评价方式的规划或文件，这些规划或文件在全国范围内具有或者指导性或者权威性甚至强制性的作用。”（吕立杰，2008）[19] 因此，国家课程政策需要保证科学性、合理性和适切性。然而，由于多种因素的影响与制约，不同历史时期出台的基础教育课程政策或多或少存在一些不足。随着经济社会发展和基础教育变化，基础教育课程政策也在发生着变革。从基础教育课程政策调整与变化的历程来看，我国基础教育课程政策的变革经历了启动与初建（1949—1977 年）、调整与转型（1978—2000 年）、健全与完善（2001 年至今）三个阶段，在各个阶段都取得了一定的成效。

一、启动与初建时期

基础教育课程政策是一个国家为实现一定历史时期的基础教育发展目标和任务而制定的关于基础教育课程的行动准则。新中国成立初期，我国基础教育课程政策在改造旧教育制度基础上呈现出从借鉴苏联到自主探索的变化趋势。1949 年 9 月中国人民政治协商会议第一届全体会议通过的《中国人民政治协商会议共同纲领》明确指出，“中华人民共和国的文化教育为新民主主义的，即民族的、科学的、大众的文化教育。人民政府的文化教育工作，应以提高人民文化水平、培养国家建设人才、肃清封建的、买办的、法西斯主义的思想、发展为人民服务的思想为主要任务”，“人民政府应有计划有步骤地改革旧的教育制度、教育内容和教学法”，“给青年知识分子和旧知识分子以革命的政治教育”（中共中央文献研究室，2011a）[9-10]，这为基础教育课程改革指明了方向。同年 12 月 30 日教育部副部长钱俊瑞在第一次全国教育工作会议上提出，要“以老解放区新教育经验为基础，吸收旧教育有用经验，借助苏联经验，建设新民主主义教育”（中共中央文献研究室，2011a）[73]，明确了基础教育课程改革的原则和路径。1950 年 8 月教育部制定与颁发新中国第一份指导基础教育课程设置和课程开发的纲领性文件《中学暂行教学计划（草案）》，我国中学课程实施进入了有章可循的新阶段。1952 年 3 月，教育部又颁布《中学暂行规程（草案）》，规定了中学教育的任务与培养目标、修业年限与入学条件、教导原则、教学计划和教材等，对中学各教学科目的课时进行分配（课程教材研究所，2001a）[206-212]，以指导中学课程设置与实施。

在新旧学制过渡时期，为使实行旧制小学的教学工作有章可循，1952 年 2 月教育部发布《关于颁发四、二旧制小学暂行教学计划的指示》，规定小学设置语文（国语）、算术、自然、历史、地理、体育、音乐、美工八门课程。3 月，为了进一步规范小学教育阶段的课程设置，教育部制定与颁布了新中国第一份五年一贯制小学教学计划。这两份政策文本规定了小学的课程门类，统一了课程安排和课时安排。同时，颁布了相应学科的新教学大纲；教材从使用旧教材，逐步过渡到修改旧教材再到编写新的教材。然而，由于强调中央集中管理，课程结构单一，只设必修课，不设选修课；模仿苏联的痕迹明显，某些课程在一定程度上脱离了中国实际。

伴随新中国第一个"五年计划"的编制，1953年11月，政务院颁布的《关于整顿和改进小学教育的指示》提出：今后几年内小学教育应在整顿巩固的基础上，有计划、有重点地发展，小学工作和学习应由教育行政部门统一领导布置。1954年4月，政务院又发布《关于改进和发展中学教育的指示》，明确指出："为提高教学质量，中央教育部应根据国家过渡时期的总任务和中学教育的目的，……有计划地修订中学教学计划，修改教学大纲和教科书，并为教师编辑一套教学指导书，这是目前提高学校教育质量的一项最基本的工作。"（何东昌，1998）[306] 这两份关于小学和中学教育整改与发展的文件在提高中小学教育质量和改善课程设置等方面，提出多项指导性的原则。这些文件为基础教育课程改革提供了政策依据，彰显了新中国基础教育课程建设的初步成果。

从1958年开始，我国走上自主探索的道路。由于注重时势需要，以及追逐短期的生产效益，初期课程政策因时势而变革，导致课程设置不合理，影响了人才培养质量。1958年9月19日，中共中央、国务院《关于教育工作的指示》指出："经济战线上的社会主义革命已经取得了基本胜利，政治战线上和思想战线上的社会主义革命已经取得了决定性的胜利"，"为了彻底完成社会主义革命"，必须"积极地进行技术革命和文化革命"。（何东昌，1998）[858] 这个指示明确指出："党的教育工作方针，是教育为无产阶级的政治服务，教育与生产劳动结合。"（何东昌，1998）[859] 这一年，中小学学校数、学生数、小学学龄儿童入学率都达到了新中国成立以来的最高点。为了加快人才培养速度，为国家快出人才，基础教育相关的课程政策文件规定，大幅度增加课程门类和学科内容。由于盲目发展，教育中出现了许多问题。针对存在的问题，1963年3月23日，中共中央同时颁发《全日制小学暂行工作条例（草案）》和《全日制中学暂行工作条例（草案）》，对基础教育课程进行调整。全日制小学设置语文、算术、自然、历史、地理、生产常识、体育、音乐、图画、手工、劳动等课程。全日制初级中学设置语文、数学、外国语、政治、历史、地理、生物、物理、化学、生产知识、体育、音乐、图画、劳动等课程。全日制高级中学设置语文、数学、外国语、政治、历史、地理、生物、物理、化学、体育、劳动等课程。全日制中学切实加强基础知识的教学和基础技能的训练，但由于课程内容繁多，学生学习负担过重。

二、调整与转型时期

“文化大革命”以后，我国教育发展进入了新阶段，逐步提出把教育放在优先发展的战略地位，进一步探索了基础教育中国道路，加强对基础教育课程研究，在科学借鉴的基础上逐步提出了具有中国特色的素质教育理念，制定出在素质教育理念指导下的中国特色的基础教育课程政策。

1977 年 9 月 19 日，邓小平在同教育部主要负责同志的谈话中明确否定了“两个估计”①，并强调指出“不抓科学、教育，四个现代化就没有希望，就成为一句空话”（邓小平，1994）[68]。同年，我国恢复实行全国统一高考、统一招生的升学政策。

1978 年 1 月，教育部颁布了《关于办好一批重点中小学的试行方案的通知》，要求“切实办好一批重点中小学，以提高中小学的教育质量，总结经验，推动整个中小学教育革命的深入发展”（何东昌，1998）[1591]。同月，教育部颁发了《全日制十年制中小学教学计划试行草案》，要求实行中小学十年制，小学和中学各 5 年，同时明确了制定教学计划的基本原则。3 月，邓小平在全国科学大会开幕式上发表讲话，指出“四个现代化，关键是科学技术的现代化”（邓小平，1994）[86]，“科学技术人才的培养，基础在教育”（邓小平，1994）[95]。4 月，他在全国教育工作会议上指出，“提高教育质量，提高科学文化的教学水平，更好地为社会主义建设服务”（邓小平，1994）[103]，“教育事业必须同国民经济发展的要求相适应”（邓小平，1994）[107]。9 月，教育部颁布了《全日制中学暂行工作条例（试行草案）》《全日制小学暂行工作条例（试行草案）》，使基础教育得以快速拨乱反正，恢复重建。12 月 13 日，在党的十一届三中全会召开前夕，邓小平在中共中央工作会议闭幕会上发表题为《解放思想，实事求是，团结一致向前看》的讲话，提出“把全党工作的重心转到实现四个现代化上来”的根本指导方针（邓小平，1994）[140]。这篇讲话，后来被誉为“改革开放的宣言书”，也是基础教育课程回归正轨的方向标。党

① 1971 年 8 月批准的《全国教育工作会议纪要》认为，1949—1966 年，“毛主席的无产阶级教育路线基本上没有得到贯彻执行”，“资产阶级专了无产阶级的政”，大多数教师和解放后培养的大批学生的“世界观基本上是资产阶级的”，是谓“两个估计”。

和国家领导人的重要讲话以及重要政策文献中关于教育的一系列表述，强调了学校教育培养人才的主要功能，强调了教育在科技发展和现代化建设中的重要作用。

1980 年，中共中央、国务院下发了《关于普及小学教育若干问题的决定》，为中小学的发展指明了方向。1981 年 3 月，教育部颁发了《全日制五年制小学教学计划（修订草案）》。次月，又颁发了《全日制六年制重点中学教学计划试行草案》以及适用于尚未过渡到六年制的五年制重点中学和条件较好中学的《全日制五年制中学教学计划试行草案的修订意见》，规范与指导中小学课程设置与实施。

为了进一步规范基础教育课程设置与实施，政府出台了一系列政策。1983 年 12 月教育部颁布了《关于全日制普通中学全面贯彻党的教育方针、纠正片面追求升学率倾向的十项规定（试行）》，强调“衡量一所中学办得好不好，主要看是否全面贯彻党的教育方针，对全体学生负责；学生的品德、智力、体质是否在原有的基础上有较大的提高，合格率如何；学生毕业后是否适应劳动或升学的要求”（何东昌，1998）[2148]。这一年底，教育部要求在高中数学、物理、化学等课程中实行两种教学要求，对这些课程的教学大纲进行进一步调整。考虑到部分地方小学学制由五年改为六年，教育部在 1984 年 8 月颁布了《全日制六年制城市小学教学计划（草案）》和《全日制六年制农村小学教学计划（草案）》。

为了提升基础教育质量和人才培养质量，经过长期的实践与理论探索，我国逐步提出了具有自身特色的“素质教育”理念，其成为基础教育课程政策的目标指向。1985 年中共中央颁布了《关于教育体制改革的决定》，该文件第一次提出教育的战略地位，明确指出“教育必须为社会主义建设服务，社会主义建设必须依靠教育”。这一新表述，集中反映了我们的教育观发生了重大的变革，“教育必须为社会主义建设服务”明确了教育的基本功能，“社会主义现代化建设必须依靠教育”阐明了教育的重要地位（改革开放以来的教育发展历史性成就和基本经验研究课题组，2008）[61–66]。“两个必须”突出了以经济建设为中心的工作思路，标志着我们对教育的认识进入了一个新阶段。1986 年 4 月，《义务教育法》正式出台。随着《关于教育体制改革的决定》和《义务教育法》的颁布，我国基础教育课程建设进入了一个新的阶段。

1987 年 10 月 25 日，党的十三大报告指出：“从根本上说，科技的发展，经济的振兴，乃至整个社会的进步，都取决于劳动者素质的提高和大量合格人才的培养。百年大计，教育为本。必须坚持把发展教育事业放在突出的战略位置，加强智力开发。”报告强调“把发展科学技术和教育事业放在首要位置”，不再把教育仅仅看作培养科技人才的工具；指出教育要提高的是劳动者的“素质”，而不仅仅是基础知识和基本技能；强调教育的社会意义和价值不局限于促进科技发展和经济振兴，还包括促进“整个社会的进步”。为此，基础教育的课程与教学进行了进一步改革与调整。

1988 年 9 月，国家教委颁布《义务教育全日制小学、初级中学教学计划（试行草案）》和义务教育阶段 24 个学科教学大纲（初审稿），在少数学校开展试验，将学制确定为五四制和六三制两种，五四制初中保留了选修课，增设了四节课外活动；六三制初中取消了选修课，增加了活动。1990 年 3 月国家教委印发了《现行普通高中教学计划的调整意见》，增加了选修课的比例，增加了劳动技术、社会实践活动、课外活动等与职业和生活密切联系的课程。

1990 年 12 月，中共中央在《关于制定国民经济和社会发展十年规划和“八五”计划的建议》中继续明确发展教育事业是建设社会主义的根本大计，国家“继续贯彻教育必须为社会主义现代化服务，必须同生产劳动相结合，培养德、智、体全面发展的建设者和接班人的方针”。1991 年 6 月国家教委组织对教学计划、教学大纲进行修改，并于 1992 年 8 月 6 日正式颁发《九年义务教育全日制小学、初级中学课程计划（试行）》和与之相应的 24 个学科的教学大纲（试用），第一次将“教学计划”改为“课程计划”，第一次将活动与学科并列为两类课程。

1992 年，党的十四大强调“科技进步、经济繁荣和社会发展，从根本上说取决于提高劳动者的素质，培养大批人才。我们必须把教育摆在优先发展的战略地位，努力提高全民族的思想道德和科学文化水平，这是实现我国现代化的根本大计”。此次大会明确提出“必须把教育摆在优先发展的战略地位”。此后，历次党的全国代表大会都延续了这一战略部署。从“战略重点”到“首要位置”，再到“优先发展的战略定位”，我们党对教育地位和作用的认识逐步深化。

1993年2月，中共中央、国务院印发了《中国教育改革和发展纲要》，提出到20世纪末期我国教育改革与发展的方针任务、战略目标、总体思路和政策举措，强调“基础教育是提高民族素质的奠基工程，必须大力加强”“中小学要由‘应试教育’转向全面提高国民素质的轨道，面向全体学生，全面提高学生的思想道德、文化科学、劳动技能和身体心理素质，促进学生生动活泼地发展”，提出“国民素质”的概念，重视全体学生的全面发展，这为我国20世纪90年代教育改革指明了方向。3月国家教委下发《关于减轻义务教育阶段学生过重课业负担、全面提高教育质量的指示》，要求“任何部门和个人都不得单纯以学科考试成绩或升学率高低评价学校和教师”，并强调“努力办好每一所小学和初级中学。义务教育阶段不应当分重点学校（班）与非重点学校（班）”。（何东昌，1998）[3488]

1994年8月，中共中央在《关于进一步加强和改进学校德育工作的若干意见》中首次采用“素质教育”概念，提出要“增强适应时代发展、社会进步，以及建立社会主义市场经济体制的新要求和迫切需要的素质教育”（何东昌，1998）[3686]。这一表述在“素质教育”之前加了一系列定语，用以说明实施素质教育的战略意义集中表现为推动我国教育适应时代发展、社会进步和经济体制变革。

1996年3月，国家教委基础教育司颁布了《全日制普通高级中学课程计划（试验）》，提出普通高中课程以学科类课程为主、以活动类课程为辅，并在课程管理上明确提出了实施中央、地方、学校三级管理的要求。该课程计划于1997年秋季在江西、山西、天津开始进行试验。

1997年10月国家教委出台《关于当前积极推进中小学实施素质教育的若干意见》，要求“牢固树立正确的教育观、人才观和质量观，树立素质教育的基本观念”，“建立素质教育的督导评估体系，改革考试和评价方法”（何东昌，1998）[4289]，明确将素质教育作为中小学教育质量评估的目标。

全面而深入地推进素质教育，要求进一步变革基础教育课程政策，以设置合理的课程体系，形成各种类型课程的均衡设置。1999年1月，国务院批转了教育部《面向21世纪教育振兴行动计划》，提出实施“跨世纪素质教育工程”，整体推进素质教育，全面提高国民素质和民族创新能力。3月，朱镕基在九届全国人大二次会议上所做的《政府工作报告》强调要“大力推进素质教育，注重创新精神和实践能力的培养，使学生在德、智、体、美等方面全面发展”。党和政府在这一时期大力推进素质教育，强调培养学生的创新精神和实践能力，既反映了我国经济发展在劳动力和科学技术人才培养方面对教育提出的新要求，也反映了党和政府对教育的认识更加全面、更加深刻。6月，中共中央、国务院颁发了《关于深化教育改革全面推进素质教育的决定》。文件指出，“当今世界，科学技术突飞猛进，知识经济已见端倪，国力竞争日趋激烈。教育在综合国力的形成中处于基础地位，国力的强弱越来越取决于劳动者的素质，取决于各类人才的质量和数量”。至此，素质教育的理念已成为基础教育课程政策的航向标，我国形成了以素质教育为核心的基础教育课程政策体系，规范与指导着基础教育课程设置与实施，推进基础教育课程建设走中国道路。

三、健全与完善时期

进入新世纪以来，我国持续加大对基础教育课程政策研究，推进对基础教育课程的治理，逐步形成了基础教育课程政策的中国表达。

2001年5月29日，国务院印发了《关于基础教育改革与发展的决定》，提出“确立基础教育在社会主义现代化建设中的战略地位”，强调“基础教育是科教兴国的奠基工程，对提高中华民族素质、培养各级各类人才，促进社会主义现代化建设具有全局性、基础性和先导性作用”，为新世纪基础教育课程政策指明了方向。6月8日，教育部颁布《基础教育课程改革纲要（试行）》，要求贯彻《关于深化教育改革全面推进素质教育的决定》和《关于基础教育改革与发展的决定》，启动基础教育课程改革。之后印发了《义务教育课程设置实验方案》和语文等学科课程标准（实验稿）。从9月起，全国27个省（自治区、直辖市）的38个国家级实验区（以县区为单位）开始了基础教育课程改革实验。

2002年秋季，义务教育课程改革启动了省级实验区的工作，全国范围内有530个省级实验区（以县区为单位）开始实验，参加实验的学生达870余万名。到2005年秋季，全国所有小学和初中起始年级的学生进入了课程改革实验。

2003年3月31日，教育部印发了《普通高中课程方案（试行）》和语文等15个学科课程标准（实验）。2004年秋季，普通高中课程改革首先在山东、广东、海南和宁夏四省份进行实验。2005年秋季增加了江苏，2006年增加了福建、浙江、辽宁、安徽和天津，2012年秋季全国所有省份高中起始年级全部进入课程改革。

2005年教育部出台了《关于进一步推进义务教育均衡发展的若干意见》，要求遏制城乡、地区和学校之间教育差距扩大的势头，积极改善农村学校和城镇薄弱学校的办学条件，逐步实现义务教育的均衡发展。2007年10月15日，胡锦涛在党的十七大报告中指出："教育是民族振兴的基石，……要全面贯彻党的教育方针，坚持育人为本、德育为先，实施素质教育，提高教育现代化水平，培养德智体美全面发展的社会主义建设者和接班人，办好人民满意的教育。"这些为制定基础教育课程政策定下了基调。

2010年，中共中央、国务院印发的《教育规划纲要》指出："把教育摆在优先发展的战略地位。教育优先发展是党和国家提出并长期坚持的一项重大方针。各级党委和政府要把优先发展教育作为贯彻落实科学发展观的一项基本要求，切实保证经济社会发展规划优先安排教育发展，财政资金优先保障教育投入，公共资源优先满足教育和人力资源开发需要。"纲要提出教育发展的重点是"面向全体学生、促进学生全面发展，着力提高学生服务国家服务人民的社会责任感、勇于探索的创新精神和善于解决问题的实践能力"，"树立科学的质量观，把促进人的全面发展、适应社会需要作为衡量教育质量的根本标准"。同时，进一步提出了加快普及高中教育和基本普及学前教育的要求。

立德树人是我国基础教育课程政策的核心价值取向。为了培养国家与社会所需要的人才，各个时段的基础教育课程政策均注重以德为先，促进学生全面发展。2012年11月8日，胡锦涛在党的十八大报告中再次强调："教育是民族振兴和社会进步的基石。要坚持教育优先发展，全面贯彻党的教育方针，坚持教育为社会主义现代化建设服务、为人民服务，把立德树人作为教育的根本任务，培养德智体美全面发展的社会主义建设者和接班人。"之后，立德树人的思想被逐步贯彻于基础教育课程政策。

2013年，教育部《关于推进中小学教育质量综合评价改革的意见》提出要把学生的品德发展、学业发展、身心发展、兴趣特长、学业负担等方面作为评价中小学教育质量的主要指标。中小学教育质量综合评价标准的多元化、综合性，折射出教育质量观日趋全面、完善。同年4月，习近平在致清华大学苏世民学者项目启动仪式的贺信中写道："教育决定着人类的今天，也决定着人类的未来。"教育不仅是中华民族伟大复兴的基石，而且决定着人类的今天和未来。在这里，民族的振兴和人类的发展统一起来了。中华民族不仅要通过教育和社会发展来为自己创造美好的未来，还要结成人类命运共同体，与全人类共同创造美好未来。

2014年9月9日，习近平在同北京师范大学师生代表座谈时指出："教育是提高人民综合素质、促进人的全面发展的重要途径，是民族振兴、社会进步的重要基石，是对中华民族伟大复兴具有决定性意义的事业。"他在肯定教育在中华民族伟大复兴的历史进程中具有决定性意义的同时，也强调教育是促进人全面发展的重要途径。人的发展与民族的发展，在我们的教育观中是统一的。教育要为社会主义经济建设培养人才，但这里的"人才"，首先是全面发展的"人"，而不是发展经济所需要的工具。

2017年9月25日，教育部发布《中小学综合实践活动课程指导纲要》，指出综合实践活动是国家义务教育和普通高中课程方案规定的必修课程，与学科课程并列设置，是基础教育课程体系的重要组成部分。该课程由地方统筹管理和指导，具体内容以学校开发为主，自小学一年级至高中三年级全面实施。

2017年10月，习近平在党的十九大报告中指出："建设教育强国是中华民族伟大复兴的基础工程，必须把教育事业放在优先位置，深化教育改革，加快教育现代化，办好人民满意的教育。要全面贯彻党的教育方针，落实立德树人根本任务，发展素质教育，推进教育公平，培养德智体美全面发展的社会主义建设者和接班人。"这一段关于教育的论述，简明扼要地总结了改革开放以来一系列教育观变革的理论成果，明确提出了建设教育强国的战略目标，并将其置于中华民族伟大复兴基础工程的重要战略地位，突出强调必须把教育放在优先发展的战略位置，同时明确教育的根本任务是"立德树人"，把培养人作为教育的根本。

2017年12月29日，教育部印发2017年版普通高中课程方案和语文等学科课程标准，规定普通高中学制、课时和课程结构类型。每门课程标准中都渗透着立德树人核心价值取向，这也成为基础教育课程理念的中国表达。

2018 年 9 月 10 日，习近平在全国教育大会上指出，坚持党对教育事业的全面领导，坚持把立德树人作为根本任务，坚持优先发展教育事业，坚持社会主义办学方向，坚持扎根中国大地办教育，坚持以人民为中心发展教育，坚持深化教育改革创新，坚持把服务中华民族伟大复兴作为教育的重要使命。为了推进中国特色社会主义伟大事业，实现中华民族伟大复兴中国梦，基础教育课程必须以社会主义核心价值观为统领，以立德树人为根本任务，以培养担当民族复兴大任的时代新人为着眼点。

2019 年 6 月 11 日，国务院办公厅颁发《关于新时代推进普通高中育人方式改革的指导意见》。23 日，中共中央、国务院发布《关于深化教育教学改革全面提高义务教育质量的意见》，强调构建德智体美劳全面培养的教育体系等，为进一步完善中国特色的基础教育课程体系指明方向。

2020 年 3 月，中共中央、国务院颁发《关于全面加强新时代大中小学劳动教育的意见》，强调把劳动教育纳入人才培养全过程，贯通大中小学各学段，贯穿家庭、学校、社会各方面，与德育、智育、体育、美育相融合，紧密结合经济社会发展变化和学生生活实际，积极探索具有中国特色的劳动教育模式，创新体制机制，注重教育实效，实现知行合一，促进学生形成正确的世界观、人生观、价值观。

2021 年 7 月，中共中央办公厅、国务院办公厅印发《关于进一步减轻义务教育阶段学生作业负担和校外培训负担的意见》，提出要切实提升学校育人水平，持续规范校外培训（包括线上培训和线下培训），有效减轻义务教育阶段学生过重作业负担和校外培训负担。

2022 年 3 月 25 日，教育部颁布 2022 版义务教育课程方案和课程标准，标志着我国基础教育课程改革进入新发展阶段。为贯彻落实立德树人根本任务，《义务教育课程方案（2022 年版）》以习近平新时代中国特色社会主义思想为指导，结合义务教育性质与义务教育课程定位，从“有理想、有本领、有担当”三个方面建构义务教育培养目标，明确新时代义务教育阶段新人培养的具体要求，这既是对我国基础教育课程改革经验的总结，亦为未来基础教育课程改革勾勒了蓝图。2022 年版义务教育课程标准与 2011 年版课标相比，特别突出了评价的地位（崔允漷 等，2022）。新课标不仅新增了“学业质量”

一章，明确提出了素养导向的学业质量内涵，给出了各学段的学业质量标准，而且在“课程实施”的“评价建议”部分就日常教学评价和学业水平考试做了详细的阐释和说明。

2023 年 5 月 9 日，教育部办公厅印发《基础教育课程教学改革深化行动方案》，提出至 2027 年，形成配套性的常态长效实施工作机制，培育一批深入实施课程改革的典型区域和学校；总结发现一批教学方式改革成果显著、有效落实育人要求的教育教学案例；教师教学行为和学生学习方式发生深刻变化，教与学方式改革创新的氛围日益浓厚，基础教育课程教学改革形成新气象。

第二节　课程政策的中国表达与治理

课程改革是教育改革的核心，课程改革政策是课程改革的重要驱动力。课程改革政策是指国家教育行政部门针对社会需要、学生愿望以及未来发展的趋势，依据国家教育宗旨与法令规章，确定课程计划和方案、课程结构与教学内容、课程开发实施和评价，经由法定程序公布，成为行政部门或教育机构实施基础教育课程与教学准则的纲领性政策文件。

基础教育课程改革政策既具有一般公共政策的特征，还具有自身的特质。“借用”（复制、照搬）西方国家的课程政策，往往难以解决“本土”的教育问题（李臣之 等，2016）。新中国成立以来，随着经济社会发展与变革，基础教育课程政策结合实际，立足国情，进行适时的变革与调整，驱动着我国基础教育课程与教学发展。

一、立足国情、指向人的素养提升的课程政策之中国表达

课程政策是教育领域中课程知识选择与管理的政治理念和具体措施（蒋建华，2004）。新中国成立以来，基础教育课程政策在依据中国国情不断进行调整与改革，在课程设置价值导向、课程计划、课程目标、课程结构等方面，逐步形成了中国表达。

1949 年 9 月 29 日通过的《中国人民政治协商会议共同纲领》规定：“有计划有步骤地实行普及教育，加强中等教育和高等教育，注重技术教育，加

强劳动者的业余教育和在职干部教育，给青年知识分子和旧知识分子以革命的政治教育，以应革命工作和国家建设工作的广泛需要。”（中共中央文献研究室，2011a）[10]同年12月召开的第一次全国教育工作会议提出“以老解放区新教育经验为基础，吸收旧教育有用经验，借助苏联经验，建设新民主主义教育”（中共中央文献研究室，2011a）[73]的教育改革方针，教育向工农开门，开展扫盲和识字教育，开办工农业余学校、补习学校和速成中学。1951年，政务院发布《关于改革学制的决定》，强调将普通中小学教育与工农干部、人民群众的教育紧密结合起来，成为新中国成立初期基础教育课程政策的决策原则。

1957年毛泽东提出“我们的教育方针，应该使受教育者在德育、智育、体育几方面都得到发展”，为基础教育课程与教学发展指明方向。“文化大革命”中，由于错误的政策，基础教育课程与教学出现了混乱的局面。1978年党的十一届三中全会恢复了基础教育阶段课程与教学的秩序。

基础教育课程政策的调整与变革是以课程目标为方向标的。从我国基础教育课程政策变革的过程中，可以发现随着社会经济政治变革以及生产力的变化，对人才需求和人才的规格要求发生变化，教育目标必须随之调整，而教育目标必须落实到课程上，这引起课程政策的变革。“课程的根本问题在于它不能充分反映现代文化、社会和人的发展需要，因而需要通过进一步与世界教育接轨、进一步与世界先进课程理论和实践对话，实现课程的目标、结构、内容和实施过程的现代化。”（于述胜 等，2005）[14]因此，我国基础教育课程目标随着中国国情的变化而变化，决定了基础教育课程政策必须不断调整，制定相应的课程方案，确保基础教育培养目标符合时代要求。

1978年教育部颁布《全日制中学暂行工作条例（试行草案）》《全日制小学暂行工作条例（试行草案）》，之后国家对中小学各学科教学大纲进行了修订，新的教学大纲围绕各学科的“双基”进行组织，突出知识本位，对教学内容、知识点的具体要求与深度、难度都做了明确清晰的规定。教学大纲在教学活动上凸显“刚性”和“技术”取向，即对教师怎么教给出了规范要求和直接指导。作为教学大纲直接体现的教材，是学科基础知识和基本技能的载体，是对教学大纲所规定的学科知识的“逻辑汇编”和权威解释。“双基”理论成为在新中国教育实践中形成的具有中国特色的课程理论（李涛，

2009）。注重“双基”的课程与教学理论，在改革开放初期特定的历史背景下符合中国国情，具有特别重要的意义：一是在全社会尽快形成一种尊重知识的风气，极大满足了人们对知识普遍而强烈的需要，营造了“知识就是力量”的社会文化；二是尽快使学校教育从“政治中心”“劳动中心”转向“学科中心”“学习中心”，使学校课程教学初步回到了自己的轨道。（余文森，2018a）“双基”理论在历史上有其合理性和进步性，对于提高基础教育质量发挥了重要作用。但是“双基”本位的教学在其发展过程中逐步背离了“人的全面发展”的主题和方向。“双基”教学作为一种具体的教学策略、模式和要求，有其可取之处，但作为一种教学目的和价值导向，特别是作为引领整个课程教学改革的指导思想，已经不合时宜，由其演绎出来的整个课程教学体系严重滞后于时代的发展。

2001 年 6 月教育部印发的《基础教育课程改革纲要（试行）》将课程目标定位在知识与技能、过程与方法以及情感态度与价值观三个方面，在教学改革上彰显了“三维目标”的导向功能。“三维目标”是对课程功能、目标的凝练与概括，准确、完整、深刻，具有极为鲜明的方向性，为教师教学指明了路径，具有很强的可操作性。“三维目标”理论是在我国基础教育课程与教学改革中逐步提炼的，是吸取中国文化的精华自然生长出来的，是具有中国经验与特色的课程理论。不过，在课程改革实施过程中，出现了基础知识与基本技能被弱化的现象、过程与方法的“游离”问题、情感态度与价值观的“贴标签”等现象，这引发了课程政策制定者和研究者的反思。

2014 年 3 月教育部《关于全面深化课程改革落实立德树人根本任务的意见》提出，深化课程改革、落实立德树人的关键领域和主要环节之一是研究制订学生发展核心素养体系和学业质量标准。“针对现在国际上课程改革发展出现新的形势和变化，也是针对当前整个国家基础教育改革的需求，急需在顶层上进一步加强设计”，“全面深化课改的重要任务或者说关键环节，就是要加快研究制定学生发展的核心素养体系和学业质量标准”。（田慧生，2015）[98-99] 2016 年 9 月，中国学生发展核心素养总体框架正式发布，它以培养“全面发展的人”为核心，从文化基础、自主发展、社会参与三个方面，凝炼出人文底蕴、科学精神、学会学习、健康生活、责任担当、实践创新六大素养，具体细化为国家认同等十八个基本要点。核心素养总体框架的发布，引发了社会高度关注，成为基础教育课程政策制订的导向标。2017 年 12 月，基于学科核心素养的高中各学科课程标准颁布，核心素养开始进入课程，走进中小学，课程教学改革进入核心素养新时代。在核心素养的视域下重建课程是新的课程改革的亮点。“围绕学科核心素养的形成重建学科教育范式，是当前全面深化基础教育课程改革的重头戏。”（余文森，2018c）[4] 学科核心素养是一根主线，统领着学科课程知识的选择、课程内容的组织、课程难度的确定、课程容量的安排以及课程的实施和学业质量标准的确立。学科核心素养使课程标准的形态从教学大纲（“双基”）、内容标准（“三维目标”）走向成就标准（核心素养），即以学生应该达到的素养作为课程标准的纲领。

通过长期的研究，中国学生发展核心素养被界定为正确价值观念、必备品格和关键能力，这是一种中国式的表达。将正确价值观念和必备品格作为学生核心素养的重要组成部分，充分体现了中国学生发展核心素养的中华传统文化的底色与本色。从“‘基本知识、基本技能’的‘两基本’向强调‘知识与技能’‘过程与方法’‘情感、态度、价值观’的‘三维目标’转变，再到提倡发展核心素养。……这些教育教学创新发展的经验成果，标志着我国基础教育教学理论和实践整体已经具有时代先进水平，形成了中国特色的基础教育现代理论和范式方法”（孙霄兵，2018）[16]。

二、基于学生本位、注重立德树人、指向人的全面发展的课程政策之中国经验

新中国成立以来，尽管不同时期对教育目的及基础教育课程政策的指导思想表述不尽相同，但基本精神是一致的，即以学生为本，促进人的全面发展。确立“以学生为本”的课程理念，注重立德树人，是我国基础教育课程政策调整与变革的主线。

新中国成立初期，为了巩固新生的人民政权，我国实施新民主主义和社会主义教育。1954 年 4 月政务院发布了《关于改进和发展中学教育的指示》，规定“中学教育的目的，是以社会主义思想教育学生，培养他们成为社会主义社会全面发展的成员。中学教育不仅要供应高等学校以足够的合格的新生，并且还要供应国家生产建设以具有一定政治觉悟、文化教养和健康体质的新生力量”（何东昌，1998）[305]，规定了中学政治思想教育的任务，要求继续

向学生进行“五爱”教育和爱国主义教育、劳动教育、自觉纪律教育，还规定了对学生进行政治思想教育的途径和方法。1957年毛泽东在《关于正确处理人民内部矛盾的问题》一文中提出：“我们的教育方针，应该使受教育者在德育、智育、体育几方面都得到发展，成为有社会主义觉悟的有文化的劳动者。”（中共中央文献研究室，2011b）[76] 教育方针注重人的全面发展，指引着课程政策的调整和发展。

党的十一届三中全会召开以后，随着党和国家的工作重心向现代化建设转移，教育的经济功能被强化，课程表现出“泛经济主义”的特点，但整体上关注到健全人的培养。1981年《关于建国以来党的若干历史问题的决议》要求：“坚持德智体全面发展、又红又专、知识分子与工人农民相结合、脑力劳动与体力劳动相结合。”（中共中央文献研究室，2011c）[170] 同年11月召开的五届全国人大四次会议要求“使受教育者在德育、智育、体育几方面都得到发展，成为有社会主义觉悟的有文化的劳动者和又红又专的人才，坚持脑力劳动与体力劳动相结合，知识分子与工人农民相结合”。1985年中共中央颁布的《关于教育体制改革的决定》指出，教育要为社会主义现代化建设培养各级各类合格人才，“所有这些人才，都应该有理想、有道德、有文化、有纪律，热爱社会主义祖国和社会主义事业，具有为国家富强和人民富裕而艰苦奋斗的献身精神，都应该不断追求新知，具有实事求是、独立思考、勇于创造的科学精神”。1986年颁布的《义务教育法》规定：“义务教育必须贯彻国家的教育方针，努力提高教育质量，使儿童、少年在品德、智力、体质等方面全面发展，为提高全民族的素质，培养有理想、有道德、有文化、有纪律的社会主义建设人才奠定基础。”20世纪80年代素质教育的提出，是中国基础教育政策以学生为本位的价值取向的体现。“实践证明，课程改革中‘以人为本’的正确价值取向，是我国基础教育课程改革健康发展的关键，是全面推进素质教育的重要保障。”（田慧生，2015）[88] “从人的发展的维度看，基础教育课程改革是一种人本性教育更新。”（李润洲，2011）[3]

1993年《中国教育改革和发展纲要》要求“中小学要由‘应试教育’转向全面提高国民素质的轨道，面向全体学生，全面提高学生的思想道德、文化科学、劳动技能和身体心理素质，促进学生生动活泼地发展”。1999年，国务院批转教育部《面向21世纪教育振兴行动计划》，要求开展“遵纪守法和社会公德教育，进行中华民族优秀传统和革命传统教育，实施劳动技能教育以及心理健康教育”。1999 年中共中央、国务院颁布的《关于深化教育改革全面推进素质教育的决定》指出，坚持面向全体学生，为学生的德智体美全面发展创造条件，尊重学生身心发展特点和教育规律，使学生生动活泼、积极主动地发展。

世纪之交启动的第八次基础教育课程改革提出“为了中华民族的复兴，为了每位学生的发展”的课程改革理念，基础教育课程政策坚持以学生为本位，着力构建符合学生发展需求和促进其自我实现的课程体系。

2001 年颁布的《基础教育课程改革纲要（试行）》指出，“改变课程实施过于强调接受学习、死记硬背、机械训练的现状，倡导学生主动参与、乐于探究、勤于动手，培养学生搜集和处理信息的能力、获取新知识的能力、分析和解决问题的能力，以及交流与合作的能力”，基础教育课程开发与实施坚持学生本位。同时，在教学过程中致力于构建以学为主线、以学为本的课堂教学体系和结构（余文森，2015）。在基础教育课程改革深入推进的过程中，2014 年教育部印发《关于全面深化课程改革落实立德树人根本任务的意见》，提出教育部将组织研究学生发展核心素养体系，明确学生应具备的适应终身发展和社会发展需要的必备品格和关键能力。2016 年 9 月中国学生发展核心素养总体框架发布，核心素养培育成为基础教育课程改革的航标。2017 年 12 月教育部印发 2017 年版普通高中课程方案和语文等学科课程标准，指出高中阶段是学生个性形成、自主发展的关键时期，必须切实加强组织领导，系统谋划、整体推进普通高中课程改革，不断提升教育教学质量；要强化课程实施管理与指导，加大条件保障力度，确保课程开齐开足、开设到位；要注重普通高中课程改革与高考综合改革统筹衔接，推动“教”“考”“招”形成育人合力，促进学生全面而有个性的发展。

2018 年全国教育大会再次强调培养德智体美劳全面发展的人。按照素质教育的要求，基础教育管理体制改革和教育教学改革、课程教材改革、招生考试改革持续推进。深化课程整合，突出跨学科融合；深化探究式学习和体验式学习，突出项目式学习；深化过程性评价，突出表现性评价。教学从“以教定学到为学而教”，教学评价从“选拔为先”到“素养为重”等。这些教育教学改革的经验与成果，标志着基础教育教学理论和实践整体已达到时代先进水平，形成了中国特色基础教育现代理论和范式方法（孙霄兵 等，2019）。

为学生提供理实交融的课程，注重立德树人，促进学生全面发展，是课程改革的追求。2019年中共中央、国务院颁布《关于深化教育教学改革全面提高义务教育质量的意见》，进一步提出“坚持立德树人，着力培养担当民族复兴大任的时代新人”。以学生为本位，坚持立德树人，促进学生全面发展成为基础教育课程政策的核心和主线，形成了中国特色基础教育课程政策与课程治理方式。

三、基于基础教育规律、指向三级课程管理的课程政策之中国治理

新中国成立以来，基础教育课程政策适时的变革与调整，驱动着我国基础教育课程与教学发展。虽然基础教育课程政策出现过短期的冒进，但很快回归正轨，取得了巨大的成就。课程政策调整与变革的核心为课程权力分配，以及在不同教育层级的变化，由此逐步形成了基础教育课程政策发展的中国路径和中国经验。

新中国成立之初，基础教育课程改革与发展借鉴了苏联的经验，注重集中式管理。在基础教育课程政策方面，涉及课程政策的文件和制度，从教学计划（课程计划）、教学大纲（课程标准）到教科书等，全部由中央权威部门组织制定和颁布，形成了全国统一的基础教育课程体系、课程结构、课程内容、课程评价等，控制、规范与指导着基础教育课程的设置与实施。

实行中央集权型课程政策，与我国长期实行的高度集中的管理模式是相适应的。基础教育课程决策是一种行政行为，课程开发的主体是中央政府部门。全国实行统一的课程体系和内容设计，在一定程度上，规范了基础教育课程与教学，在一定时期促进了我国教育的发展，保证了不同地区教育的质量。但其没有给地方课程和学校课程留有空间，教学内容脱离地方实际和学生特点，不仅造成了“千校一面，万生一书”的局面，也影响了地方和学校课程开发的积极性。显然，这不适应我国地区、学校以及学生实际，压抑了地方、学校与教师等的主动性与积极性，影响了我国基础教育课程改革的力度与深度，使改革的步履缓慢且艰难。

随着经济的发展、教育改革的进一步深入，“大一统”的课程政策与管理

已无法适应形势发展的需要，为此，教育部门组织开展基础教育课程研究，借鉴国外课程改革的经验，并对新中国成立以来基础教育课程改革的经验进行认真总结，陆续出台了基础教育课程政策与规范。

到了20世纪90年代，我国高度集中的课程管理模式开始有所松动。如1992年国家教委颁布了《九年义务教育全日制小学、初级中学课程计划（试行）》，首次规定设置地方课程，打破了国家课程一统天下的局面。1996年颁布的《全日制普通高级中学课程计划（试验）》指出“普通高中课程由中央、地方、学校三级管理”，国家教委允许一些地区和单位按各学科教学大纲编写教材，在实验教材的基础上，对教学大纲不合适的地方进行修改。

1999年，中共中央、国务院颁布的《关于深化教育改革全面推进素质教育的决定》提出，“建立新的基础教育课程体系，试行国家课程、地方课程和学校课程”。2001年教育部在《基础教育课程改革纲要（试行）》中明确提出“实行国家、地方和学校三级课程管理”。至此，三级课程管理体制得以确立，并在基础教育课程改革与发展中逐步完善。“集权型课程政策在有利于中央课程权力充分发挥的同时，并没有将课程政策所具有的指导或指南作用全部发挥出正向的作用”，“课程分权是中国课程政策改革的必然走向，但这走向决不是从集权的极端走向分权的极端，也不是转变成各自为政，互不相干，而是一种基于共同的责任与义务——努力使课程能够充分促进国家、社会及个人的发展下的课程权力的共有状态”。（胡东芳，2002）[69]

三级课程管理政策，有利于课程权力的分享，促进政府构建平衡组织和个体利益的协调机制，调动课程权力主体的课程开发、实施、评价等方面的积极性，最大限度发挥课程政策系统的作用，开发符合国家社会发展需要、适合学生个性发展需要、适应地方经济社会发展需要的课程体系，促进基础教育健康发展，彰显了中国式基础教育课程治理理念与策略。

第三节　课程政策变革的经验与反思

基础教育课程政策的制定不同于一般的政策与法规的制定，从基础教育课程问题概念化到基础教育课程的改革方案审议，其间始终伴随社会控制和文化抉择，充斥着不同政策主体的价值冲突、对立和矛盾等，在基础教育课程政策变革过程中，我国逐渐形成了基础教育课程与教学的中国治理方式。

一、制定课程政策的主体应具有广泛性，实现课程政策赋权增能

在基础教育课程问题界定、基础教育课程改革议程设立、基础教育课程政策方案规划，以及基础教育课程政策实施的过程中，必须结合基础教育发展现状，全面了解社会各个方面的成员对基础教育的认识和需求。国家主体、社会主体以及个人主体等都是课程政策的主体（张家军 等，2004），让社会各个方面的成员参与基础教育课程政策的制定，需要坚持政府部门的整体控制与专业咨询、民主参与相结合（吕立杰，2007）。只有这样，才能制定出科学合理的、适合我国基础教育发展需要的课程政策。

新中国成立以来，针对基础教育课程问题，各个时期教育部（国家教委）均成立相关的课程与教学专业团队，研制课程政策，避免政策制定的随意性和经验性。同时，让一线教师、学生、家长和其他利益集团参与，保障基础教育课程政策的适切性和针对性。在多主体参与基础教育课程政策制定的过程中，政府起着主导作用，引导课程政策按照主流话语制定，保障课程的基本价值取向和基础教育办学质量。“长期统一的教育规划和教学计划，推动了世界上学生最多的基础教育的科学性、均衡性、持续性、融通性、标准化和资源共享发展，提高了基础教育的办学质量效益。”（孙霄兵，2018）[16]

2001 年教育部在《基础教育课程改革纲要（试行）》中明确提出实行国家、地方和学校三级课程管理，为基础教育课程改革明确了基本的政策取向。“任何国家的课程政策改革都是在国家课程与学校课程之间寻找适合自己本国国情的立足点。我国基础教育课程政策改革的方向与英、美等国正好相反，是从原先单一的国家课程模式走向国家、地方、学校三级管理体制的课程模式。”（崔允漷，1999）[32] 在课程政策执行过程中，省级教育行政部门要根据国家课程管理政策和本地实际情况“规划地方课程”，学校在实施国家课程和地方课程的同时开发和实施校本课程，这极大地调动了地方和学校课程改革的主动性、积极性和创造性。“课程管理从国家统一管理到中央、地方、学校三级管理。……这些教育教学创新发展的经验成果，标志着我国基础教育教学理论和实践整体已经具有时代先进水平，形成了中国特色的基础教育现代理论和范式方法。”（孙霄兵，2018）[16] 基础教育课程实施三级管理，且权限

清晰、责任明确，有效推进了我国基础教育课程有序健康发展，形成基础教育课程与教学的中国治理方式。

二、课程政策只有转化为制度，才能得到全面贯彻与执行

基础教育课程政策与其他政策一样，需要从文本化政策转化为具体的制度，转化为实际的课程行动。通过舆论宣传、文本解说、行政支持、实验与实施、协调与监控等方式，基础教育课程政策向社会各界逐渐渗透，文本化的政策变成制度化形式，从而保障政策有效地执行。基础教育课程政策变革，必然涉及基础教育课程制度的创新。通过制度建设和创新，规约、引导、促进和保障政策实施，协调实践领域中各种关系，实现课程权力分配和制衡，明确各级机构职能。

我国的基础教育课程制度涉及基础教育课程管理制度，教材选用、审定和评价制度，课程评价制度，招生制度，师资培训制度，教研制度等各个方面。在长期的基础教育课程改革过程中，我国逐渐形成较为完善、相互配套的基础教育课程制度，推动了基础教育课程改革的落实和深化。

三、课程政策必须与时俱进，时时监控与评价，才能确保政策合理和有效实施

基础教育课程政策是随着国家和社会经济政治文化的变化而不断变化的，是一个不断优化与调整的过程。新中国成立之后，我国通过持续的调研和意见征询，逐步确立与调整相关的文本政策，使之随着时代的变化而不断完善。“课程政策是动态建构的过程。课程政策在课程行动中并非静态的，静态的文本政策只是政策的原初意图，课程政策要发挥其实践意义，一定是随着政策情境和政策主体的变化而不断变更和建构的。”（高岩 等，2018）[38] 基础教育课程政策必须遵循“先立后破，先实验后推广”的原则，通过实验、评估、交流、分享、推介、调适逐步完善。在执行的过程中，注重在实践中不断创新，使执行过程成为动态生成的过程，既实现国家通过课程政策对基础教育课程的统一指导，又尊重不同主体的差异和发展需求，真正发挥课程政策的引导和推动作用。

课程政策评价是依据相关标准，评价基础教育课程政策实施的效果及对

基础教育质量产生的影响，进而判断基础教育课程政策是否满足广大群体对基础教育需要的一种活动。基础教育课程政策评价，可以避免基础教育课程政策的主观性和盲目性。由于基础教育涉及面广泛，在评价的过程中，应坚持评价主体的多元性，以保证政策本身的合法性。

同时，加强基础教育课程政策的问责制度。基础教育课程政策的问责是指基于基础教育课程政策赋予的权力，对课程政策执行主体履行相应职责的情况进行考察，并要求其承担相应责任。基础教育课程政策实施是一项长期、宏大、涉及多部门和多机构的整体工程。实施基础教育课程政策问责制度，明确各类课程政策执行主体的责任，增强主体自律意识，可以为课程政策的有效执行提供保障。

另外，基础教育课程政策的制定和实施应始终关注课程个性化的问题。课程个性化的问题实际上也是因材施教的问题。由于基础教育培养的对象是具有不同家庭背景、不同性格的学生，因此，应该根据学生的差异，根据学生的不同程度、不同层次，开发和提供相适应的课程和教材。基础教育必须尊重学生的个体差异性，爱护和培养学生的好奇心、求知欲，帮助学生自主学习、独立思考，保护学生的探索精神、创新思维，营造崇尚真知、追求真理的氛围。同时，基础教育课程实施也应该具有个性化和灵活性，对课程内容进行个性化和多样化的解析，运用现代信息技术、媒体等，进行个性化的教学，促进教学过程中的因材施教。

总之，我国的基础教育课程政策是课程健康发展与改革的重要驱动力和保障，体现着基础教育课程实施的中国方案，促进了基础教育健康发展，为国家和社会培养了符合时代需要的人才。

第六章

课程目标变革史

新中国成立以来，我国基础教育课程教学改革从目标方向和价值追求来看，经历了从“双基”到“三维目标”再到核心素养三个阶段。“双基”、“三维目标”、核心素养不是简单的概念和标识，而是相对完整的教育思想体系和实践模式，以及教育工作者共同的思维方式和话语体系，就像一根红绳贯穿于该阶段的课程教学改革的方方面面，并突出体现和反映在该阶段的课程标准（教学大纲）研制、教科书编写以及教学活动、考试评价之中。从“双基”到“三维目标”再到核心素养，形成了我国基础教育课程教学改革特有的轨迹和路径，产生了我国特有的课程思想和理论。

第一节　“双基”本位的课程改革

从某种程度上说，“双基”课程目标体系在新中国成立之初便开始得到确立，基础知识和基本技能成为课程方案和课程标准中课程目标厘定的基本思路和基本框架。1952 年教育部颁布的《小学暂行规程（草案）》和《中学暂行规程（草案）》从智育、德育、体育、美育四个方面厘定中小学教育的主要目标，突出了基础知识和基本技能。1963 年中共中央颁布的《全日制中学暂行工作条例（草案）》规定，全日制中学的培养目标是“使学生在小学教育的基础上，进一步掌握语文、数学、外国语等课程的基础知识和基本技能，并且具有一定的生产知识”，同时强调“全日制中学必须以教学为主，加强基础知识的教学和基本技能的训练，为学生毕业后就业和升学打好必要的文化基础”。（课程教材研究所，2001a）[282] 基础知识和基本技能成为我国课程目标的核心内容。1978 年，教育部颁布《全日制中学暂行工作条例（试行草案）》《全日制小学暂行工作条例（试行草案）》，并据此对中小学各科教学大纲进行了修订，从而开启了改革开放以后第一拨基础教育课程改革的征程。作为教学改革的纲领性文件，教学大纲在教学内容上是围绕各学科的“双基”进行组织的，它对教学内容、知识点的具体要求包括深度、难度都做了明确清晰的规定。据史宁中教授回忆，直至 1999 年，教学大纲编制者在制订教学大纲时所关心的主要问题依然是“应当教哪些内容”“应当教到什么程度”。教学大纲在教学活动上凸显“刚性”要求和“技术”取向，即对教师怎么教给出了规范要求和“直接指导”。作为教学大纲的直接体现的教材，是学科基础知识和基本技能的载体，是对教学大纲所规定的学科知识的“逻辑汇编”和权威解释。教学活动只是教材的展开过程，教师充当教材的代言人，学生的学习就是对教材的理解、记忆和“掌握”。

1996—1998 年，国家教委基础教育司针对我国“九年义务教育课程方案实施状况”进行了大规模的抽样调查。调查对象包括全国 9 省市 72 个地区的约 16000 名学生以及 2500 名教师、校长和社会知名人士。（本报记者，2003）调查结果表明：

（1）74% 的校长、62% 的教师认为教材中体现得较好的目标是基础知识和基本技能；与此形成鲜明对照的是，只有 3% 的校长、4% 的教师认为教材中体现得较好的目标是自主创造，2% 的校长、4% 的教师认为教材中体现得较好的目标是搜集利用信息的能力，1% 的校长、3% 的教师认为教材中体现得较好的目标是健康。这意味着，广大校长和教师认为基础知识和基本技能是教材的核心构成，而自主创造、搜集利用信息的能力、健康则被忽视，或处于教材的边缘。

（2）60% 的教师与同事谈论最多的话题是基础知识与基本技能，近 50% 的教师与同事谈论最多的话题是解题技巧；与此形成对照的是，只有 10% 左右的教师与同事谈论个性发展、情感态度。这充分表明，广大教师对课程目标的关注焦点是基础知识与基本技能。

（3）50% 的校长和 35% 的教师认为在学生身上体现得最好的目标是基础知识与基本技能，而学生表现得最差的目标依次是劳动态度与技能、动手能力、自主创造能力、搜集利用信息的能力。当教材和教师把关注焦点置于基础知识与基本技能的时候，基础知识与基本技能必然成为学生素质的核心。

2002 年高中阶段的调查也获得大致相同的结论。通过我国与西方教育的比较也可以发现，我国学生的优势在于知识、技能、解题能力、勤奋与刻苦，不足之处则在于实践能力、创造性、情感体验与自尊自信等方面。

从知识观的角度说，“双基论”秉承的是客观主义（本质主义）的知识观，其主要观点是：第一，强调知识本身的客观性、普遍性、确定性，“作为对事物本质的认识成果，知识是不以人的意志、信念、价值取向为转移的，它不能有任何个人主观认识倾向与价值性‘偏见’”（郝德永，2007）[30]。它坚决反对知识问题上的“主观主义”“相对主义”和“非理性主义”，竭力驱除主体性因素（包括个人的意见、偏见、先见、经验、情感、常识等）在知识形成过程中的作用，以确保知识的纯粹性、真理性、绝对性。知识既然是对事物本质的准确揭示，认识知识就等于掌握了事物的本质，拥有了对事物的支配权，人就有了认识世界和改造世界的力量。所以，它坚信知识就是力量。为此，学校教育和学生学习就是求知的过程，就是准确地理解和牢固地掌握知识的过程。第二，强调知识学习过程的接受性。知识是不依赖于人的意识而客观存在的，它是外在于人的，是静止、孤立、确定无疑地存在于认识者之外的。因此，学习者与知识的关系只能是一种反映关系、认识关系，即只有认识者正确反映了客观事物，才是获得了真知。总之，知识是认识的对象，不是解释的对象。当然，教学是一种特殊的认识过程，正如王策三先生所指出的，“教学作为一个过程，乃是一种特殊的认识过程”，“教学作为认识的特殊性，主要在于它是学生个体的认识，是间接的认识，有领导的认识和教育性的认识”。（王策三，1985）[141] 可以说，特殊认识论就是“双基”教学的理论依据。

从课程观的角度说，“双基论”秉承的是学科本位（中心）的课程观。什么样的知识能够进入课程，成为学校教育和学生学习的对象？我们知道知识进入课程有三道门槛，即社会、学科、儿童，不同课程观和课程类型各自遵循不同的知识准入机制。学科中心课程将学科本身的逻辑和结构设定为知识进入课程的第一道门槛。其理论逻辑在于：有组织的学科知识反映了人类的集体智慧，代表了人类的文化遗产。学校教育不仅需要将人类认识世界和改造世界的学科知识有效地传递给年轻一代，更重要的是考虑学科知识自身的不断丰富、发展和完善。因此，学生自身特点、社会需要必须服从于学科知识的权威性，这是一种以学科为主导的课程价值观。“双基论”秉承的就是学科本位（中心）的课程观，它把一门学科的基础知识和基本技能及其结构视为学科的主体内容，作为相应学科的课程内容体系。学科知识的基础性、结构性、完整性是学科本位课程观优先乃至主要关注的内容。与此对应，教材编写以学科逻辑展示学科基础知识与基本技能，“教材中的学习内容必须是定论、共识或某一领域公认的原理、法则、定理，排除有争议的问题，不给学生发挥的空间和研讨的余地。因此，教材就是要罗列学生应掌握的本学科领域的理论和应用法则，对教师的教学、学生的认识具有绝对的权威性”（靳玉乐，2002）[51]。以传统物理教材上关于光的速度的叙述为例。教材指出：闪电和雷声是同时发出的，但我们总是先看到闪电，后听到雷声，这是因为光的传播速度比声音快得多。光在不同物质中的传播速度是不同的。光在真空中的传播速度为 3×10^8 米 / 秒，在空气中的传播速度约为 3×10^5 千米 / 秒，在水中的传播速度相当于真空中传播速度的四分之三，在玻璃中的传播速度是真空中传播速度的三分之二。诚然，这些都是经过科学家们反复研究所获得的具有真理性的知识。但从学生的角度看，如此客观的描述却透出十足的权威感。面对这样的教材，学生除了记忆别无他法。一位研究者评论说，这一段定论式的叙述剥夺了学生诸多思考问题的机会。如提出先看到闪电、后听到雷声原因的假设的机会，提出怎么测光的速度的机会，提出“光在不同物质中速度是否一样”问题的机会，对自己设想的测光速方法进行验证的机会，用模型符号表达光速的机会等。（杨晓微，2000）

从教学观的角度说，“双基观”秉承的是特殊认识论，强调教学的传承性和接受性，学习方式以理解、记忆、训练为主，教学效果追求准确性、绝对性（最高价值标准）。其隐性的教学假设和信念有：第一，知识是能力的绝对基础，知识的理解、记忆、练习是教学的中心任务，能力及其培养是从属性的，服从服务于知识的掌握，知识学习被提到无以复加的高度。第二，知识是“绝对的”真理和标准、不容置疑的结论，质疑、怀疑、批判乃至探究、实践被排除于学习之外，导致创新精神和实践能力严重弱化。我们的学生为什么很少提问？我国的中小学教学一般反对教师向学生介绍暂无定论的见解和观点，也不鼓励学生质疑问难。“因而在学生心目中，课本上所写的和老师所讲的理所当然都有着无可争议的正确性。由此，也就很好明白为什么我们的学生鲜有提问了。对于已被预先定论为无可置疑的东西你还能提出什么问题吗？还有必要提出什么问题吗？要问只能问你自己，为什么连前人已经给出的正确的东西还不能理解？自然，老师心目中的好学生就这样产生了，他们学得老实，理解力极强，不仅对讲授内容不怀任何疑义，而且在理解这些确切的、有定论的东西方面很少有问题。”（扈中平 等，2001）[22] 客观主义知识观和学科本位的课程观导致了听命于教师的“灌输式教学”。

以“双基”为中心的教学，从大纲到教材再到课堂形成了一整套中国特有的理论：重视基础知识的传授（讲授）、基本技能的训练（练习），讲究精讲多练，主张“练中学”，相信“熟能生巧”，追求基础知识的记忆和掌握、基本技能的操演和熟练，以使学生获得扎实的基础知识、熟练的基本技能和较高的解题能力为主要的教学目标。这样一套教学体系在历史上有其合理性和进步性，对于稳定教学秩序、提高教学质量发挥了重要的作用。我国学生确实也在基础知识和基本技能的掌握上较之其他国家的学生具有明显的优势。正如邵光华先生等所指出的：“对基础知识讲解得细致，对基本技能训练得入微，使学生一开始就能够对所学习的知识和技能获得一个从‘是什么、为什么、有何用到如何用’的较为系统的、全面的和深刻的认识。”（邵光华 等，2006）[49]

但是，“双基”本位的教学在其发展过程中逐步背离了促进人的全面发展的主题和方向：其一，“双基”教学本身存在片面性。“双基”只是学科的载体，不是学科的核心；只是学科的表层，不是学科的深层。“双基”教学不能体现学科的完整性、本质性。以“双基”为主要目标甚至唯一目标的教学本身就是对学科和学科教育的割裂、浅化。其二，“双基”教学强化了“三中心”教育传统。“双基论”实际上是传统“三中心”教育思想的集中体现（中国式的表现），学生学习以书本知识为中心，教学过程以课堂为中心，课堂教学以教师为中心，由此形成了中国特有的教材文化和“双基”情结。书本没有的不教，教的内容以教师讲的为准。“双基”教学严重地窄化了教育应有的内涵，使我们的教育在传统的轨迹上越陷越深，形成了典型的“狭义教学”模式。其三，“双基”教学与“应试教育”无缝对接，成为“应试教育”的合法“帮凶”。“双基”易教易考，在“应试教育”的推动下，教学陷入“繁难偏旧”和“死记硬背”的怪圈，从根本上背离了教育促进人的发展的宗旨并使教育丧失了本该有的生命力。

“双基”教学作为一种具体的教学策略、模式和要求，有其可取之处，但作为一种教学目的和价值导向，特别是作为引领整个课程教学改革的指导思想，已经不合时宜，由其演绎出来的整个课程教学体系严重滞后于时代的发展。

第二节　“三维目标”本位的课程改革

第八次基础教育课程改革正是在这样的背景下实施的，这场改革的主题词和关键词就是“三维目标”。其标志性文件是2001年6月教育部印发的《基础教育课程改革纲要（试行）》，该文件明确提出“三维目标”。之后，教育部分别于2001年和2003年颁布了义务教育各学科课程标准（实验稿）和普通高中各学科课程标准（实验），并依据课程标准陆续审查通过了多套可供地方选用的实验教科书。各学科课程标准在结构上，都是由前言、课程目标、内容标准、实施建议、附录等部分组成，在目标的阐述上，都包括了知识与技能、过程与方法以及情感态度与价值观三个方面，从而与过去的教学大纲有了显著的区别（见表6–1）。

表6–1　课程标准与教学大纲的框架结构比较

<table>
<tr><th colspan="2">课程标准</th><th>教学大纲</th></tr>
<tr><td rowspan="3">前言</td><td>课程性质</td><td rowspan="3"></td></tr>
<tr><td>课程基本理念</td></tr>
<tr><td>标准设计思路</td></tr>
<tr><td rowspan="3">课程目标</td><td>知识与技能</td><td rowspan="3">教学目的</td></tr>
<tr><td>过程与方法</td></tr>
<tr><td>情感态度与价值观</td></tr>
<tr><td>内容标准</td><td>学习领域、阶段目标及行为目标</td><td>教学内容及要求</td></tr>
<tr><td rowspan="4">实施建议</td><td>教学建议</td><td rowspan="4">教学建议
✧ 课时安排
✧ 教学中应注意的问题
✧ 考核与评价</td></tr>
<tr><td>评价建议</td></tr>
<tr><td>教材编写建议</td></tr>
<tr><td>课程资源开发与利用建议</td></tr>
<tr><td rowspan="2">附录</td><td>术语解释</td><td rowspan="2"></td></tr>
<tr><td>案例</td></tr>
</table>

可以说，课程标准的最大亮点就是在课程基本理念、课程目标、内容标准和实施建议等方面全面体现“知识与技能、过程与方法以及情感态度与价值观”三位一体的课程功能。把过程与方法作为课程目标之一（维）是课程标准的显著特征，它体现了对学生学习能力培养的显性要求和独立要求，把情感态度与价值观作为课程目标之一（维）则体现了对学生态度养成和人格发展的关注和要求，它们都在课程标准特别是内容标准中有所体现。实际上，课程标准在内容的选择和组织上也特别注重突破传统的“双基”导向和学科中心，积极关注学生的生活经验和现代社会、科技发展，从而改变课程内容繁、难、偏、旧的状况（教育部基础教育司，2002）[40–41]。以课程标准为准绳的教科书自然给人面目一新的感觉。

● 收集过去的一些购物票证，如布票、粮票、油票、副食本等，感受市场经济给人们生活带来的巨大变化。(《全日制义务教育历史课程标准（实验稿）》)

● 认识世界气候的地区差异，初步学会分析影响气候的主要因素，认识气候与人类生产、生活的相互关系，形成保护大气环境的意识，养成收听、收看天气预报的习惯。(《全日制义务教育地理课程标准（实验稿）》)

● 通过统计家庭每天丢弃垃圾袋的数量，学生经历数据收集、处理、呈现的过程，体会塑料垃圾对人类生活可能产生的危害。(《全日制义务教育数学课程标准（实验稿）》)

● 知道科学技术给人类与社会发展会带来好处，也可能产生负面影响，乐于用学到的科学知识改善生活。(《全日制义务教育科学（3 ～ 6 年级）课程标准（实验稿）》)

● 在唱歌、绘画、制作的过程中，共同分享创作的乐趣和喜悦，体会怎样表达对祖国、对亲人的爱。(《全日制义务教育艺术课程标准（实验稿）》)

● 加大语文阅读量和口语交际环节，重视培养语感，降低对语法、修辞、逻辑的要求。(《全日制义务教育语文课程标准（实验稿）》)

● 通过主题的方式，让学生具体地感受历史，把握历史发展脉络，而不要求学生死记硬背繁杂的历史知识。(《全日制义务教育历史课程标准（实验稿）》)

● 增加对日常生活和社会生活中图形与空间、统计与概率等现实问题的

探究，降低对运算速度、证明技巧的训练。(《全日制义务教育数学课程标准（实验稿）》)

● 加强地理基础知识与人口、资源、环境的密切联系。(《全日制义务教育地理课程标准（实验稿）》)

● 反映现代生物技术的发展，削弱传统生物学按群详细介绍生物体外部形态和内部结构的知识。(《全日制义务教育生物课程标准（实验稿）》)

● 加强化学与社会技术生活相联系的内容，降低化学计算（化学方程式配平、浓度计算等）的要求。(《全日制义务教育化学课程标准（实验稿）》)

从知识观的角度说，“三维目标”秉承的是建构主义的知识观。其一，强调知识的主观性、情境性和相对性。任何知识都是建构的产物，公共知识不过是按照某一规则约定俗成的结果，它是公共建构的结果，不是永恒不变的真理，人可以质疑、修正，甚至推倒重来。正如路易斯·沃思（Louis Wirth）所言:“曾经被认为是绝对的、普遍的，或者被盲目接受的规范和真理，正在受到人们的质疑。这似乎成了我们时代的特征。根据现代的思想和考察，过去曾被当做是理所当然的事情，现在却被人们宣布为需要得到论证和证明。而证明的标准本身已成为争论的主题。”（曼海姆，2000）[3] 就个体而言，“我们并不只是知识的储藏者，我们的组织也不是。个人知识确实包括一定量的信息和数据。然而，我个人的知识体系中也包含着大量的对自己来说独一无二的体验和回忆。这些体验过滤我所知道的和理解的而形成的独特风格”。“我们可以把自己的个人知识看成一张认识的‘网’，许多想法、感觉、概念、思想和信仰都在这里交织在一起。”（靖国平，2003）[4] 其二，强调知识学习的建构性。学习是学生自己建构知识的过程，它不是简单被动地接收信息和反映世界，而是主动地建构知识的意义，“即便从知识观看具有真理性、客观性的知识，学习者个体也常常需要以建构的方式去理解它，从而使之成为‘自己的’知识”（郑太年，2006）[35]。建构主义学习观强调个体的先在因素在知识学习和生产过程中的参与性和决定性作用，确立了个人对于知识进行理解、解释、批判、怀疑、修正乃至否定的权力和责任，同时也确立了个体主观能动性在个体知识习得中的地位和意义。

从课程观（学科观）的角度说，“三维目标”秉承的是经验主义的课程观，即强调经验和儿童活动在课程中的地位和作用。正如美国教育家埃贝尔

（R.L.Ebel）所指出的："一个人经验（直接的或间接的）和记忆的一切内容，都可以成为他知识的一部分。如果经验和记忆的内容被整合进他自己的知识结构中去的话，记忆内容就成了知识的一部分。"（瞿葆奎，1993）[44] 杜威则直截了当地强调："学校课程中相关的真正中心，不是科学、不是文学、不是历史、不是地理，而是儿童本身的社会活动。"（杜威，1981）[6] 经验主义课程观不仅倡导独立设置的经验课程、活动课程、体验课程，而且强调对传统学科课程的"改造"和"变革"。这在课程改革中突出表现在：第一，力求突破学科本位，改变学科内容"繁、难、偏、旧"和过于注重书本知识的状况；第二，注重学科与生活的有机整合，加强学科内容与学生生活以及现代社会和科技发展的联系；第三，教材编写注重儿童参与，凸显儿童文化，注重"从儿童的世界出发，让儿童用自己的眼睛观察自然，用自己的心灵感受世界，用自己的方式研究社会"。《基础教育课程改革纲要（试行）》在"教材开发与管理"部分中指出："教材改革应有利于引导学生利用已有的知识与经验，主动探索知识的发生与发展，同时也应有利于教师创造性地进行教学。教材内容的选择应符合课程标准的要求，体现学生身心发展特点，反映社会、政治、经济、科技的发展需求；教材内容的组织应多样、生动，有利于学生探究，并提出观察、实验、操作、调查、讨论的建议。积极开发并合理利用校内外各种课程资源。学校应充分发挥图书馆、实验室、专用教室及各类教学设施和实践基地的作用；广泛利用校外的图书馆、博物馆、展览馆、科技馆、工厂、农村、部队和科研院所等各种社会资源以及丰富的自然资源；积极利用并开发信息化课程资源。"

从教学观的角度说，"三维目标"基于建构主义观点，倡导尊重学生能动性的"建构式教学"，在课程实施中表现为自主学习、合作学习和探究学习。自主学习、合作学习、探究学习是建构主义学习的三种基本方式。自主学习对应"个人建构主义"，在建构主义看来，"不是因为学科知识的基本特征放之四海而皆准，才导致学生对世界的认识与理解。恰恰是通过学生的理解，学科知识进入学生个体的经验，对学生个体的生活境遇和问题作出解释，学生从中获得人生成长的启示，学科知识才获得存在的意义"（安桂清，2006）[20]。自主学习的精神实质是弘扬学生学习的主体性、能动性、独立性，其中独立性是自主学习的灵魂。从人性的角度说，独立性是客观存在的、学生所普遍具有的学习的最宝贵的精神特性。充分尊重、正确引导、竭力发展学生的独立性是建构主义教学的根本体现。合作学习对应“社会建构主义”。社会建构主义认为，认识是一种在个体的认识建构活动之上，加上同他人的交互作用，共同建构知识的过程。知识的生成不是单纯个体内部的事件，而是通过大量心智的辩证的交互作用而建构的。交往、互动、分享是合作学习的基本特性。探究是个体建构知识的心理过程和精神特征。探究学科知识与日常生活，提出并解决自己的问题，建构自己的思想与意义，在此基础上不断修正、拓展、完善自己的认识和思想，这是探究学习和建构主义的本质。用探究精神开展教学，让学生在教学中过一种智慧的、道德的、符合人性的探究生活，这是建构主义教学的精神旨趣。

课程教学改革从“双基”目标走向“三维目标”，其进步是不言而喻的。从学科角度讲，“三维目标”较之“双基”更好地反映了学科的完整性和本质性。“任何学科的构成总是包含了知识、方法、价值这样三个层面的要素：其一，构成该学科的基础知识和基本概念的体系；其二，该学科的基础知识和基本概念体系背后的思考方式与行为方式；其三，该思考方式与行为方式背后的情感、态度和价值观。”（钟启泉，2011）[63] 因此，“三维目标”不是外在于学科的，而是学科内在隐含的要素和价值。从广义知识观的角度说，任何学科知识都包括知识内容、知识形式和知识旨趣三个维度或三重含义。知识内容（符号表征）的主干部分就是基础知识和基本技能，它们是一门学科中最外显的部分；知识形式（逻辑结构）是一门学科的认知方式和思维形式，是学科基础知识和基本技能形成和获得的必经的路径和方式，表现为“过程与方法”，它们是一门学科的内在构造；学科旨趣（价值意义）内在于知识内容、形式之中，表征着知识生产的目的、宗旨、理想、情感、信念与价值追求（潘洪建，2014），表现为情感态度与价值观，它们是一门学科的精神灵魂。从知识类型的角度看，“三维目标”对应着心理学所划分的事实性知识、方法性知识和价值性知识三种知识类型，三维知识是完整知识观的体现。从学生学习的角度说，“三维目标”对应着学会、会学、乐学，是学生完整学习的体现。如果说“双基”教学是“应试教育”在课堂教学中的体现，那么指向“三维目标”的教学则是素质教育在课堂教学中的落实。素质教育的核心理念就是在坚持面向全体学生的前提下，注重学生身心素质的全面发展，以及强调学生主动的生动活泼的发展。“三维目标”正是要求在学科（课程）层面促进学生主动学习和全面发展。显然，“三维目标”之于“双基”既有继承更有超越。时至今日，我们依然认为“三维目标”的改革方向是正确的，它引发了我国教育思想和教学模式的一场深刻的持久的变革，对推动教育的现代化建设功不可没。

“三维目标”导向的课程改革在理论和实践上的发展一直伴随着各种争论，在教学实践上围绕着学科性与生活性（儿童性）、重过程（多元性）与重结论（单一性）、学生自主学习（自主建构）与教师讲授指导（价值引领）等几对矛盾不断地争论和摇摆，学术界则有著名的“钟王之争”以及对“三维目标”本身的质疑。这些争论推进着课程改革的深化发展，同时也暴露出课程改革存在和生发的各种问题。研究者曾在大量调查研究的基础上总结了课程改革所取得的成绩和存在的突出问题，所谓“成也萧何败也萧何”，课程改革最根本的成绩就是“三维目标”的确立和落实，教学突破了以往“双基”的局限，走向了知识、能力、态度共同发展的方向；存在的突出问题则是“三维目标”的虚化，即基础知识与基本技能被弱化、过程与方法出现了“游离”现象、情感态度与价值观出现了“贴标签”现象（余文森，2005）。正如崔允漷教授所指出的：“十年声势浩大的课程改革所表现出来的种种证据表明，新课程所倡导的先进理念得到了很大程度的认同，但先进的理念与残酷的现实之间的‘两张皮’现象不是存在，而是十分严重。”（崔允漷，2011）[51] 为此，对课程改革的总结和反思一直持续进行，教育部也从 2004 年就开始筹划对义务教育课程标准的修订，直至 2011 年 12 月才正式颁布修订版的课程标准。这从一个侧面反映了修订过程的复杂性。

第三节　核心素养导向的课程改革

2014 年 3 月，“核心素养”首次出现在教育部颁布的文件中。在《关于全面深化课程改革落实立德树人根本任务的意见》中，核心素养被置于深化课程改革、落实立德树人根本任务关键领域和主要环节的首要位置，成为修订课程标准、研制学业质量标准的重要依据。2016 年 9 月，中国学生发展核心素养总体框架正式发布，它以培养“全面发展的人”为核心，从文化基础、自主发展、社会参与三个方面，凝练出人文底蕴、科学精神、学会学习、健康生活、责任担当、实践创新六大素养，具体细化为国家认同等十八个基本要点。核心素养总体框架的发布，引发了社会高度关注。核心素养成为中小学课程教学改革研讨的主题词。2017 年底，基于学科核心素养研制的高中各学科课程标准印发，核心素养开始进入课程，走进中小学。课程教学改革进入了发展核心素养的新时代。

那么，核心素养究竟指什么？《关于全面深化课程改革落实立德树人根本任务的意见》把核心素养的内涵明确界定为“学生应具备的适应终身发展和社会发展需要的必备品格和关键能力”。为什么是品格和能力？这是因为品格（必备品格）是一个人做人的根基，是幸福人生（道德人生）的基石；能力（关键能力）则是一个人做事的根基，是成功人生（智慧人生）的基石。品格是人作为主体最富有人性的一种本质力量，其中内蕴着人的道德性、精神性与利他性；能力则是人作为主体最引以为傲的一种本质力量，其中内蕴着人的创造性、能动性与内发性。品格和能力实际上就是德和才，一个真正的人必须是“德、才”的和谐统一。正如北宋政治家司马光所说：“才者，德之资也；德者，才之帅也。”德才兼备一向是我们育人选人用人的方向和标准。可以说必备品格和关键能力是对德才兼备的人的最准确的刻画，是对我们教育目的的最精练的概括。核心素养实际上就是对我们所要培养的人的“画像”。学科核心素养指的是该门学科对人的必备品格和关键能力形成的独特的作用和功能，它把学科课程和教学引向人的核心素养培养而不是学科本身，学科核心素养实际上就是对学科教学方向的规定。总之，核心素养就是落实立德树人根本任务的抓手。

从知识观的角度说，核心素养倡导的是一种“意义的知识观”。费尼克斯说，知识就是意义的领域，20 世纪以来哲学的一个基本走向就是迈向意义的世界。在知识的探讨上，人们开始广泛关注知识的意义向度。“意义问题已经逐渐进入人们的研究视野，并成为时代主题，生命哲学、存在主义、解释学、现象学等无不把人的意义世界作为一个基本的关注焦点。”（李召存，2006）[34] 人与知识的关系不再局限于认识关系、反映关系、理解关系和建构关系，而且强调存在关系和意义关系，即知识对于人的意义。“这种意义关系应该比认识关系更基本、更深层、更具包容度。首先，它不排斥学习者对课程知识的认识，但这种认识更强调生成性、体验性、文化性，强调学习者对知识的个人心理意义的建构。其次，更为重要的是，它强调课程知识对学习者的精神意义，强调知识的价值不仅仅在于提高认识、发展能力，更应使学习者感受到生命的充实性和意义性，能够对个体有意义的生活给予滋养、护持。”（李召存，2006）[35] 显然，知识与人的关系不仅超越了客观主义知识观，也超越了建构主义知识观。从关注知识的性质（特征）转向关注知识的意义（功能），这是核心素养形成的知识论基础。“认识是指向人本身的，即使是关于客观世界的知识，也在最终目的上指向人的精神世界的形成和改造。……人的所有认识，都是围绕着人本身而展开的。……知识本身没有目的，学习知识也不是最终的目的。求知的目的永远是对人的关切，对知识的追求本身是为了了解人所在的处境，拓展人的精神世界，丰富人的内在品质。”所以，必须“将知识的表层与人的生活、人本身联系起来，将知识回归到人身上，回到人的德性与精神世界的建构上，知识才能够获得自己的深层结构，即意义结构，人也才能同时凭借知识的意义而深化生命的意义”。（孙彩平 等，2012）[14–15] 从这个角度来说，意义的生长是教育的正当目的。

从课程观（学科观）的角度说，核心素养关注和强调的是课程（学科）的育人价值。对学科的教育价值，著名教育家叶澜教授曾有过精辟的论述：“每个学科对学生的发展价值，除了一个领域的知识以外，从更深的层次看，至少还可以为学生认识、阐述、感受、体悟、改变这个自己生活在其中并与其不断互动着的、丰富多彩的世界（……）和形成、实现自己的意愿，提供不同的路径和独特的视角，发现的方法和思维的策略，特有的运算符号和逻辑；提供一种惟有在这个学科的学习中才可能获得的经历和体验；提升独特的学科美的发现、欣赏和表达能力。”（叶澜，2002）[6] 中小学是按学科进行教学的，学科是学校教学的根本依托（凭借），甚至可以说是学校教育之本。但是传统的学科教育过度地在学科上做文章，学校和教师一直纠结于学科知识的容量（内容的多和少）、难度（内容的深和浅），教师对所教学科的知识点和训练点烂熟于心，而对学科的本质和教育价值却知之甚少，对学生通过本学科的学习要形成哪些核心素养以及怎样形成这些素养也不甚了解。这是我们目前中小学学科教育存在的深层次的问题。核心素养正是破解这个问题的一把钥匙。以核心素养为导向重新认识学科、发现学科、组织学科、建设学科是深化课程改革的重头戏。钟启泉教授从“上通下联”两个层面揭示和阐述了学科重建的思路:“其一,‘上通’——从学科的本质出发,发挥学科的独特价值,探讨同学科本质休戚相关却又超越了学科范畴的‘认知的、情意的、社会的’‘通用能力’(诸如问题解决、逻辑思维、沟通技能、元认知)的培育,进而发现学科的新的魅力与命脉。其二,‘下联’——挖掘不同于现行学科内容的内在逻辑的另一种系统性。亦即从学科的本质出发,并从学科本质逼近‘核心素养’的视点,来修正和充实各门学科的内容体系(学科固有的知识与技能),进而发现学科体系改进与改革的可能性。”(钟启泉,2017)[15]

从教学观的角度说,核心素养要求从“为了知识的教学”转向“基于知识的教学”,知识要从教学的目的和归宿转变为教学的工具和资源,知识和知识教学要服从服务于人的素养的形成和发展。知识是学校教学活动得以展开的“阿基米德点”,教学活动离不开知识,教学活动对知识具有绝对的依赖性,没有了知识,教学活动便成为无源之水、无本之木。教学无法在真空中产生,也无法脱离知识而单独存在。总之,对于教学的产生和维持,对于人的成长和发展,知识都是必不可少的养料。但是,教学绝不能止于知识,人的发展更不限于掌握知识,教学的根本目的和人的发展的核心内涵是人的素养的提升,即教学是基于知识、通过知识的学习来提升人的素养的一种教育活动。从教育思想的角度讲,我们要把“为了知识的教育”转化为“通过知识获得教育”,知识是教育活动中促进学生发展的一种文化资源和精神养料。就人与知识的关系而言,正如周彬教授所说,要从“一个人在学习学科知识”转向“一个学习学科知识的人”(周彬,2009)[19–21]。“一个人在学习学科知识”指的是学科知识成为课堂教学的中心,学生按照学科逻辑接受、复制、被动地掌握既定的学科知识,课堂学习成为一种纯粹的恪守学科知识逻辑传承学科知识的流程。这种教学把学生排斥在课堂之外,学生成了课堂的局外人。“一个学习学科知识的人”指的是人才是课堂教学的中心,学生按照自己的意愿和兴趣,从自己的生活、经验出发,通过自己的实践和认识建构自己的学科知识。从 2017 年版高中课程标准的实施建议中我们发现,以核心素养为导向的学科教学特别倡导“学科活动”“深度教学”“问题路径”“任务导向”等教学方式和策略。其中学科活动是对学科教学的本质定位,学科教学过程即学科活动特别是学的活动的过程,“素养只有在需要素养的活动中才能得到形成和发展”;深度教学指向学科的本质特别是学科的思想方法和学科的精神文化；问题路径强调的是以问题为导向和逻辑而不是以知识为导向和逻辑展开教学，从而使教学过程真正成为学生的思维过程；任务导向强调学习活动的实践性、项目性、作品性、社会性，强调培养学生解决实际问题的能力。这些教学方式和策略是对“三维目标”教学实践和“自主、合作、探究”学习的总结、提升，它们将引领学科教学从知识走向素养。

“三维目标”主要是分类学意义上的，而核心素养则主要是发生学意义上的（杨九诠，2021）。核心素养之于“三维目标”同样既有传承的一面，更有超越的一面。传承更多地体现在“内涵”上，而超越更多地体现在“性质”上。作为核心素养主要构成的关键能力和必备品格，实际上是对“三维目标”的提炼和整合，把知识与技能、过程与方法提炼为能力，把情感态度与价值观提炼为品格。能力和品格即是“三维目标”的有机统一。那么超越和创新表现在哪里呢？核心素养较之于“三维目标”究竟在认识和理论上有哪些突破？从“双基”到“三维目标”再到核心素养，其变迁基本上体现了从学科本位到以人为本的转变。“双基”是外在的，主要是从学科的视角来刻画课程与教学的内容和要求。素养是内在的，是从人的视角来界定课程与教学的内容和要求。“三维目标”是由外在走向内在的中间环节，其既有外在的东西又有内在的东西。相对于“双基”，“三维目标”理论更加全面和深入，但它依然有不足之处：其一是缺乏对教育内在性、人本性、整体性和终极性的关注，其二是缺乏对人的发展内涵特别是关键的素质要求的清晰描述和科学界定。

只有从“三维目标”走向核心素养，才能够实现教育对人真正的全面的回归。将“三维目标”融合起来，植根真实情境、经历真实实践、解决复杂问题的高级能力与人性能力，即为核心素养（张华，2023）。相对于“三维目标”，素养更具有内在性和终极性的意义。素养是人的素养，素养让我们真正从人的角度来思考教育、定位教育。素养导向的教育更能体现以人为本的思想。核心素养则是素养系统中具有根本性和统领性的成分，是人之为人之根本（“根目录”），是人各种表现的根本性因由，是人进一步成长的基础和可能，是人进一步成长的内核。关键能力和必备品格是人终身发展和可持续发展的基因、种子。抓住了核心素养，也就抓住了教育的根本。

学科核心素养既是一门学科对人的核心素养发展的独特贡献和作用，又是一门学科独特的教育价值在学生身上的体现和落实。学科核心素养是学科本质观和学科教育价值观的反映。厘清学科核心素养，清晰地界定和描述本学科对人的发展的价值和意义，体现本学科对学生成长的独特贡献，使学科教育真正回到服从服务于人的发展的方向和轨道上来。总之，只有抓住学科核心素养，才能抓住学科教育的根本。

在学科核心素养的视域下重建课程是新的课程改革的亮点。2022 年发布的义务教育课程方案和各学科课程标准充分体现“素养导向”，聚焦学生核心素养，将“核心素养内涵”作为各学科“课程目标”部分的首位内容，这标志着我国基础教育阶段课程教学目标从实现“三维目标”到发展核心素养的转变。新一轮课程改革强化了课程育人导向。各课程标准基于义务教育培养目标，将党的教育方针具体化细化为本课程应着力培养的核心素养，体现正确价值观、必备品格和关键能力的培养要求。学科核心素养是一根主线（红线），统领着学科课程知识的选择、课程内容的组织、课程难度的确定、课程容量的安排以及课程的实施和学业质量标准的确立，学科核心素养是课程标准的“魂”，课程标准因此有了“人的身影”，课程标准和学生发展融为一体。学科核心素养使课程标准的形态从教学大纲（“双基”）、内容标准（“三维目标”）走向成就标准（核心素养），即以学生应该达到的素养（成就）作为课程标准的纲领。

素质教育是一个与时俱进的命题，在不同的历史阶段有不同的着眼点、着力点。从“三维目标”到核心素养是我国当前课程改革的主旋律。今天，素质教育已经走到了提升学生核心素养的新阶段。中国学生发展核心素养和学科核心素养不仅细化了素质教育的目标和内涵，也为素质教育找准了新的生长点和立足点。

第七章

课程结构变革史

课程结构是课程各部分的配合和组织，它是课程体系的骨架，是课程体系中各要素及其所形成关系形态的总称，主要规定组成课程体系的学科门类，各学科内容的比例关系，必修课与选修课、分科课程与综合课程的搭配等，蕴含着一定的课程理念和课程设置的价值取向，实质上体现基础教育阶段为学生创设的文化生存方式。“课程的内容和结构，直接关系到人才的培养和民族素质的提高。”（白月桥，1996）[前言 1] 基础教育课程结构变革蕴含着一定的课程理念和课程设置的价值取向，实质上体现基础教育阶段为学生创设的文化生存方式之变革，影响着学生成长与发展。新中国成立以来，我国基础教育课程结构发展经历了以学科为中心的课程结构、偏重自然科学的课程结构、去中心化与综合化的课程结构三个阶段。为了有效实现基础教育课程的育人功能，建构合理的基础教育课程结构，有必要对新中国成立以来的基础教育课程结构演变历程进行回顾反思，以总结经验和探寻发展方向。

第一节　课程结构变革的基本历程

新中国成立以来，课程形态结构从整齐划一走向多样，课程知识结构从注重学科知识体系向多学科知识融合转变。基础教育课程结构随着社会经济政治发展变化，也在发生着相应的变化。课程结构的变化必须回归人，回归人的成长与发展的立场。

一、以学科为中心的课程结构（1949—1977 年）

新中国成立后，各项事业百废待兴。1949 年 12 月 23—31 日，在北京召开的第一次全国教育工作会议重申了《中国人民政治协商会议共同纲领》中

“人民政府应有计划有步骤地改革旧的教育制度、教育内容和教学法”（中共中央文献研究室，2011a）[10]的要求。结合当时的国情，我国确立了“以老解放区新教育经验为基础，吸收旧教育有用经验，借助苏联经验，建设新民主主义教育”（中共中央文献研究室，2011a）[73]的基本原则，形成了以学科为中心的课程结构。

1950年8月教育部颁发《中学暂行教学计划（草案）》，规定设置门类齐全的学科课程，包括政治、语文、数学、自然、生物、化学、物理、历史、地理、外国语、体育、音乐、美术、制图14门课程。每周教学时数约为30课时，每学年为40周。（课程教材研究所，2001a）[196]1952年3月，教育部颁布中学教学计划，进一步规范以学科为中心的课程结构，具体规定了中学的课程设置：教学时间为每节课45分钟；学生每日学习时间（包括上课及课外作业时间），初中不得超过8小时，高中不得超过9小时；每学期实际上课时间为18周，每周学习时数为32课时。设置的学科课程有本国语文、数学、物理、化学、生物、地理、历史、中国革命常识、社会科学基础知识、共同纲领、时事政策、外国语、体育、音乐、美术、制图等。（课程教材研究所，2001a）[207–209]

1952年2月5日教育部颁发“四、二旧制小学暂行教学计划”，规定四二旧制小学开设语文（国语）、算术、自然、历史、地理、体育、音乐、美工8门课程。3月，教育部颁布《小学暂行规程（草案）》，规定了五年制小学的教学计划及课程设置。教学时间为每节课45分钟，五年合计时间以每年上课38周计算。设置的课程包括语文、算术、自然、历史、地理、体育、图画、音乐。语文包括阅读、说话、作文、语法、写字。算术包括珠算，珠算在第四、五学年教学。第一、二、三学年不设常识科，教师应将自然常识、社会常识等内容在语文及其他各科教学和课外活动中进行教学。第四、五学年自然科中包括卫生常识。图画包括绘画、剪贴等。劳作在各科的实验、实习中和课外另定时间进行，不列入教学科目。（课程教材研究所，2001a）[202]1953年8月，教育部颁发试行《小学（四二制）教学计划（草案）》，进一步规定在小学主要设置语文、算术、自然、历史、地理、体育、图画、音乐等课程。

为了纠正教师、学生过多地参加社会活动和校内非教学活动的倾向，克服学校中的混乱现象，做好教学工作，提高教学效果，增进师生健康，政务院于1953年11月发布了《关于整顿和改进小学教育的指示》，做出如下规定：小学的工作和学习，应由教育行政部门统一领导布置，其他单位和团体不得直接向学校布置工作，以免妨害学校工作计划的正常进行。教师参加校内外社团活动时间，每人每月不得超过12小时，寒暑假期间不得超过整个假期的六分之一（假期集中学习包括在内）；学生参加校内外社团活动的时间，每人每周不得超过1.5小时。各地各学校应根据教育部规定的教学计划，结合当地具体情况，制定课程表及教学进度，并按照课程表与教学进度上课，建立出席检查、请假、成绩考核等制度。

1954年鉴于学生学业负担过重，教育部对中学课程做了新的调整，主要是减少课时和削减课程科目。教育部颁发的“1954—1955学年度中学各年级各学科授课时数表”规定：初中取消外语课；取消共同纲领课，改设政治常识；教学时数初中一、二年级由1953年的每周30课时、32课时减少为29课时，初三由每周32课时减少为31课时，高二由每周32课时减少为30课时。1955年7月教育部针对学生负担过重现象，专门下发《关于减轻中小学学生过重负担的指示》。在此文件精神的指导下，教育部陆续颁发了减轻学生负担、调整课程结构、减少课程总量的一系列文件，如1956年3月颁发的“1956—1957学年度中学授课时数表”、1957年6月颁发的《1957—1958学年度中学教学计划及说明》、1957年7月颁发的《1957—1958学年度小学教学计划及说明》等。

1954年2月教育部颁发《小学“四二制”教学计划（修订草案）》，这一时期小学教学计划在不断地进行调整与修订。1955年9月，教育部颁发《小学教学计划及说明》，规定小学阶段设置的课程包括语文、算术、历史、地理、自然、体育、唱歌、图画、手工劳动，其中历史、地理、自然在五、六年级开设。小学每周上课时数为24—26课时，总共上课时数为5032课时。同时，发布《关于执行“小学教学计划”的指示》，规定：小学一至六年级开设手工劳动课，以便实施基本生产技术教育。为了减轻学生负担，有效保障学生身体健康，一至四年级每周增加1节体育课，三至六年级每周上课时数减少2节。（课程教材研究所，2001a）[230-233]1956年，教育部编订并颁发了适合四二制小学使用的各科教学大纲，涉及语文、算术、历史、地理、自然、唱歌、图画、体育等 8 门课程。这是新中国以苏联小学教学大纲为蓝本而制定的第一套小学各科教学大纲。课程设置为单一的必修课，实行全国统一的教学要求。1956 年 3 月教育部颁布的“1956—1957 学年度中学授课时数表”，规定中学课程设置为汉语、文学、数学、历史、政治常识、社会科学常识、中华人民共和国宪法、地理、生物、卫生常识、物理、化学、外国语、体育、音乐、图画、制图、工农业基础知识、实习（课程教材研究所，2001a）[245–248]。

为了培养社会主义建设所需的技术人才，学校课程设置更加突出科学课程，自然科学类课程课时增多。如小学 1955 年三至六年级每周课时比 1954 年减少 2 课时，但六年级自然科却增加了 1 课时。物理学科，高二、高三年级 1956 年课时比 1955 年均有所增加。

新中国成立初期，经过改造、总结，以及吸收和借鉴苏联课程结构与设置的经验，我国规定了中小学的课程门类和形式，强调中央集中管理，全国统一，只设必修课，不设选修课，致使课程结构单一。“学习苏联的教育理论与经验在我国不过几年的时间，应当说对中国教育事业的发展和提高教育质量是起了有益的作用的。苏联的教育理论与经验本身的缺陷，而加上我们学习过程中有生搬硬套的毛病自然也带来了不少问题。”（金一鸣，2000）[136–137] 教学大纲强调正规化、统一性，模仿苏联的痕迹明显，对以往的旧课程否定较多，某些课程在一定程度上脱离了中国实际。同时，由于新中国成立不久，受旧有的残留思想影响，基础教育课程内容比较落后、陈旧，导致学生掌握知识较为片面，不能很好地适应新中国的建设和人才培养需要。

随着全国土地改革和社会主义三大改造的完成，社会主义制度在我国完全确立，为社会主义建设培养新型人才和劳动者成为我国教育的主要任务。1957 年 2 月毛泽东在《关于正确处理人民内部矛盾的问题》中提出：“我们的教育方针，应该使受教育者在德育、智育、体育几方面都得到发展，成为有社会主义觉悟的有文化的劳动者。”为贯彻这一方针和相关政策规定，培养社会急需的劳动技术人才，学校要加强劳动教育。从 1958 年开始，我国进入第二个五年计划建设时期，社会急需大量劳动技术人才。对学校课程的影响是“学校课程的大部分内容改为生产劳动，越来越多的学校建起了小型工厂”（胡森 等，2006）[164]，基础教育课程结构逐步转向以生产劳动为核心。

1958年9月中共中央、国务院发布《关于教育工作的指示》，指出：必须动员一切积极因素，多快好省地发展教育事业。在基础教育课程管理层面，开始下放管理权力，设置生产劳动课程，组织学生积极参加生产劳动。

1958—1960年，中小学校贯彻党的教育与生产劳动相结合的方针，实行勤工俭学，兴起课程和教学改革的群众运动，其中课程改革的主题是缩短学制、精简课程。1963年3月23日，中共中央发出《关于讨论试行全日制中小学工作条例草案和对当前中小学教育工作几个问题的指示》，批转下发了两个条例，其中《全日制小学暂行工作条例（草案）》共40条（简称《小学40条》），《全日制中学暂行工作条例（草案）》共50条（简称《中学50条》）。它们系统地总结了新中国成立以来，特别是1958年后的教育改革发展经验与教训，对中小学教育的任务、培养目标、教学工作、思想政治教育、生产劳动、教师等都做了全面、具体的规定。《全日制小学暂行工作条例（草案）》规定小学设置课程及课程总量。小学设有语文、算术、自然、历史、地理、生产常识、体育、音乐、图画、手工、劳动等课程。（课程教材研究所，2001a）[275]。《全日制中学暂行工作条例（草案）》规定中学设置语文、数学、外国语、政治、物理、化学、生物、历史、地理、生产知识、体育、音乐、图画等课程。在课程结构方面，为更好地适应各类高等学校的需要，发展学生的志趣和才能，高中阶段在保证学好必修课程的基础上，可以根据学校的师资、设备等条件，设置农业科学技术知识、制图、历史文选、逻辑等选修课程。高中三年级学生可以根据志愿和爱好，任选一门或两门。选修课程不进行考试。（课程教材研究所，2001a）[283] 这一规定在新中国课程历史上具有重大的历史意义，对摆脱苏联单一课程结构模式的影响，有效地提高人才培养质量，起到极其重要的作用。

二、偏重自然科学的课程结构（1978—2000年）

“文化大革命”结束后，学校教育迫切需要改变无序混乱的状态，走上正轨，从而为社会培养大批合格人才。邓小平提出“通过把我们的科学与文化发展到更高水平来坚持知识的高标准，从而提高教育的质量”（胡森 等，2006）[165]，基础教育课程建设迎来了春天。在加强学科课程教学中，数理化等科学课程得到强化，社会上出现“学好数理化，走遍天下都不怕”的口号，形成偏重自然科学的课程结构。

1978年1月，教育部颁发《全日制十年制中小学教学计划试行草案》，进行课程领域内的拨乱反正。草案重申教育方针："教育必须为无产阶级政治服务，必须同生产劳动相结合"，"使受教育者在德育、智育、体育几方面都得到发展，成为有社会主义觉悟的有文化的劳动者"。（课程教材研究所，2001a）[326] 草案还对中小学任务、学制、制定教学计划的基本原则、主学与兼学的安排、活动总量、课程设置及说明做出规定。小学设置课程8门：政治、语文、数学、外语、自然常识、体育、音乐、美术。中学设置课程14门：政治、语文、数学、物理、化学、外语、历史、地理、生物、农基、体育、生理卫生、音乐、美术。小学全年52周，每周26课时。初中全年52周，每周28课时。高中全年52周，每周29课时。保证小学生每天10小时睡眠，中学生每天9小时睡眠。（课程教材研究所，2001a）[327–329]

针对1978年颁布的教学计划在课程设置等方面存在的问题，1981年教育部根据邓小平"要办重点小学、重点中学、重点大学"的指示精神，相继颁布了《全日制五年制小学教学计划（修订草案）》和《全日制六年制重点中学教学计划试行草案》，调整了课程和课时。调整教学计划的指导思想，突出教育为社会主义现代化建设服务，主张制订教学计划时要注意小学生年龄特征，尊重教育规律。调整课程设置，小学将政治课改为思想品德课，恢复地理和历史课，增设劳动课，外语改为有条件的学校在四、五年级开设。重点中学高二、三年级开设选修课，一种是单课性的选修课，另一种是分科性的选修课。1978—1979年，教育部发布了中小学教学大纲。在数学学科中，对生产、科学、技术几乎没有什么用处的一些内容被删掉，在高中引入了新的内容，比如计算机、基础微积分、概率统计、逻辑代数。在化学和物理学科中，重点放在培养解决问题能力、实验的技能、计算的能力，以及有关现代知识的概念和理论方面等，科学与数学教育成为学校教育的主要任务。（胡森等，2006）[165]

1981年4月教育部颁布《全日制六年制重点中学教学计划试行草案》，规定：初中设置政治、语文、数学、外语、物理、化学、历史、地理、生物、生理卫生、体育、音乐、美术等课程。高中（文理综合型）设置政治、语文、数学、外语、物理、化学、历史（高一开设）、地理（高二开设）、生物（高三开设)、体育等课程，选修课高二、高三每周4课时。高中（文理分科型）文科设置政治、语文、数学、外语、化学（高二开设)、历史（高三开设)、地理、生物（高二开设)、体育等课程，理科设置政治、语文、数学、外语、物理、化学、地理（高二开设)、生物（高三开设)、体育等课程。选修课文理科各有侧重。将劳动技术纳入正式课程。(课程教材研究所，2001a）[337–342]

针对我国普通中学课程结构单一，所有学生都学习同样的课程，无个性特点的问题，从20世纪80年代初开始，各地进行课程结构变革研究，如南京师范大学附属中学经过学习、研究、论证，于1980年11月提出学校课程由必修课、选修课、劳动技术教育课三部分构成，1984年又增加社会实践课。通过改革与实验，改变课程单一化的结构，减少必修课时，增设选修学科和课外活动等，以适应人才培养，促进学生在全面发展的基础上，获得个性成长。

1983年10月1日，邓小平为北京景山学校题词“教育要面向现代化，面向世界，面向未来”，为新时期我国教育体制改革和发展指明了正确的方向。我国基础教育学校课程如何走向现代化、如何与世界科学文化技术的发展相适应、如何为未来社会发展培养人才，这些都对学校课程结构提出了挑战，从教育部到教育研究者，以及学校的办学者，都开始对学校课程结构问题进行初步的探索。根据城乡差异，1984年8月教育部颁布《全日制六年制城市小学教学计划（草案)》和《全日制六年制农村小学教学计划（草案)》，突出“三个面向”指导思想，迎接新技术革命的挑战；对城市、农村小学的数学、外语、自然常识、劳动课程提出不同要求。城市小学总课时为4964—5168课时，农村小学总课时为4930课时。(课程教材研究所，2001a）[344–349]

1986年国家出台《义务教育法》，根据《义务教育法》的规定和要求，国家教委组织人力进行义务教育教学计划的制订工作，并于同年公布了《义务教育全日制小学初级中学教学计划（初稿)》，将学制确定为五四制和六三制两种，要求初中根据条件和需要，开设职业选修课和文化选修课，发展学生的兴趣和特长。

1988年9月国家教委颁发了《义务教育全日制小学、初级中学教学计划（试行草案)》，其中规定小学设置思想品德、语文、数学、社会、自然、体育、音乐、美术、劳动、活动（自习、班队会、体育活动、兴趣活动）课程，初级中学设置思想政治、语文、数学、外语、历史、地理、物理、化学、生物、体育、音乐、美术、劳动技术、活动（时事政策、班团队活动、课外活动）课程（课程教材研究所，2001a）[350–358]。由于实行九年义务教育后，初中课程从原有的中学课程体系中分离出去，而且原教学计划中高中的课程结构也不够合理，一些学科的要求偏高，为了研究部署制订高中教学计划，国家教委基础教育司组织开展国际高中教育比较研究，形成《普通高中课程计划中外比较研究报告》，在借鉴中对课程政策进行调整与改革。国家教委于1990年颁发了《现行普通高中教学计划的调整意见》，作为新的普通高中教学计划颁发前的过渡性教学计划。其中规定全年52周，教学时间为40周。课程由学科课程和活动两部分组成，学科课程采取必修课和选修课两种形式，活动包括课外活动和社会实践活动。必修课程有政治、语文、数学、外语、物理、化学、生物、历史、地理、体育和劳动技术共11门。选修课分两种：一种是单科性选修课，在高一、高二年级开设；另一种是分科性选修课，分文科、理科、外语、艺术、体育、职业技术六类课程，在高三年级开设。（课程教材研究所，2001a）[360]

1992年国家教委颁布的《九年义务教育全日制小学、初级中学课程计划（试行）》，第一次将以往的“教学计划”改为“课程计划”，继续将活动作为与学科课程并列的课程纳入课程设置表，并采用文件的形式将活动课的名称正式确定下来，由此，学科类课程与活动类课程正式成为中小学课程的组成部分。在实践的基础上，国家教委基础教育司于1996年颁发了同义务教育课程计划相衔接的《全日制普通高级中学课程计划（试验）》。

1999年国务院批转的《面向21世纪教育振兴行动计划》提出开展课程实验，掀起了国家课程、地方课程、校本课程以及活动课程、研究性学习课程研究的热潮。各地可以根据本地实际情况和需要设置地方课程，改变了国家课程一统天下的课程结构。在中小学的课程设置上，进行了较大的改革。如小学开设综合课，初中开设选修课，活动也被正式纳入初中的教学计划。另外，允许一些地区和单位按大纲初审稿编写教材。

在这个阶段基础教育课程改革的视野扩大了，主动借鉴国际上的基础教育课程先进经验，开始关注地区差异，改变了课程行政管理“集中制”，并确立了“一纲多本”基础教育课程教材改革方略。在课程结构方面，增加了

“选修课”“活动课”等，课程结构走向多样化、丰富化。课程结构的灵活使多样化的课程实施成为可能，从而满足了社会对教育多样化的需求。同时涌现出一些课程实验，以重视学生生动、活泼、自主和个性化发展为出发点，构建了新的课程模式，形成了个性化的课程设置，为学校课程结构的改革发展奠定了实践基础。

在世纪之交，培养创新型、复合型的人才成为教育的价值追求。一方面，知识经济时代的劳动者素质和结构发生了重大变化，从储存知识变为生产知识，从机械模仿变为自主创新。国际竞争空前激烈，国际竞争突出表现为人才竞争。另一方面，根植于传统工业经济的课程结构，具有统一化、标准化的特点，这种课程结构模式不能适应知识经济时代的个性化复合型人才培养需求。实际上，课程结构承载着促进人和社会和谐发展的重要使命。如何处理好个体与社会的关系、统一性与多样性的关系、继承与创新的关系等等，是新时期课程结构改革面临的主要问题。

1999 年中共中央、国务院颁布的《关于深化教育改革全面推进素质教育的决定》指出：“调整和改革课程体系、结构、内容，建立新的基础教育课程体系，试行国家课程、地方课程和学校课程。”

三、去中心化与综合化的课程结构（2001 年至今）

“去中心化与综合化”强调该阶段课程结构不再偏向或侧重某种或某类课程，而是注重依据学生、学段特点设置课程，注重课程均衡，以培养全面发展的完善的人。

2001 年教育部颁发了《基础教育课程改革纲要（试行）》，将课程结构改革作为课程改革的六大目标之一，指出要改变课程结构过于强调学科本位、科目过多和缺乏整合的状况，整体设置九年一贯制的课程门类和课时比例，并设置综合课程，以适应不同地区和学生发展的需求，体现课程结构的均衡性、综合性和选择性。小学阶段以综合课程为主，小学低年级开设品德与生活、语文、数学、体育、艺术（或音乐、美术）等课程，小学中高年级开设品德与社会、语文、数学、科学、外语、综合实践活动、体育、艺术（或音乐、美术）等课程。初中阶段设置分科与综合相结合的课程，主要包括思想品德、语文、数学、外语、科学（或物理、化学、生物）、历史与社会（或历史、地理）、体育与健康、艺术（或音乐、美术）以及综合实践活动。积极倡导各地选择综合课程。学校应努力创造条件开设选修课程。高中以分科课程为主。为使学生在普遍达到基本要求的前提下实现有个性的发展，课程标准应有不同水平的要求。在开设必修课的同时，设置丰富多样的选修课程，开设技术类课程，积极试行学分制管理。

从小学至高中设置综合实践活动，并作为必修课程。其内容主要包括信息技术教育、研究性学习、社区服务与社会实践以及劳动与技术教育。强调学生通过实践，增强探究和创新意识，学习科学研究的方法，发展综合运用知识的能力。增进学校与社会的密切联系，培养学生的社会责任感。在课程的实施过程中，加强信息技术教育，培养学生利用信息技术的意识和能力。了解必要的通用技术和职业分工，形成初步技术能力。农村中学课程要为当地社会经济发展服务，在达到国家课程基本要求的同时，可根据现代农业发展和农村产业结构的调整因地制宜地设置符合当地需要的课程，深化“农科教相结合”和“三教统筹”等项目改革，试行通过“绿色证书”教育及其他技术培训获得“双证”的做法。城市普通中学也要逐步开设职业技术课程。

为贯彻落实《关于深化教育改革全面推进素质教育的决定》《关于基础教育改革与发展的决定》和《基础教育课程改革纲要（试行）》的精神，大力推进教育创新，教育部研制了《普通高中课程方案（实验）》和语文等 15 个学科课程标准（实验），并于 2003 年 3 月 31 日颁发，规定普通高中课程结构由学习领域、科目、模块三个层次构成。

（1）学习领域。高中课程设置了语言与文学、数学、人文与社会、科学、技术、艺术、体育与健康和综合实践活动八个学习领域。

（2）科目。每一领域由课程价值相近的若干科目组成。八个学习领域共包括语文、数学、外语（英语、日语、俄语等）、思想政治、历史、地理、物理、化学、生物、艺术（或音乐、美术）、体育与健康、技术等 12—13 个科目。其中技术、艺术是新增设的科目，艺术与音乐、美术并行设置，供学校选择。鼓励有条件的学校开设两种或多种外语。

（3）模块。每一科目由若干模块组成。模块之间既相互独立，又反映学科内容的逻辑联系。每一模块都有明确的教育目标，并围绕某一特定内容，整合学生经验和相关内容，构成相对完整的学习单元；每一模块都对教师教学行为和学生学习方式提出要求与建议。

为适应新时期全面实施素质教育的要求，国务院在2010年颁发了《教育规划纲要》，明确了新时期推进课程改革的任务要求。为进一步落实课程改革理念，教育部于2011年颁布了义务教育课程标准（2011年版），提出了坚持德育为先、各学科有机渗透，坚持能力为重、注重知行结合，坚持与时俱进、充实新思想和新内容，坚持减轻负担、控制课程容量和难度等要求。

2013年，教育部启动了普通高中课程修订工作，深入总结进入21世纪以来我国普通高中课程改革的宝贵经验，充分借鉴国外课程改革的优秀成果，努力构建具有中国特色的普通高中课程体系。

2014年3月30日教育部在《关于全面深化课程改革落实立德树人根本任务的意见》中提出“核心素养”。2016年9月，中国学生发展核心素养研究成果发布会在北京师范大学举行。按照中国学生发展核心素养目标要求，在“关注学生发展、培养学生核心素养”教育改革趋势的影响下，落实学生核心素养的一个重要方式就是基于核心素养进行课程体系改革。

2016年11月，教育部等11个部门联合颁布《关于推进中小学生研学旅行的意见》，正式从国家层面将学生研学旅行作为学校教育的一种重要形式，并以课程的方式来实施。由此，我国基础教育课程改革在新的发展平台上，迈出了关键性的一大步，促进校内外教育的整合、课内外知识能力的整合、德智体美培养目标的整合。“为了实现科学世界与教育生活世界的统一，让学生适时走出校园，将研学旅行变成学校的课程，才能使学校教育充满生机与活力。”（殷世东 等，2018）[117]

2017年9月25日，教育部发布的《中小学综合实践活动课程指导纲要》指出：综合实践活动是从学生的真实生活和发展需要出发，从生活情境中发现问题，转化为活动主题，通过探究、服务、制作、体验等方式，培养学生综合素质的跨学科实践性课程。综合实践活动是国家义务教育和普通高中课程方案规定的必修课程，与学科课程并列设置，是基础教育课程体系的重要组成部分。该课程由地方统筹管理和指导，具体内容以学校开发为主，自小学一年级至高中三年级全面实施。

2017年12月，教育部印发了2017年版普通高中课程方案和语文等学科课程标准，进一步优化了课程结构。一是保留原有学习科目，调整外语规划语种，在英语、日语、俄语基础上，增加德语、法语和西班牙语。二是将课程类别调整为必修课程、选择性必修课程和选修课程，在保证共同基础的前提下，为不同发展方向的学生提供有选择的课程。三是进一步明确各类课程的功能定位，并与高考综合改革相衔接：必修课程根据学生全面发展需要设置，全修全考；选择性必修课程根据学生个性发展和升学考试需要设置，选修选考；选修课程由学校根据实际情况统筹规划开设，学生自主选择修习，学而不考或学而备考，为学生就业和高校招生录取提供参考。四是合理确定各类课程学分比例，在毕业总学分不变的情况下，对原必修课程学分进行重构。

2019 年 6 月 11 日，国务院办公厅颁发《关于新时代推进普通高中育人方式改革的指导意见》，明确规定：各省（自治区、直辖市）要结合推进高考综合改革，制定普通高中新课程实施方案，2022 年前全面实施新课程、使用新教材；强化体育锻炼，加强美育工作，重视劳动教育等，以构建全面培养体系。同月 23 日，中共中央、国务院发布《关于深化教育教学改革全面提高义务教育质量的意见》，在突出德育实效、提升智育水平、强化体育锻炼、增强美育熏陶、加强劳动教育等方面提出了有针对性的举措，以构建德智体美劳全面培养的教育体系，为进一步完善中国特色的基础教育课程体系指明方向。

在基础教育课程改革的推动下，学校课程结构不断走向多样化、综合化和个性化。三级课程管理体制的实施使得学校有了一定的课程自主权，为学校自主规划课程创设了制度政策空间。学校和地方纷纷积极开展校本课程和地方课程开发，为学校课程结构优化改革注入了活力。如何根据办学理念，在协调处理必修与选修、综合与分科、学科与活动、知识与能力、共性与个性等多种关系中，搭建个性化、校本化的学校课程结构，是当前学校课程结构改革所面临的一项重要课题。进入新世纪以来对学校课程结构的探索，已经突破了偏向一端的二元对立思维方式，开始兼顾人、社会和知识的关系。从理论视野来看，尤其关注全体学生的发展。从具体方式来看，试图鼓励学校基于自身的发展思路自主改革和构建课程结构，走一条本土化的探索之路。

第九次课程改革优化了课程内容结构。以习近平新时代中国特色社会主义思想为统领，基于核心素养发展要求，遴选重要观念、主题内容和基础知识，设计课程内容，增强内容与育人目标的联系，优化内容组织形式。设立跨学科主题学习活动，加强学科间相互关联，带动课程综合化实施，强化实践性要求。《义务教育课程方案（2022年版）》在“课程设置”部分阐明，义务教育课程包括国家课程、地方课程和校本课程三类。国家课程设置道德与法治、语文、数学、外语（英语、日语、俄语）、历史、地理、科学、物理、化学、生物学、信息科技、体育与健康、艺术、劳动、综合实践活动等。地方课程由省级教育行政部门规划设置，原则上在部分年级开设。校本课程由学校按规定设置。专题教育以渗透为主，融合到相关科目中，原则上不独立开设。

第二节　课程结构走向综合与均衡化

课程结构所承载的意义远远超出了学校课程门类的组织形式，其更为深远的意义在于它是一种人才培养方式，是学生的生存方式。基础教育课程结构经过70余年的探索与变革，经历了以学科为中心的课程结构、偏重自然科学的课程结构、去中心化与综合化的课程结构三个发展阶段。课程结构变革的价值取向从关注学科知识转向关注人的全面发展，课程结构形式从单一学科走向课程的多样化，课程管理体制从国家集中管理转向三级管理等，形成了适合中国基础教育需要、适应新时代培养合格人才需要的具有中国特色的课程结构。

一、基于中国国情，不断调整课程结构

课程结构规定组成课程体系的学科门类，以及学科内容各要素、各成分、各部分有机结合的组织形式，体现出一定的课程理念和课程设置的价值取向，影响着人才培养目标和质量。新中国成立初期，“我国照搬了苏联教育过分强调集中、过分强调统一的做法，在一段时间内，对于充分发挥地方和学校的积极性重视不够。在课程设置上，一度停开了中学的政治课，只在高三设宪法课；把中学的语文课分设为文学课和汉语课；中学外语课只开俄语课，大量停开英语课等，都不符合我国学校的实际”（卓晴君 等，2000）[82]。中国的基础教育课程结构，必须从中国基础教育的实际情况出发，才能培养中国所需要的合格人才。

从新中国成立到1952年，基础教育课程体系与结构发生了重大的变化。为了适应中国基础教育发展需要，在借鉴苏联课程经验的基础上，我国对课程进行调整，力求建立本土化的课程体系。如设置“中国革命常识”“社会科学基础知识”“共同纲领”和“时事政策”4门课程；将原来“自然”和“生物”合并为“生物”课，分为“植物”“动物”“生理卫生”“达尔文理论基础”。在课时安排上，总体课时减少，每学期上课周数由20周改为18周，中学6年的总课时由1950年的7200课时减少到6876课时。课程结构和比例有所优化。如物理、化学两科改为由初二至高中连续开设，消除了原来衔接不良的弊端。“制图”课时增加，体现了课程与实际的联系在加强。（张建文，2011）[128]

1955年，为了减轻学生学业负担和夯实中小学生的基础知识，我国对课程及学时进行了调整。与1952年的小学教学计划相比，1955年教学计划在学制、课程设置和时间安排等方面都有较大变动；一是学业年限由5年延长为6年，保证学生基础知识的掌握更加牢固；二是课程设置由8门增加为9门，增设了“手工劳动”课，进一步体现了教育与生产劳动相结合的要求；三是将原来的“音乐”改为“唱歌”，课外活动中包含了“生产劳动”；四是减少了每周上课的时数和年授课周数，但毕业总课时数有所增加。（张建文，2011）[136]

1956年的教学计划首次设置了基本生产技术教育科目。初高中增设了实习，规定初中进行教学工厂实习和实验园地实习，高中进行农业实习、机器学实习和电工实习，初三增设工农业基础知识等。1963年颁布的中小学教学计划，首次在高中三年级设置选修课，上学期每周2学时，下学期每周5学时。这一时期初步形成了比较全面的中学课程体系。

“文化大革命”以后，国家出台一系列基础教育课程文件，进一步规范基础教育课程体系、完善课程结构。

（1）统一了学制，即五五学制。统一规定全日制中小学学制十年，小学五年，中学五年，从而结束了全国形式各样的学制规定。

（2）恢复了分科课程模式和开设的主要课程，颁布了全国统一的教学大纲。小学阶段开设语文、数学、体育、音乐、美术，小学三年级增设英语，小学四年级增设政治和自然常识等课程。中学开设政治、语文、数学、外语、物理、化学、地理、历史、生物、农基、生理卫生、体育、音乐和美术14门课程。这套课程方案对课程进行了全面恢复，显现出尊重学科地位、强调科学知识、注重发展学生基础知识与基本技能的特点。

20 世纪 80 年末 90 年代初，基础教育课程结构进行了进一步调整，活动课程成为基础教育课程体系重要的组成部分，使单一学科课程一统天下的局面有所松动。课程设计理念有了新的发展。1990 年国家教委出台了《现行普通高中教学计划的调整意见》，指出普通高中学科课程在必修课为主的原则下，适当增加选修课。2003 年 3 月，教育部印发《普通高中课程方案（实验）》，对高中课程做进一步规定，高中课程由必修课和选修课组成，必修课旨在保证所有高中生都达到共同要求，选修课旨在适应学生不同潜能和发展的需要。其目的在于，使必修课程与选修课程相结合、必选课程与任选课程相结合、显在课程与潜在课程相结合，同时“融科学与人文为一体，开展综合教学”（殷世东，2018）[240]，以满足学生在不同学习领域、不同科目中加深和拓宽学习内容的需要，促进学生差异化发展。

二、基于人才培养需要，形成三级课程管理体制

我国幅员辽阔，各个地区有明显的差异性。从地理位置和经济发展状况看，分为沿海经济发达地区、相对发达的中原地区、西部欠发达地区三大区域。不同的经济发展水平和发展模式，需要具有不同文化知识结构的人才。根据区域经济发展的情况选择相应的课程，才能培养适应区域经济社会需要的人才。因此，必须根据区域差异适时改革基础教育课程结构，构建完善的课程体系，以有利于不同地区根据自身的需要做出选择。也就是说，“在统一性和多样性两个方面继续探索与改革，努力构建更加适应我国文化传统和当代国情的基础教育课程体系”（龙安邦 等，2019）[17]。不论国家课程还是地方课程，在课程门类及其关系方面都应适应每一所学校的文化特殊性，学校有必要也有能力根据本学校的教育理念对国家课程和地方课程进行再开发，创造性地实施国家课程、地方课程和校本课程。

三级课程管理是权力和责任的再分配，由三级权力主体构建。国家制定基础教育课程计划，审议省级教育行政部门上报的课程实施方案，评估全国范围内的课程质量。地方开发地方课程，指导学校校本课程的开发。学校是教育真正发生的地方。学校开发校本课程，根据国家宏观教育政策，实施课

程。课程决策权由中央下放到地方，形成了国家课程、地方课程和校本课程的课程构成，以及国家、地方和学校三级管理的课程运行机制，推动了我国课程民主化、科学化的建设，形成了根据我国各地区、各学校在文化特点和实际需要上的显著差异，构建更具开放性和适应性的课程体系的中国特色和经验。

课程结构与课程功能是相互依存、相互制约的关系。合理的课程结构才能产生理想的课程功能。因此，必须加强对课程结构的研究，全面优化课程的结构。“中小学课程结构是否实现了整体优化，其标志是看它是否做到了德智体美与劳动、技术、职业教育相结合，学科类课程与活动类课程相结合，分科课程与综合课程相结合，学期课程与短期课程相结合，必修课程与选修课程相结合，必选课程与任选课程相结合，显在课程与潜在课程相结合。”（魏国栋 等，2004）[376] 因此，必须将不同类型的课程有机结合起来，在不同的学段设计不同的课程结构，如小学以综合课程为主，初中与高中适当进行分科设计；将必修课、选修课以及短期补充课结合起来，如高中阶段增加更多的选修课程，以利于学生根据自己的能力选择相应的课程学习；将国家课程、地方课程和校本课程结合起来，根据区域经济社会发展以及学生成长与发展的需要设置课程结构。经过长期的探索与实践，构建体现我国各地区、学校文化特点和实际需要，具有开放性和适应性的中国特色课程体系。

第三节　课程结构变革的经验与思考

课程结构变革与发展是推动课程变革与发展的外在力量，课程结构关系到课程发展的命脉，课程结构内部的矛盾运动是课程变革与发展的动力。通过课程结构及其内部矛盾变化，推进课程变革与发展，是具有中国特色的课程结构变革经验。

一、基于人的全面发展，优化课程结构

新中国成立后，不同时期对教育目的的表述不尽相同，但基本精神是一致的：培养全面发展的人。理论基础始终是马克思主义关于人的全面发展的学说。1951 年 3 月第一次全国中等教育会议提出：“普通中学的宗旨和教育

目标，必须符合全面发展的原则，使青年一代在智育、德育、体育、美育各方面获得全面发展，成为新民主主义社会自觉的积极的成员。”（何东昌，1998）[87]根据相关要求，中小学设置了门类齐全的课程，小学设置了语文、算术、自然、历史、地理、体育、图画、音乐。语文包括阅读、说话、作文、语法、写字。算术包括珠算，珠算在第四、五学年教学。第一、二、三学年不设常识课，教师应将自然常识、社会常识等在语文及其他学科和课外活动中联系教学。第四、五学年自然科中包括卫生常识。图画包括绘画、剪贴等。劳作在各科的实验、实习教学中和课外另定时间进行，不列入教学科目。中学设置了本国语文、数学、生物、化学、物理、历史、中国革命常识、社会科学基础知识、共同纲领、时事政策、地理、外国语、体育、音乐、美术、制图等课程。

1956年根据相关政策文件，中小学又设置了基本生产技术教育科目。初高中增设了实习，规定初中进行教学工厂实习和实验园地实习，高中进行农业实习、机器学实习和电工实习；初三增设工农业基础知识。

1978年修订通过的《中华人民共和国宪法》中规定：“教育必须为无产阶级政治服务，同生产劳动相结合，使受教育者在德育、智育、体育几方面都得到发展，成为有社会主义觉悟的有文化的劳动者。”（何东昌，1998）[1600]同年中小学课程设置进一步调整与优化，小学设置政治、语文、数学、外语、自然常识、体育、音乐、美术等课程，中学设置政治、语文、数学、物理、化学、外语、历史、地理、生物、农基、体育、生理卫生、音乐、美术等课程，以利于学生全面发展。

1995年颁布的《中华人民共和国教育法》第五条中规定：“教育必须为社会主义现代化建设服务，必须与生产劳动相结合，培养德、智、体等方面全面发展的社会主义事业的建设者和接班人。”1999年6月发布的《关于深化教育改革全面推进素质教育的决定》指出：“以培养学生的创新精神和实践能力为重点，造就‘有理想、有道德、有文化、有纪律’的、德智体美等全面发展的社会主义事业建设者和接班人。”2001年5月《关于基础教育改革与发展的决定》明确提出“坚持教育必须为社会主义现代化建设服务，为人民服务，必须与生产劳动和社会实践相结合，培养德智体美等全面发展的社会主义事业建设者和接班人”。2004年3月国务院批转教育部《2003—2007年教育振兴行动计划》，其中明确提出：全面贯彻党的教育方针，以培养德智体美等全面发展的一代新人为根本宗旨，以培养学生的创新精神和实践能力为重点，继续全面实施素质教育，深化基础教育课程改革。

教育面对的是一个个具有独特个性的学生，教育的根本目的和内在价值是促进每一个人的个性发展。衡量课程改革成败的基本标准是看它是否促进了学生的个性发展。课程结构具有选择性，才能适应学生的个性差异。基础教育课程结构必须进行整合与优化，走课程综合化的道路。“为了实现基础教育培养目标，培育学生发展核心素养，促进中小学生身心和谐发展，需要建构更为完善的基础教育课程体系。就中小学课程而言，需要进一步多样化、综合化，以提升学生综合素养”（殷世东 等，2018）[116]，从而充分发挥课程结构整体育人的功能，实现课程育人目标。

二、以系统论为指导，整合与优化课程

世界是普遍联系和永恒发展的，世界是一个系统，是由相互联系、相互制约的若干组成部分结合在一起从而具有特定功能的有机整体。只有建立系统内部诸要素的联系，才能保证系统的完整性。系统的各要素通过结构才组织成一个整体系统，结构愈合理，系统的各个部分的相互作用就愈协调，系统在总体上才能达到最优。如果不是结构优化的整体，它充其量只能等于甚至小于各部分之和。

基础教育课程也是一个系统，涉及课程目标、课程内容、课程开发，以及教学、师生关系等各个方面；包括学科课程与活动课程、必修课程与选修课程、显性课程与隐性课程等等，不同类型的课程具有各不相同的价值。总之，基础教育课程是由许多组成部分（或要素）构成的一个系统。只有处理好基础教育课程内部诸要素之间的关系，才能促进学生知识与经验的结合，发挥基础教育课程结构的整体优化功能。

不同类型的课程，承载着不同的价值和育人功能，有着各自的优势与弊端，优化组合、取长补短，才能发挥课程育人的最大功效。学科课程强调学科知识的逻辑性，形成封闭的知识系统，一个个彼此分离的、孤立的知识单元虽然容易组织教学，教学效率较高，但也会导致缺乏整体的教学，难以满足学生的需求，使学生获得综合的认识，不利于学生的全面发展和人格健全。

综合课程打破了各学科的框框，强调知识综合，有利于提高学生综合素养和能力。由于每门学科都有特殊的对象，有各自的观察方法、研究方法，拥有各自固有的系统或秩序，因此在实施综合课程时，应超越学科教学的局限，进行整合与优化，使学生获得整体认识。

单一的学科课程或综合（活动）课程不可能塑造全面发展的学生。“如果说课程结构是学科核心素养的‘支架’，那么课程内容就是学科核心素养的‘载体’。课程内容的选择和组织是关乎学科核心素养体现和落实的最重要问题，必须打破传统的学科本位和知识中心倾向，确立促进学生学科核心素养形成的内容标准并进行课程内容的选择与完善。”（余文森，2018b）[134] 因此，必须整合与优化基础教育课程，逐步突破学科之间的界限，用整体化的观点推进学科课程内容综合化、课程协同化，进行跨学科课程内容设计，建立不同学科领域知识间的联系，实现知识与生活的整合。

随着我国教育改革的深入，课程综合化、课程类型多样化，以及结构的完整与均衡必将成为我国基础教育课程的发展趋势。

第八章

课程实施变革史

课程实施是将编制好的课程计划付诸实践的过程，是实现预期的课程理想、达到预期的课程目的、获得预期的教育结果的手段。课程实施作为课程改革过程中的重要组成部分，不仅是课程改革的重要范畴，也是影响课程改革成败的关键性因素。实施者以不同的态度和方式参与课程实施，影响着课程目标的实现。在基础教育课程实施的过程中，由于对基础教育课程方案和课程实施过程本质的认识和理解等不同，形成了不同的课程实施的价值取向。我国基础教育课程实施主要有忠实取向、调适取向和创生取向等三种基本价值取向，相应地，形成课程实施的忠实取向阶段、调适取向阶段和创生取向阶段。

第一节　课程实施变革的基本历程

课程实施的过程不仅仅是课程方案付诸行动的过程，也不仅仅是教师教的过程，更重要的是学生学的过程。新中国成立以来，在不同的历史阶段，基础教育课程实施有着不同的特点。

一、忠实取向的课程实施阶段（1949—1977 年）

从新中国成立之初到改革开放前这一时期，由于受苏联教育理论的影响，学者们主要研究教学论，很少涉及课程论方面的研究。在这一时期，人们往往简单地认为课程实施就是教学，是在教学中发生的。虽然这一阶段国内缺乏专门涉及课程实施的研究，也没有明确以“课程实施”为名进行研究的课题，但这并不意味着课程实施就不存在或者没有发生，其主要体现在课程政策的制定与执行中。因此，我们可以从课程政策的制定与执行入手，研究课程实施的发展历程。

在这一阶段，课程改革的核心政策文本主要有1950年颁布的《中学暂行教学计划（草案）》、1952年颁布的《小学暂行规程（草案）》和《中学暂行规程（草案）》、1963年颁布的《全日制小学暂行工作条例（草案）》《全日制中学暂行工作条例（草案）》和《关于实行全日制中小学新教学计划（草案）的通知》。其中，1952年颁布的《中学暂行规程（草案）》第十六条指出："中学所用各种课本须采用中央教育部审定或指定者。"（课程教材研究所，2001a）[209] 1963年颁布的《全日制中学暂行工作条例（草案）》第一章规定："全日制中学必须根据中华人民共和国教育部……统一规定的教学计划、教学大纲和教科书进行教学"，"对教学计划、教学大纲和教科书，地方教育行政部门和学校不得任意修改；如果确有修改的必要，必须由省、市、自治区教育行政部门报教育部批准"。（课程教材研究所，2001a）[282-283]

这一时期的各种课程政策均是由国家统一制定、颁布与实施的，且主要侧重于教学大纲、教学计划的研究与制定以及教科书的编写等工作，几乎没有重视过课程实施问题。虽然一些课程专家学者认识到课程改革目标的落实问题，但是更倾向于研究课程本体论问题，更重视研究课程设计与开发，认为课程实施是自然而然、顺理成章的事情，很少去做研究与阐释。而教育主管部门、学校及教师严格地按照教学计划设置的课程和编写的教材等开展教学，高效地不折不扣地执行国家相关教学计划和方案。在执行与实施的过程中，强调课程设计的优先性与重要性，强调事前规划的教学计划和方案的示范作用，不鼓励或不允许教师在课堂教学中修改课程内容，形成了全国统一大纲、统一课程、统一教科书等大统一局面。

忠实取向的课程实施适应了新中国成立初期快速稳定教育质量的需要，具有一定的积极价值，但随着经济社会快速发展，把课程实施看成落实预定课程计划的机械、线性的过程，对课程实施者的主动性认识不足，容易陷入机械主义和教条主义的泥潭，难以为社会培养大批急需人才。

二、调适取向的课程实施阶段（1978—2000年）

20世纪70年代波及全球的"学科结构运动"引起了我们对课程实施的关注，结合对新中国成立以来的几次课程改革的深刻反思，课程实施逐渐成为基础教育课程与教学研究者关注的重要领域。

改革开放初期，我国课程理论研究的重点是引进、介绍、评价国外有关课程研究的理论与实践。此时课程实施并未成为课程理论研究者所关注的重点，且当时仍然将课程实施看作在教学中理所当然发生的过程，并没有专门的解释与说明。随着国内学者继续对国外课程理论与实践的介绍与阐释，以及课程论研究的不断发展，课程实施开始进入我国学者的研究视野。有学者认为课程编制过程中要考虑实施中遇到的问题（戴伯韬，1981），也有学者将课程实施与课程编订放在统一的课程体制范畴中（陈侠，1983）。

20 世纪 80 年代中期，随着课程改革的继续深入，有学者开始关注我国中小学课程实施中存在的问题，指出其存在严重的自由主义倾向，并提出为保证课程实施，要与教师相结合、改革教学管理、加强督导评估等建议（贺曼华，1985）。随后，在对课程实施继续深入研究的基础上，学者们发现课程实施与教学并不是等同的关系，由此，学者们对课程实施与教学关系的理解更加完善、更加合理，对课程实施的内涵有了初步的理性认识。

80 年代末，有关课程实施的研究有了进一步的发展，且形成了与之有关的课程理论著作，其中最具代表性的是陈侠的《课程论》和钟启泉的《现代课程论》，两部著作均对课程实施进行了深入研究，纠正了人们以往对课程实施理解的误区与偏差，标志着我国课程实施研究的正式起步。

这一时期，有关课程政策继续推动着课程实施的发展，学术界开始关注课程实施的理论层面问题，并致力于本土化的深入研究，而实践层面的发展与研究也在积极推进，课程实施进入相互调适的探索与发展阶段。

1978 年颁布的《全日制十年制中小学教学计划试行草案》和《全日制中学暂行工作条例（试行草案）》、1981 年颁布的《全日制六年制重点中学教学计划试行草案》和《全日制五年制中学教学计划试行草案的修订意见》，依然规定各类主体严格按照教学计划的规定进行相关活动。1985 年中共中央颁布的《关于教育体制改革的决定》首次提出“实行基础教育由地方负责、分级管理的原则”，明确“基础教育管理权属于地方。除大政方针和宏观规划由中央决定外，具体政策、制度、计划的制定和实施，以及对学校的领导、管理和检查，责任和权力都交给地方”，为课程实施提供了发展空间和保障。

进入 20 世纪 90 年代后，课程实施在政策、理论和实践研究领域取得了突破性的发展。

首先，在政策层面，1992 年国家教委发布《九年义务教育全日制小学、初级中学课程方案（试行）》，明确规定在实施本课程方案时，要同时使用根据课程方案编写的教材。各地要认真组织指导学制、课程、教材、教学方法和考试、考查的改革试验。同时，这次颁布的课程计划首次将“活动”纳入学校课程。因此，这一时期有关活动课程实施的研究比较多，从不同方面对活动课程的实施问题做出了深入的探讨。1996 年《全日制普通高级中学课程计划（试验）》提出“普通高中课程由中央、地方、学校三级管理”（课程教材研究所，2001a）[402]。1999 年《关于深化教育改革全面推进素质教育的决定》强调“调整和改革课程体系、结构、内容，建立新的基础教育课程体系，试行国家课程、地方课程和学校课程”，进一步扩大了课程实施的空间，为课程实施的有效推进提供了更好的平台。

其次，在理论研究层面，这一时期研究者关于课程实施的研究还是比较多的，研究的重点主要集中在课程实施的内涵、价值取向、影响因素、研究方法等方面。第一，关于课程实施内涵的研究，主要有两种观点：一是把课程实施看作课程变革过程的一个重要组成部分，认为课程实施是将课程计划或方案付诸实践的过程。如张华（1999）[28] 认为，课程实施是把某项课程变革计划付诸实践的具体过程。施良方（1996）[128–147] 认为，课程实施是指把新的课程计划付诸实践的过程。课程实施研究所关注的焦点是课程计划实际发生的情况，以及影响课程实施的种种因素。二是认为课程实施实际上也就是教学，教学是课程实施的主要途径（黄甫全，2000）。第二，关于课程实施价值取向的研究，其中既有“二取向”论，又有“三取向”论，前者表现为忠实观和相互调适观，后者表现为忠实观、调适观、缔造观。“三取向”论最为典型、最具代表性，是大多数学者所赞同的观点。第三，关于课程实施影响因素的研究。有学者认为影响课程实施的因素包括课程改革的特征、地方条件、地方策略、外界因素四方面（江山野，1991a）[156–165]。施良方（1996）[145–147] 认为课程实施的影响因素主要包括课程计划本身的特性、交流与合作、课程实施的组织和领导、教师的培训、各种外部因素的支持五个方面。第四，关于课程实施研究方法的研究。有学者认为课程实施的研究方法，主要有观察、调查、访谈和内容分析。具体采用哪种研究方法，需要根据研究主体的性质确定，不能局限于一种或某几种方法。这一时期对课程实施的研究还涉及不同类型的课程，主要有活动课程实施、潜在课程实施、综合课程实施，并取得了一定的研究成果。此外，这一时期还出版了许多与课程实施相关的著作，如靳玉乐的《现代课程论》、施良方的《课程理论——课程的基础、原理与问题》以及钟启泉、张华的《课程与教学论》等，这些著作都把课程实施单独列章进行研究。

最后，在实践领域，研究者主要探讨课程在学校中实施的具体问题。最为典型的是对活动课程实施、综合课程实施、地方课程实施及校本课程实施的深入探讨。这一时期基础教育课程实施改变了忠实取向的单向传递、接受，注重课程设计人员与课程实施者双向的互动与改变，采用最有效的方法以促进基础教育课程有效实施。课程方案在实施的过程中必须根据学校教育的实际情况加以弹性调整。此外，还有学者对中小学课程改革以及课程实验、有效实施课程计划的问题进行深入研究，开展了对地区中小学课程实施情况的调查与研究。如上海市在全面推行国家教委制定的《九年义务教育全日制小学、初级中学课程计划（试行）》和上海市制定的中小学课程教材改革方案之后，于 1995 年对本市百所小学的活动课实施情况进行调查，发现在课程实施中，各校实际的活动课总量未达到规定的一半，一般小学和薄弱小学情况更为突出（《小学活动课程实施中的问题研究》课题组，1996）。值得注意的是，这一时期各地区还积极实施九年义务教育课程方案，并在实施课程方案的过程中逐步使得课程实施不断发展与完善。事实上，课程方案和教学计划在付诸实施的过程中，必须根据教学情境的变化而变化，以适应各种具体实践情境的特殊需要，同时，既有的课程实践和教学过程也必须发生变化，以适应课程方案的特定要求。因此，在课程实施的过程中，课程方案和教学计划经过修正和相互调适才能适用于特定而变化的课堂教学情境，才能使学生的学习获得最大的效能。

基础教育课程改革与实施是一种复杂的、非线性的和不可预知的过程，而不是预期目标与规划方案的线性演绎过程。基础教育课程在实施过程中，需要针对具体教育教学情境，如社区条件、学校情境、师生特点等进行调适，寻找最佳契合点，以保证基础教育课程有效实施，实现理想的育人目标。

三、创生取向的课程实施阶段（2001 年至今）

创生取向的课程实施突出了教师和学生作为课程开发与创造主体的交互主体性，给予了教师和学生更大的自由空间，其不仅从整体视角确立了三级课程实施制度，鼓励教师积极参与课程实施，而且在实践之维突出了学生的自主性和发展性，强调让学生个体获得全面发展。

在第八次基础教育课程改革的影响下，人们逐渐认识到对课程实施的研究不仅应关注课程方案的落实，还要研究学校和教师在执行具体课程的过程中，是否按照实际的情况对课程进行调适以及影响课程改革的因素（马云鹏等，2002）。从总体上看，这一时期，有关课程实施的研究，既有政策层面的变革，又有理论层面的探索及对实践探索的思考，使得课程实施的研究与发展进入全面深化和创生取向阶段。

首先，在政策变革层面，2001 年随着《关于基础教育改革与发展的决定》《基础教育课程改革纲要（试行）》相继颁布，我国正式确立了国家、地方、学校三级课程管理制度。一方面，国家统一规定课程培养目标，负责制定与编写国家课程标准、审定各科教材，总体上采取“自上而下”的实施模式；另一方面，在课程实施途径上，国家课程是通过学校课程来最终落实的。在地方课程实施中，广义的地方课程实施是国家课程在地方的实施，狭义仅指地方自主开发课程并在本地实施（许洁英，2005）。在学校课程实施中，学校实施的课程不仅包括国家课程、地方课程，也包括学校自己开发的校本课程。

2003 年 3 月 31 日，教育部研制颁发了普通高中课程方案（实验）和语文等学科课程标准（实验），明确提出普通高中课程实施措施。一是强调合理而有序地安排课程，保证每个学生有必要的体育、艺术等活动时间，同时鼓励学生按照自己的兴趣和需要继续修习某些课程。二是建立选课指导制度，引导学生形成有个性的课程修习计划。班主任及其他教师有指导学生选课的责任，要为学生形成符合个人特点的、合理的课程修习计划提供指导和帮助。三是建立以校为本的教学研究制度，鼓励教师针对教学实践中的问题开展教学研究，重视不同学科教师的交流与研讨。四是充分挖掘课程资源，建立课程资源共享机制，同时大力加强校际之间以及学校与社区的合作，充分利用职业技术教育资源。五是建立发展性评价制度，实行学生学业成绩与成长记录相结合的综合评价方式。

2017 年 12 月 29 日，教育部发布 2017 年版普通高中课程方案和语文等学科课程标准，对学校的课程实施规划权力和内容做了详细的规定，进一步为学校课程实施“赋权增能”。

2019 年 6 月 11 日，国务院办公厅颁发《关于新时代推进普通高中育人方式改革的指导意见》，规定：强化综合素质培养。改进科学文化教育，统筹课堂学习和课外实践，强化实验操作，建设书香校园，培养学生创新思维和实践能力，提升人文素养和科学素养。强化体育锻炼，加强美育工作，重视劳动教育等。优化课程实施。同月 23 日，中共中央、国务院发布《关于深化教育教学改革全面提高义务教育质量的意见》，对突出德育实效、提升智育水平、强化体育锻炼、增强美育熏陶、加强劳动教育等方面提出了有针对性的举措，以构建德智体美劳全面培养的教育体系。要求推进“教育 + 互联网”发展，按照服务教师教学、服务学生学习、服务学校管理的要求，建立覆盖义务教育各年级各学科的数字课程资源体系，为进一步完善中国特色的基础教育课程体系指明方向。

2022 年 3 月 25 日，教育部印发 2022 年版义务教育课程方案和课程标准，在课程实施方面，强调省级教育行政部门要统筹规划三类课程的实施，科学制定本省（自治区、直辖市）义务教育课程实施办法。省级义务教育课程实施办法要准确落实培养目标、基本原则、课程设置等方面的要求，严格落实国家课程；结合本地实际，组织指导地方课程建设，明确校本课程建设基本要求，严把政治关、科学关；加强组织领导，强化条件保障，在明确统一要求的前提下，为学校课程改革保留空间。学校依据省级义务教育课程实施办法，立足本校办学理念，分析资源条件，制订学校课程实施方案，注重整体规划，有效实施国家课程，规范开设地方课程，合理开发校本课程。

在理论研究方面，研究者认识到课程不是被传递的教材或课表，不是理所当然的命令与教条，而是需要加以质疑、批判、验证和改写的假设。因此，理想的课程实施不应是在实施之前就固定下来的，课程方案和课程计划只是师生在具体的课堂情境中开展共同合作、经验创生时选择的工具。课程实施本质上是在具体的课堂情境中“创生”新的教育经验的过程，是一种情境化、人格化的过程。同时，强调“教师即课程”，认为教师是决定课程实施成败的关键角色。教育政策的颁布，以及课程方案和各学科课程标准的制订，只是课程改革的第一步。课程方案需要身处一线的教师理解、认同与推行，没有一线教师的参与推行，再好的课程方案也只能是空中楼阁。必须改变认为课程知识是由专家、学者开发与编制出来的，教师只是课程方案和课程内容的传递者等传统观念。专家设计的课程方案和教学计划只是一种暂时性的假设，在具体的课程实施过程中，教师需要结合具体的教学情境，以及学生的身心发展特点，与学生对话，引导学生结合自己的经验，对课程内容进行重新编制，在观察、实验、分析、对话和争论中建构知识，形成能力，促进个体成长与发展。在课程实施的过程中，教师是学习者、反思者、课程设计者和课程开发者，学生既是学习者，也是课程开发者。课程创生促进课程得到高效的实施。

研究者还提出将课程实施视作一种课程实践活动，不仅是将课程理论转化为课程实践的活动（靳玉乐，2001a），也是教师的情境性实践活动（张增田 等，2004），还是课程文本在形式上的实践转换过程（孙平，2007）。随着核心素养的提出，有学者从核心素养的角度对课程实施做了深入的阐释，认为课程实施的价值诉求便是学科核心素养的培养（吕立杰 等，2017）。还有学者从教师的角度出发，认为教师在课程实施中具有不容忽视的作用，需要提升教师课程实施力（许大成，2016），要以教师为主体，让教师参与有意义的课程变革（于泽元 等，2007）。从学生角度出发，有研究者认为，提高学生在课程实施中的参与度已成为实际教学中实现主体性教育目标的一个重要切入点（任兆平，2013）。

在实践探索层面，研究主要集中在课程实施的现状、问题与对策等方面。如有研究者对某省份的三级课程实施状况进行了考察，发现三级课程并没有得到切实实施（于影丽，2006）。还有学者以北京市为例，对普通高中课程改革的实施做了调查研究，从颁布、完善课程改革政策到引领重点、调整关注点，再到调整课程结构与设置等方面，全面总结了北京市普通高中首轮课改的渐进实施过程（孙素英，2011）。有学者利用问卷和访谈的方式，深入调查了浙江省普通高中选修课程开发与实施的成绩和问题，在此基础上提出建议（黄晓 等，2015）。有研究者对成都市中小学综合实践活动课程开展情况进行了调查研究，发现综合实践活动课程实施的主要问题在于缺少专业指导，缺少政策支持和经费保障，课程实施工作量大、压力大，教师积极性不高，社会及家长不理解、不支持以及学校不重视（史玉 等,2019）。实践领域的发展，不仅为我国课程实施提供了借鉴，也对课程改革的进一步推进产生了积极的影响和作用。

总之，创生取向的课程实施突出了教师与学生在课程开发与研制方面的重要作用，有助于打造具有生命力的课堂，有利于引导师生在交融互动中通过理解融入课程、经由思索超越课程、通过催化创生回归课程。

第二节　课程实施中的学习方式变革

综观课程实施 70 余年的发展历程可以发现，我国基础教育课程实施经历了忠实取向、调适取向、创生取向三种价值取向的变革，蕴含着从“技术理性”到“实践理性”再到“解放理性”的追求，体现了课程实施与变革的发展方向，从教课程到用课程教，从注重教课程的方式转变为关注学课程的方式等，也形成了中国基础教育课程实施的基本经验。从某种层面上看，学习方式的变革是基础教育课程实施的关键因素。

课程实施的过程不仅仅是课程方案付诸行动的过程，也不仅仅是教师教的过程，更重要的是学生学的过程。我国的基础教育课程改革始终关注学生学习方式的变化，认为学生学习方式的变革是课程有效实施的关键。新中国成立以后，在很长一段历史时期内，课程实施是一种忠实取向的课程实施，按照教学计划设计课程，按照教学大纲和教科书传承知识和开展教学，课堂教学模式基本上是灌输—接受，学生完全处于被动接受的状态。课堂中注重教师的教，教师注重的是把知识、结论准确地教给学生，学生学习过程变成了书本知识复制与记忆的过程或掌握一种操作技能的过程，导致学生缺乏创新精神和创新能力。为此，在课程实施的过程中，逐步改变接受学习，倡导启发式教学，注重因材施教。只有改变学生的学习方式，才能真正地转变课程实施价值取向，发挥课程育人的实然功效。

每一次教学计划或课程方案改革都或多或少地关注学生学习方式变革。2001 年，教育部印发的《基础教育课程改革纲要（试行）》中指出：“改变课程实施过于强调接受学习、死记硬背、机械训练的现状，倡导学生主动参与、乐于探究、勤于动手，培养学生搜集和处理信息的能力、获取新知识的能力、分析和解决问题的能力，以及交流与合作的能力。”在课程实施的过程中，要求变革学生的学习方式，即要转变在一些课堂中存在的单一、被动与封闭的学习方式，提倡和发展多样化的学习方式，提倡自主、探究、合作的学习方式，让学生成为学习的主人，令学生的主体意识、能动性和创造性不断得到发展，培养学生的创新精神和实践能力，促进学生知识与技能、情感态度与价值观的整体发展和健康成长。

联合国教科文组织编写的《反思教育：向“全球共同利益”的理念转变？》一书强调：“学会如何学习从来没有像今天这么重要。”（联合国教科文组织，2017）[41] 2019 年 6 月 11 日，国务院办公厅颁发《关于新时代推进普通高中育人方式改革的指导意见》，明确指出：深化课堂教学改革，积极探索基于情境、问题导向的互动式、启发式、探究式、体验式等课堂教学，注重加强课题研究、项目设计、研究性学习等跨学科综合性教学，认真开展验证性实验和探究性实验教学。提高作业设计质量，精心设计基础性作业，适当增加探究性、实践性、综合性作业。积极推广应用优秀教学成果，推进信息技术与教育教学深度融合，加强教学研究和指导。同月 23 日，中共中央、国务院发布《关于深化教育教学改革全面提高义务教育质量的意见》，强调：注重启发式、互动式、探究式教学，教师课前要指导学生做好预习，课上要讲清重点难点、知识体系，引导学生主动思考、积极提问、自主探究。融合运用传统与现代技术手段，重视情境教学。探索基于学科的课程综合化教学，开展研究型、项目化、合作式学习。精准分析学情，重视差异化教学和个别化指导。各地要定期开展聚焦课堂教学质量的主题活动，注重培育、遴选和推广优秀教学模式、教学案例等。在基础教育课程改革的过程中，学习方式和育人方式被视为课程实施的关键因素。2021 年召开的全国教育工作会议强调，以推动高质量发展为主题，以改革创新为根本动力。要推进基础教育高质量发展，学习方式变革势在必行。

2023 年习近平在中共中央政治局第五次集体学习时强调，要坚持把高质量发展作为各级各类教育的生命线。中小学校在落实立德树人根本任务、发展素质教育、深化课程教学改革过程中，需要聚焦学习发生机制，关注学生学习过程中的态度、方法、体验、情感、节奏等，以变革学习方式，构建学校高质量育人生态。加强课程综合，注重关联，突出实践，加强课程内容与学生经验、社会生活的联系，强化学科内知识整合，统筹设计综合课程和跨学科主题学习。加强综合课程建设，完善综合课程科目设置，注重培养学生在真实情境中综合运用知识解决问题的能力。开展跨学科主题教学，强化课程协同育人功能。加强课程与生产劳动、社会实践的结合，充分发挥实践的独特育人功能。突出学科思想方法和探究方式的学习，倡导要加强知行合一、学思结合，倡导“做中学”“用中学”“创中学”，要优化综合实践活动实施方式与路径，推进工程与技术实践，要积极探索新技术背景下学习环境与方式的变革。要积极推动“自主、探究、合作”学习。

自主学习关注的是学习者的主体性和能动性。从课程实施的角度来看，它要求课程实施从忠实取向，走向相互调适和创生取向，其实质是使学习的过程和课程实施的过程变成学生自主选择和创生的过程，而不是受“他者”支配的过程。“学习过程是一种‘在场’体验、反思与建构的过程。为此，在教育活动中，必须创造条件，让学生‘在场’‘具身认知’。”（殷世东 等，2019）[157] 学习变成了一种根据内在需要而开展的活动，它不是外在强加的活动和负担，而是一种享受、一种愉快的体验。“通过直觉感知与体验，学习者才能将学习的知识与实际的生活联系起来，感知生活，感悟生命的价值意义，逐步认识世界，建构自我知识，形成技能。”（殷世东，2019a）[157] 这样学习活动变成一种元认知监控的活动。学习者对为什么学习、能否学习、学习什么、如何学习等问题有自觉的意识和反应，能够对自己的学习进行自我计划、自我调整、自我指导、自我强化；能够根据自己需要和身心发展的特点确定学习目标、制定学习计划、选择学习方法；能够对自己的学习结果进行自我检查、自我总结、自我评价和自我补救等。

开展探究式学习，推进课程实施走向创生实施。学习过程是一种逐步发现问题、分析问题，提升解决问题的能力，促进身心和谐发展的过程。课程实施不是记忆科学知识的过程，而是用课程引领学生发现问题，产生问题意识，进而引导学生分析问题，不断追问问题产生的原因，以探索解决问题的策略与方法的过程。同时，让学生大胆质疑与思考，改变学习目标单一化、学习过程程序化、学习评价标准化现象，注重学习目标整体化、学习过程个性化、学习评价多元化，将学习变成一种开放性的活动，使学生获得丰富多彩的学习体验，激发学生的创造能力和培育学生的创新精神。

倡导合作学习，这是课程实施走向相互调适与创生的关键。通过合作学习，师生才能针对课程方案和教学计划进行研讨与对话，才能针对课程进行互助性学习。在合作学习过程中，不同的学生对课程的理解具有差异，通过生生互动，可以加强学生对课程的全面理解与掌握，同时在相互交往中学生的价值观、态度、能力和认识世界的方法得以社会化，逐渐形成和发展他们的沟通、理解和合作的技巧以及价值观、态度、能力，有效实现课程的育人功能。新的学习范式主张，学习不应该与学校之外的真实世界相分离，不应与解决真实问题的活动相分离。在这些活动中，学习者通过合作解决复杂的、结构不良的真实问题，模仿或直接参与现实生活中实际工作者在专业共同体中的实践（杨向东，2018），学习运用在文化中形成的概念、规则、工具和资源。总之，学生的学习方式应由被动学习向主动学习转型、由浅表学习向深度学习转型、由单向度学习向多向度学习转型。在学习方式变革实践中，既需要关注学习方式的实质性变革，也需要规避为了方式而方式的“虚假性”变革。综合而言，需要重点把握五个关键要素：坚持学生本位、重视理论引领、做好整体设计、关注条件支撑、凸显品质提升（徐金海，2021）。

第三节　课程实施变革的经验与反思

课程实施不是一个执行课程方案和教学计划的过程，而是一个不断优化与改编课程的过程。“课程实施不只是固定方案的实现，它还是课程改革链条中的重要一环，是新的课程方案再产生的基础。”（孟凡丽 等，2003）[5] 在课程实施的过程中，只有不断对课程进行优化与调适，以至创生课程，才能实现课程育人功能的最大化。

课程的优化配置与调适创生最关键的问题是学校课程决策，即综合考虑各方面因素和影响，对学校课程计划、课程设置与内容、课程评价等方面做出决定，以确保实现课程目标的最大化，以及课程育人的最优化。

学校课程决策是课程有效实施的基本保障。“任何一个新课程计划的实施，都将涉及到目标、内容、组织结构、方法、评价以至教学环境等等的一系列变革过程。”（靳玉乐,2001a）[3] 学校课程决策是实现学校层面决策科学化、理性化以及宏观教育范式恰切性的前提与保障，其实质是不同主体间的合目的性交往。从狭义上讲，学校课程决策仅仅包括课程编制，它以学科教学大纲或其他文件的形式反映校长和相关人员的决定。从广义上讲，学校课程决策是关于整个学校课程以及有关内容的编制、实施和评价的连续动态的决策过程。学校课程决策需要根据学校自身的历史特点与现实状况，以及人才的培养目标和学生的身心发展特点，对学校课程体系的愿景进行规划。

学校课程决策以国家课程方案为基准，又具有学校的特色并体现学校办学的自主权。学校课程决策的主体应该是多元的，包括教师、学校管理者、学生、家长、社区等。学校课程决策必须以学生发展为根本，通过多主体参与，形成决策主体间的联动机制，通过相互交流与沟通，围绕学生的成长与发展达成共识，根据学校实际和学生身心发展特点等做出课程决定。在学校课程决策中，应该提高家长对课程决策的参与度。课程实施经验表明，缺少家长参与的课程决策，其推进是缓慢的，结果是低效的。因为，没有家长的支持与认同，学校课程决策会受到家长的抵制，家长会以各种方式阻止课程实施。学校的课程决策需要积极地吸纳家长参与，让家长了解课程改革的意图与目标，这在一定程度上能够帮助学校制订更为合理的课程方案和教学计划，从而支持学校的课程实施。

任何一所学校都处在一定的社区（学区）之中，社区（学区）的文化、教育资源是学校课程的一部分，学校课程实施需要社区的支持与配合。社区（学区）对一项课程变革所做出的人与物的规划质量越高，就越能应对实践中遇到的各种问题，实施课程变革的力度也就越大。社区（学区）对课程变革的行政支持越大，课程实施的力度也就越大，这一点已为许多研究证明。当社区（学区）的组织管理与课程变革要求不一致时，就会阻碍课程变革计划的实施。因此，学校的课程决策也需要社区成员的参与。社区（学区）成员参与，有利于社区（学区）了解学校文化、学校课程，以及需要社区提供的支持与帮助，这样社区（学区）才能根据学校人才培养目标，加强社区（学区）管理，营造社区（学区）文化，形成良好的社区（学区）学习环境，促进学校课程有效实施。

同时，课程改编也是课程有效实施的重要环节。课程改编是指对课程计划和课程方案进行调适与改编，以有效地开展课程教学的过程。在课程方案和教学计划实施的过程中，实施者应该根据教学情境，以及学习者的身心发展特点和学习需要，对课程进行改编和重新设计，加强课程内容与社会实践的联系、课程与生活世界的联系，促进学生对课程的理解、掌握与运用。例如，在进行语文学科课程教学时，只有根据当地区域文化特点，以及学生社会生活场景，对课程教材进行校本化的改编，利用学生日常生活经验解读教材，学生才能了解、理解与掌握。我国幅员辽阔，各地文化差异很大，在统编教材下，传承中华民族优秀文化，传承“公共知识一直在学校课程中占据着主导地位，或者说，筛选、编制和传递公共知识，一直是学校教育的主要任务”（余文森，2012）[118]，但还需要保持文化多样性和丰富性，对课程内容进行改编。同时，同一年级、同一班级的学生也有差异性，因此，分层、分类解读，对课程进行重组与改编，创造适合学生的课程，进行分层、分类教学，因材施教，才能有利于学生理解与掌握，才能形成个体知识［“个体知识强调每个人都是社会文化的创造者，重视不同个体对于事物的独特理解，积极寻求隐藏于日常生活结构背后的意义”（余文森，2008）[45]］，才能实现课程育人。

第九章

综合实践活动变革史

综合实践活动作为一门课程，是在实施素质教育的时代背景下，在全面深化基础教育课程与教学改革的过程中逐步确定的，也是在总结新中国成立以来活动课程设置与探索的历史经验基础上形成的。综合实践活动发展的历史轨迹彰显着中国基础教育育人方式的变革过程，也反映着基础教育课程体系逐步走向完善的过程。

第一节　综合实践活动发展的基本历程

新中国成立以后，综合实践活动经历了一个漫长的探索实践过程：从零散的单一的生产劳动课程发展到一种课程形态——活动课程；从理论研究到作为一门必修的课程；从课外活动到被简单地归类为“第二渠道”“第二课堂”，再到综合实践活动概念与内涵的确定。综合实践活动这一课程的发展过程可以简单总结为课外活动→生产劳动课→第二渠道、第二课堂→活动课→活动类型课（生产实践、社会实践）→综合实践活动。

一、提倡探索（以课外活动课型为主）时期（1949—1977 年）

新中国成立后，“为工农服务，为生产劳动建设服务”成为党的教育方针。1950 年《中学暂行教学计划（草案）》与 1952 年《关于颁发四、二旧制小学暂行教学计划的指示》对校内课外活动、校外社团活动的内容及时间做了规定，但没有在教学科目中列出。1952 年 3 月教育部发布《小学暂行规程（草案）》，提出“课内和课外活动配合进行”。在开展课内和课外活动的过程中，由于没有科学的计划与方案，出现了混乱的现象，学生过多地参加了社会实践活动和校内非教学活动，影响了教学质量。为此，1953 年发布的《关于整顿和改进小学教育的指示》规定学生除了节假日，参加校内外社团活动的时间，每人每周不得超过1小时。

1955年9月2日发布的《关于小学课外活动的规定的通知》，是新中国出台的第一个关于活动类课程的文件。其中对小学课外集体活动的时间、内容和方式等方面进行了规定。每周集体活动时间是：课前操（或课间操）和清洁检查共90分钟，课外集体活动共120—240分钟。课外集体活动包括校会、班会、少年先锋队活动、体育锻炼、生产劳动、学习小组和社会活动等。（何东昌，1998）[509]

这一时期，只有中小学“课外集体活动”，其内涵与外延不清晰，包括的内容很多，实践中开展得比较零散，没有成为中小学的一门独立的课程，缺乏计划性和有序性。

1958年颁布的《关于教育工作的指示》，提出进行中小学学制改革和教学改革试验，学校办工厂、农场，一切学校都把生产劳动列为正式课程。学生除了去学校自己办的工厂、农场劳动以外，还经常到校外挂钩的工厂和农村人民公社与工人、农民同吃同劳动，开展勤工俭学活动和各项服务性劳动。

二、整顿调整（以第二渠道、第二课堂课型与活动课程为主）时期（1978—2000年）

1978年召开的全国教育工作会议，要求“在教育与生产劳动结合的内容上、方法上不断有新的发展”，要求“各级各类学校对学生参加什么样的劳动，怎样下厂下乡，花多少时间，怎样同教学密切结合，都要有恰当的安排”。（何东昌，1998）[1607]同年颁布的教学计划对学工、学农、学军等“兼学”的时间做出规定。1981年《全日制五年制小学教学计划（修订草案）》中列有“课外活动”，内容包括自习、科技文娱活动、体育活动、周会班队活动。

随着教育的发展，出现了单纯追求升学率的倾向，实践活动不被重视，美育和劳动技术教育被忽视，这引起了学术界对学校教育的反思，开启了对活动类型课程的研究。吕型伟在《上海教育》1984年第1期上发表《创建两个渠道并重的教学体系，培养现代化建设人才》。文中指出“如果把课堂教学称之为传播知识的第一渠道，那么上述种种活动就可以称为第二渠道”，提出了“第二渠道”的概念。他指出：“过去，我们受传统观念的束缚，只把课外活动看作是课堂教学的补充与延伸，离不开大纲与教材的束缚，完全是处于辅助地位或从属地位。”针对第二渠道，一些学者开展理论探讨。1985 年杭苇在《教育研究》上发表《关于“两个渠道”论的若干认识问题》。俞啸云等提出“第二课堂”，将课外活动归为“第二课堂”，认为第二课堂是“在现有教学计划和教学大纲之外（在学校和教师指导下），由学生按照兴趣、爱好和特长自愿地组织起来的、在课外时间进行的、多种多样的学习和实践活动的形式”（俞啸云 等，1984）[13]。其任务，一是全面培养素质，二是充分发展个性。蔡克勇、冯向东在研究中提出第二课堂的产生是教育思想上的一次变革，是认识上的一次飞跃（蔡克勇 等，1985），同样将其视为学校教学计划之外组织和引导学生开展的各种有教育意义的活动。

1985 年中共中央颁布的《关于教育体制改革的决定》强调重视实践环节。1987 年国家教委等五部门发布《关于在普通中学开展社会实践活动若干问题的通知》，规定开展社会实践活动的时间为初中每学年 1 周，高中每学年 2 周。社会实践活动的时间，一部分可安排在有关学科的教学时数内，一部分可利用班会、课外活动和机动时间。可以分散或适当集中安排。社会生产劳动应结合劳动技术课的部分实践活动进行。社会活动应与思想政治、语文、历史、地理、生物、化学等学科以及各科乡土教材的教学活动结合进行。全面开展此项工作有困难的学校，可先在高中毕业班中进行。同时要积极创造条件，逐步向低年级扩展，争取在几年内全面铺开。普通中学相继把社会实践活动列入教学计划，让学生接触社会、了解社会、服务社会。

这一时期，经过理论研究和实践推进，社会实践活动初步以正式课程的形式被列入教学计划，但对其内涵界定得不清晰。

1988 年国家教委印发《义务教育全日制小学、初级中学教学计划（试行草案）》，规定小学全年集体教育活动时间为 2 周，初中全年社会活动和机动时间为 3 周。

1992 年国家教委颁布了《九年义务教育全日制小学、初级中学课程计划（试行）》，明确规定开设两类课程：学科课程和活动课程。活动课程首次以课程形式被纳入九年义务教育课程计划之中。同年，国家教委基础教育司发布《普通中学课外活动指导意见（草案）》，对课外活动的内容、原则、组织形式等做出了明确的规定。1996 年国家教委又颁布了《九年义务教育活动课程指导纲要（试行）》，对活动课程的地位和作用、培养目标、内容和形式、实施原则、管理和评估等做了规定。

这一时期，经过探索与调整，基础教育课程被分为两大类，即学科课程和活动课程。活动课程有了明晰的界定，并被单独列入课程计划，但还没有成为一门必修课程。

三、确证定型（综合实践活动）时期（2001 年至今）

在第八次基础教育课程改革中，教育界对活动课程又进行了大量的研究和探索。立足于我国基础教育课程改革的基本理念和精神，顺应国际课程改革综合化、个性化等趋势，吸取我国活动课程研究和实践的成果，教育部于 2000 年颁布了《全日制普通高级中学课程计划（试验修订稿）》，明确提出了综合实践活动课程，并将综合实践活动列为国家规定的必修课程。2001 年，教育部颁布的《基础教育课程改革纲要（试行）》明确规定："从小学至高中设置综合实践活动并作为必修课程。"2003 年，教育部颁布《普通高中课程方案（实验）》，规定综合实践活动、语言与文学、数学、人文与社会、科学、技术、艺术、体育与健康等一起构成课程的八大领域。

经过长期实践探索，2017 年 9 月 25 日教育部印发《中小学综合实践活动课程指导纲要》，进一步明确了综合实践活动课程的性质，提出"综合实践活动是从学生的真实生活和发展需要出发，从生活情境中发现问题，转化为活动主题，通过探究、服务、制作、体验等方式，培养学生综合素质的跨学科实践性课程"。综合实践活动课程"由地方统筹管理和指导，具体内容以学校开发为主"，"中小学校是综合实践活动课程规划的主体，应在地方指导下，对综合实践活动课程进行整体设计，将办学理念、办学特色、培养目标、教育内容等融入其中"。至此，在国家教育政策层面，综合实践活动是国家义务教育和普通高中课程方案中的一门必修课程，与学科课程并列设置，是基础教育课程体系的重要组成部分。

2017 年 12 月 29 日，教育部印发《普通高中课程方案（2017 年版）》和语文等学科课程标准，规定普通高中开设语文、数学、外语、思想政治、历史、地理、物理、化学、生物学、技术（含信息技术和通用技术）、艺术（或音乐、美术）、体育与健康科目和综合实践活动等国家课程，以及校本课程。

2019年6月11日，国务院办公厅颁发的《关于新时代推进普通高中育人方式改革的指导意见》中明确规定：依照普通高中课程方案，合理安排三年各学科课程，开齐开足体育与健康、艺术、综合实践活动和理化生实验等课程，拓宽综合实践渠道，进一步推进高中阶段综合实践活动课程实施。

2022年3月25日，教育部印发《义务教育课程方案（2022年版）》，要求将劳动从综合实践活动课程中独立出来，成为义务教育阶段的必修课程。综合实践活动侧重跨学科研究性学习、社会实践。一至九年级开展班团队活动，内容由学校安排。劳动、综合实践活动每周均不少于1课时。为了实现课程育人目标，在设计中小学综合实践活动课程的过程中，需要重点关注以下几个方面：学科化与素养化相结合、关注课程全面育人、坚持问题导向、强化课程整体性。综合实践活动课程是实施劳动教育的重要途径之一，两者既有区别又有联系，相辅相成、互通共生。

综合实践活动课程的实施标志着体现时代精神的课程理念的生成，是落实立德树人根本任务的重要环节。

第二节　走向综合课程与教学的变革

课程是学校教育的核心。每一次教育改革，最终必然要落实到课程这个核心问题上。如果没有课程的实质性改革，或只改学制，或只改教法，这样的教育改革，最后是不可能获得成功的（吕型伟 等，2000）[197-198]。“教育事业的核心，是教育运行的手段，没有课程，教育就没有用以传达信息、表达意义、说明价值的媒介。”（Taylor et al., 1979）[11] 传统的分科课程或分科教学，将知识的有机整体进行肢解，分门别类进行教学，导致学生人格的“片断化”（fragmented），使学生片面化发展。随着人类社会进步，当下社会要求人与自然、社会和谐共生，每一个人只有人格整体发展，才能适应新时代的生活，才能更好地生存，这就需要我们的教育围绕人的整体发展开展，因此，教育教学的重要载体——课程的综合化就成为必然。世界各国都开展了课程综合化探索，如欧美倡导“主题探究”“设计学习”等活动，日本设置“综合学习时间”等等，尽管称谓各不相同，但实质却是一致的。综合实践活动是根据基础教育阶段培养目标和要求，以及中小学生的身心发展特点和规律设置的一门新的课程，体现了世界课程改革的整体发展动向，向着儿童经验和生活回归，倡导课程的人本化、综合化、活态化。

一、从分科课程走向综合课程

基础教育课程内容的整合是当代基础教育课程发展的趋势。新中国成立以来历次课程改革经验告诉我们，课程内容既要有纵向的一贯性，避免衔接不良，也要有横向配合。只有课程架构完整、内容合理，学生的学习效果才会显著，人才培养的质量才会得到保障。

课程“分科”与“综合”是历史发展的结果。从新中国成立到20世纪80年代，国际竞争激烈，国内人才短缺，为加快专业型人才供给，我国普遍采用课程分科的方式。此阶段强调以分科课程为主的内容选择，重视课程内容的适用性、系统性和连贯性，在中小学分门别类地设置了诸多分科课程。如《全日制十年制中小学教学计划试行草案》规定小学设置8门课程，中学设置14门课程。课程门类繁多，在一定程度上增加了学生的课业负担。同时，过早地进行分科教育，以及进行单一的文本式教育，不利于学生综合能力提升和全面发展，导致学校教育失去生机与活力。

20世纪90年代以后，为满足社会发展对综合型人才的需求，课程设置中增加了活动类课程，增设选修课、综合课、地方性职业技术类课程，提高音体美课程比重，逐渐将综合实践活动纳入必修课行列，并下放课程管理权力。在课程内容方面注重自然科学与人文社会科学整合，重视通识、通才、通用课程内容的开发与教育，课程渐趋综合化和多样化。

2000年以后，在第八次基础教育课程改革的推动和素质教育目标的指引下，课程内容凸显灵活性和选择性，将综合课程、选修课程、活动课程等有机融合。如《基础教育课程改革纲要（试行）》强调小学以综合课程为主、初中设置分科与综合相结合的课程、高中以分科课程为主，从小学至高中设置综合实践活动课程，并将其作为必修课。同时，在高考科目上提出以“3+综合”作为“3+X”的主体形式，对综合课程的实施起到积极的推动作用（刘启迪，1999）。此阶段基本形成了中国特色的国家课程、地方课程、校本课程三级课程管理体制，提高了课程管理和课程内容选择的弹性和自由度。

二、从分科教学走向综合教学

综合课程和综合化教学的提出和发展缘于对分科教育缺陷的批判。长期以来，课程整合的理想和学科割裂的现实困扰着中小学教育教学。学生对世界的认知和理解，需要综合运用各门学科知识。加强学科知识综合学习与综合利用，最好的方法是对课程进行整合和进行综合化的教学。

一般来说，年级越低，综合的程度越高，即小学阶段以综合课程和综合教学为主。在初中和高中阶段，随着学生抽象思维的发展，分科深化的课程有着重要的价值和意义，因此，应在分科的基础上进行综合。在我国基础教育课程改革中，综合化给学校课程带来巨大的变化和新的面貌，但也要注意防止以综合的优点来反对分科所具有的短处，片面强调综合。在课程开发和实施的过程中，做到综合中有分科，分科中有综合。对正式课程与非正式课程、学科课程与活动课程、显性课程与隐性课程进行合理的整合和整体设计，实现学科课程的分层分类、知识模块的重组、学科内容的交叉整合，设置基础类、拓展类、研究创新类课程群，为学生立足现实、面向未来，选择专业、规划人生提供帮助。

第三节　对综合实践活动价值的思考

综合实践活动是第八次基础教育课程改革的亮点和焦点，是基础教育课程新体系的重要组成部分，与学科课程相辅相成。因此，综合实践活动既是一门课程，也能成为一种渗透和融入各门学科的学习方式。其作为课程，实现着课程的本体育人功能；作为学习方式，推动着学习方式变革。在中小学设置综合实践活动，加强与自然、社会、自我心灵对话，催生了学校教育新模式，转变了教与学的方式，促进学生快乐学习、愉快成长、身心获得和谐发展（殷世东，2019b）。

一、作为课程形式，催生新的教育模式

综合实践活动是一门跨学科的实践性课程，引导学生融入生活、走进自然与社会，为中小学提供了一种新的教育生活方式，解构与重建了学校教育

文化。作为一门课程，综合实践活动在发挥着其作为课程应有的本体育人功能之外，引领着学校教育回归综合教学、回归人本、回归生活、回归活态教育。

首先，综合实践活动是一门统整性课程，驱动教学回归综合教学。学生生活与成长的环境是由自然、社会与人等基本要素构成的有机整体。学生在与自然、社会、他人的相互关系中编织着自己的生活方式，引导学生处理好生活世界中的复杂有机整体关系对学生的成长与发展具有重要的教育价值。“世界具有整体性，世界的不同构成——个人、社会、自然是彼此交融的有机整体。……人的身心具有整体性，个性发展不是不同学科知识杂烩的结果，而是通过对知识的综合运用而不断探究世界与自我的结果。”（钟启泉等，2001）[73] 学生发展不是知识的“拼盘”，而是对知识的综合运用，是形成对生活世界的整体认识，具有处理生活中的各种关系的能力等，这需要对相关的知识进行综合教学。“教育的最后目标却是种种境界的综合，就是说，使每个分立的课程，所发生的影响，纠结在一块儿，构成一个有机体似的境界，让学生的身心都沉浸在其中。”（叶圣陶，1994）[102] 学校教育活动必须保证人的完整与和谐发展。“教育指向的是一个整体的人的全面发展。”（郭元祥，2013）[13] 因此，学校教育需要创设整体性教育环境，加强学科之间的联系，“从整体上整合一切可被利用的社会资源，给学生提供个性发展的广阔时空”（崔允漷，2003）[219]。在教育过程中，应适当地开展学科间综合教学，“消除扼杀我们现代课程的活力的各学科之间互不联系的严重现象”（华东师范大学教育系 等，1980）[116]。进行学科综合，才能促进人的身心整体和谐发展。因此，第八次基础教育课程改革提出，从小学至高中设置综合实践活动课程。在综合实践活动中，学生对相关的学科知识进行整合，超越学科的逻辑结构，密切联系自身生活和社会生活，立足人的生活世界的统整性和个体发展的整体性，以培养完满的人性（钟启泉 等，2003）。因而整个学习活动成为“整体学习”和“全人活动”，教学回归综合教学。

其次，综合实践活动是一门自主体验性课程，引领教学回归人本化教育。学校教育的目的是促进人的身心和谐发展。必须按照教育规律和人的身心发展规律开展教育活动，尊重人的主体地位，激发其内在热情，充分发挥人的主观能动性，依靠人的内在力量实现主动发展，从而促进人的身心和谐发展。

人应该而且“必须在自己思考的帮助下独立决定自己的行为，必须独自决定怎样对待这个世界，怎样在这个世界中认识世界，人必须尽可能全面地具备关于世界的深刻的、客观经验，以便按这种经验的尺度塑造他的行为”（兰德曼，1988）[189]。综合实践活动以学生为主体，注重学生的主观能动性。从综合实践活动课程的内容来看，课程的内容是由师生共同创生建构的。在综合实践活动中，应充分尊重学生的课程自主权利，让学生自己设计、开发和创造课程。“综合实践活动关注的焦点：学生关心什么，对什么感兴趣、哪些真正是学生的问题或课题。”（崔允漷，2003）[35]学生可以根据自己的兴趣和能力，自主确定学习内容、学习进程和学习方式，成为真正的学习主人。学生能够充分发挥主观能动性，彰显个性，在自主体验中获得自由发展，真正体现“课程不再是一个事物，也不仅是一个过程。它成为一个动词，一种行动，一种社会实践，一种私人的意义，一种公共的希望。课程不只是我们劳作的场所，也是我们劳作的成果，在改变我们的同时也改变自身”（Pinar et al.,1995）[848]。综合实践活动关注知识与技能的习得，更关注理解生命的意义，积累对生命的体验，实现人生的价值，突出了人的存在，引领教学活动回归本真教育。

综合实践活动以学生为主体，以学生发展为本位，以学生的经验、社会需要和问题为核心，以提升学生发展核心素养为目标。“在综合实践活动过程中，在一定程度上打破学生交往范围，融入社会与社会其他成员交往，构筑多维的交往关系，促进学生交往、合作、互动能力和责任感等的良好发展。”（殷世东 等，2008）[62]因而，综合实践活动是一种回归人本教育的课程。

再次，综合实践活动是一门生活性课程，促进教学回归生活化教育。人的发展不能离开生活世界，“学校必须呈现现在的生活——即对于儿童说来是真实而生气勃勃的生活”（杜威，1981）[4]。教育必须回归生活，回到生活世界中。“教育作为与人生、人的生活、人的价值生命相关联的重要领域，其原生性目的应该是关注人生、关注人的生活。”（魏国栋 等，2004）[7]然而，现代的学校教育早已忘却了自己的本源，它俨然成为工厂的翻版，学生作为生命的存在显然被忽视了。人的发展是在活动中实现的，正如恩格斯所说：“从事活动是能力发展的基本途径。活动要求相应的能力，活动提供了应用和锻炼一定能力的机会。一个人只要有从事某种活动的需要，或把活动当做是实现需要（完成任务）的手段，那么活动对活动者不断提出的能力要求就会跟活动者现有的能力水平处于矛盾之中。人如果不是放弃活动，而是积极地通过活动去完成任务，那么人的能力就会在解决这对矛盾的过程中得到提高。活动越多样，能力发展也越多方面。”（马克思 等，1972）[551]综合实践活动课程正是着眼于学生的生活世界，注重在活动中锻炼能力，强调体验的生命价值，活动中充满人文关怀，“以生活为基础，建构教学过程”（殷世东，2009）[26]，让学生关心身边的事、关心生活中的事、关心当下发生的事，学会生活与生存，以实现身心和谐发展。

综合实践活动以学生的现实生活和社会实践为基础发掘课程资源，具有强烈的生活实践取向。综合实践活动以学生的社会实际生活为核心，倡导学生亲身经历，让学生积极参与探究、实践、考察、服务、反思等一系列活动，注重学习内容与现实生活的联系，注重从现实生活中去建构课程进而建构知识，从而提升学生适应社会生活能力。如“充分利用附近的养殖基地、大棚蔬菜基地、民兵训练基地等丰富的资源，从整体上整合一切可被利用的社会资源，给学生提供了个性发展的广阔时空”（崔允漷，2003）[219]。综合实践活动课程“努力向儿童的生活和经验回归，这种回归意味着综合实践活动是‘在生活中，通过生活并为了生活的课程’”（中国教育学会，2005）[383]。综合实践活动的开设，引领学校教育回归生活化教育。

最后，综合实践活动是一门动态生成性课程，引领教学回归活态教育。综合实践活动是一种活态教育，综合实践活动课程面向学生的整个生活世界，从学生的现实生活情景和学习活动中发现问题，其课程目标是动态开放的，课程内容是开放生成的，教学形式是变化发展的，教学方式是多样变动的。在综合实践活动过程中，“学习者成为教育活动的中心；随着他的成熟程度允许他有越来越大的自由；由他自己决定他要学习什么，他要如何学习以及在什么地方学习与受训”（联合国教科文组织国际教育发展委员会，1996）[263]。随着活动的不断展开、认识范围的不断扩大和体验的不断加深，学习目标会不断生成，学习者将不断地建构自我，发展核心素养，不断提升生存生活能力。

综合实践活动关注学生在活动过程中所产生的学习体验和个性化的创造性的表现，整个学习活动具有动态性与开放性。综合实践活动的动态开放性，促进教育活动回归“活态”化育人，这也是综合实践活动课程价值的动态体现。

二、作为学习方式，引领着教与学方式转变

学习方式是指学习者在学习活动中所表现出来的行为方式与行为特征。学习方式影响着学习效能，进而影响学习者身心和谐发展。综合实践活动是通过探究、服务、制作、体验等方式，培养学生综合素质的跨学科实践性课程。从某种层面上看，综合实践活动是一种学习方式，即运用所学知识进行综合学习，通过实践开展体验式学习，借助集体活动进行合作学习，通过观察与分析进行探究学习等，可以渗透于所有的教育教学活动中。综合实践活动的开展将在一定程度上改变传统教学惯习与中小学生学习方式。

第一，综合实践活动改变文本分析与复制式的学习方式，形成综合化与生活化的学习方式。传统的学校教学，以分科教学为主，学科之间相互分离，导致学习者学习是单一学科文本知识的分析与学习，影响了学习者综合运用知识解决问题的能力。同时，教学活动是以文本解读为主，导致所学的知识与现实生活世界相分离，进而影响学习者的生存能力和生活能力。学习者习得的文本知识，需要通过多种活动与体验来印证。学习者必须将相关的文本知识融入自然、社会和自我生活中，将各学科支离破碎的文本性知识统整起来，形成综合性知识和能力。“认识的进步主要地与其说是由于特殊知识的精确化、形式化和抽象化，不如说是由于愈益能够把这些知识整合到它们的背景中和它们的总体中。”（莫兰，2004）[112] 任何学习者都处在一定的社会环境中，只有在与社会生活环境的交互中，通过与自然、社会等多方面、多维度的对话，才能进一步理解与掌握知识。综合实践活动涉及的内容不是单一的学科知识内容，而是学校开设的各门课程的内容，包括自然学科知识、社会学科知识和人文学科知识。在综合实践活动中，学习的文本知识在具体的实践活动中被加以综合运用与印证，从而强化学习者对文本知识的理解与掌握，使之真正变成学习者的自觉的知识。整个学习过程，变成了综合性学习或“整体学习”。

综合实践活动涉及学校学科课程之外的生活性知识，比如日常生活常识、地方性知识等，这些知识是学习者走出校园后，必须具备的生活性知识。综合实践活动让学生进入一定的生活文化情境中，了解生活所处的文化环境，习得

日常生活常识、地方性知识等，通过生活化学习方式，快乐地生活与成长。

第二，综合实践活动改变文本式教学不在场、缺乏体验的学习方式，让学习者在场，开展体验式学习。学习活动是学习者通过在场、体验学习过程才能完成的。学习活动中学习者必须身处学习内容的情境中，借助身体的各种感官进行感知感悟，获得一定的知识和经验。没有实际身心的在场体验，就没有真实的感受，也无法获得相关的认识。“无意义符号不可能仅仅凭它们与其他无意义符号的关联而变得有意义。这里就是具身性进入的地方。符号通过具身性被接地（受）——获得它们的意义。”（夏皮罗，2014）[107] 同时，个体只有通过参与到实践活动中，才能体验和发现新的知识，才能不断地增强学习兴趣，激发学习热情，从而不断产生新的感悟和新的经验。“学习过程是一种‘在场’体验、反思与建构的过程。为此，在教育活动中，必须创造条件，让学生‘在场’‘具身认知’。”（殷世东 等，2019）[157] 在综合实践活动中，学习者进入一定场境，通过观察、参与其中，获得直接感受，将个体主观能动性与观察的对象真实地结合起来，以获得主动状态下的真切体验，实现主体的感知与主动体验的统一，从而获得新的认识。“在学习过程中，学习者通过身心体验学习内容，形成新的意义，将学习内容转化为生活内容，从而建构自我的生活世界，获得成长与发展。”（殷世东，2019a）[158] 在综合实践活动中，学习者身处“活态”的文化时空中，体验社会文化生活的丰富多彩，激发学习热情，增强个体自主发展的内发性动力。

第三，综合实践活动改变文本式教学个体化的学习方式，转变为团队合作式学习。在综合实践活动中，团队有着共同的目标，会面临各种复杂的情况和问题，这能够促进参与的学生相互帮助、合作学习。为了实现综合实践活动的共同目标，参与者会相互交流，激发积极性，形成积极的相互促进关系。在整个活动中，每一位行动者既要考虑自身的利益与快乐，又要考虑同伴的利益与快乐。同学之间互爱互助、相互沟通情感，互教互学、彼此交流知识，充分发挥各自的学习潜能，从而形成与发展合作精神和能力。另外，在开展综合实践活动的过程中，常常需要形成包含不同年龄或不同班级学生的异质小组，每个参与者的学习能力和知识面不同，同学之间互相启发、相互讨论，促进对信息的多种解释，形成各种观念冲突，进而生成新的观念。在开展综合实践活动的过程中，有探索性的对话，有批判性的交流，也有建设性的交谈，学生之间不断进行“交互性思维”，从而不断激发思考，加深对学习知识的理解。

第四，综合实践活动有利于消除文本式教学缺失情境性的弊端，让学习者进入具体的情境中，开展探究性学习。知识的意义不完全取决于符号本身，知识的意义只有回归到一定的意念情境或真实的情境之中，才能具体化，才能被掌握。“学习是指一个主体在某个规定情境中的重复经验引起的、对那个情境的行为或行为潜能的变化。”（鲍尔 等，1987）[22] 同时，学习者接受教育的过程，也是一个不断研究与探索的过程。“教育应该以研究开始，并以研究告终。毕竟，教育从整体上说不过是使受教育者做好准备，去迎接生活中的各种直接经历，用有关的思想和恰当的行动去应付每时每刻出现的情况。”（怀特海，2002）[52] 在综合实践活动中，每一位参与者都是活生生的主体，他们在具体的情境中动手操作、观察与思考，以获得相关的信息，解决遇到的问题，提高实际解决问题的能力，提升探究能力和创新精神。

第五，综合实践活动改变文本式教学的单一抽象的理解学习方式，转变为通过直觉感悟学习。学习者在综合实践活动中不是依靠文本知识进行间接学习，而是进入具体的场境中，利用体验与直觉感知进行学习，它有利于提升人的感受力，激发人的创造力。直觉是指不被人类意志控制的一种思维方式，是一种人的本能知觉，它借助于大脑中若干记忆碎片，将各种感官接收到的信息耦合，跳过逻辑推理，依据对内因的感知迅速地对问题答案做出判断、猜想，直接给出结果。直觉思维具有简约迅捷性、偶发创造性、自信自发性等特征，在人的创造性思维活动中有着极为重要的作用。因为，直觉是在大脑功能处于最佳状态的时候出现的，能够帮助人们迅速做出优化选择，使出现的种种自然联想顺利而迅速地接通。同时，直觉又是以宽厚的知识面和丰富的经验为基础的，直觉可以帮助人们做出创造性的预见。亚里士多德曾经指出，直觉是科学知识的创始性根源。因此，需要利用直觉开展学习活动，激发学生创造力。

文本式教学注重培养人的逻辑思维能力、文本解读能力，以及借助文本形成的想象力，忽视学习者的直觉与感受力，导致培养出来的人缺乏创造能力和开拓精神。创造能力往往是在一定的知识经验背景下的直觉。综合实践活动让学习者在一定的场境中，通过直觉整体把握思考与观察的对象，抛开对细节的推敲，借助无意识的想象与联想，让认知结构向外无限扩展，进而产生创新性的认识。“学习的过程是学习者自我建构的过程，学习者只有处在一个自由的、安全的、和谐的环境中，赋予学科知识人性化，在自由想象的时空中，才能获得知识与技能、成长与发展。”（殷世东，2017）[102] 在开展综合实践活动的过程中，认识是学习者通过自己的直觉感知和全面的观察、成熟的思考获得的，“真理是要对于事物的本身加以成熟的与应有的考虑，方才能够获得，方才能够得到支持的，不是用人为的措词与辩论的方法所可获得的”（洛克，1999）[167]。综合实践活动有利于增强参与者的学习动力，不断驱使学习者进一步努力，以获得更大的发现，增强自我认同和自信，提高学习效能和创新能力。

第六，综合实践活动改变文本式教学的封闭性，进行开放式学习，从而使学习具有生成性。学习的过程是一个不断发现的过程，不是按照一定的规则框架，通过预先设定的路线发展，而是在具体的情境中，随着学习者的思维，伴随着学习者的理解与发现，通过自主建构逐步实现自我发展。“学习能力本身就是一项非常重要的开放性技能，可能也是最必要、最人性化的能力。”（萨瓦特尔，2012）[25] 学习是持续的、开放性的活动。因此，在教育活动中，只有创设自由开放的时空，营造良好的动态生成空间，才有利于学习者自主与自由发展。综合实践活动正是以中小学生的现实生活环境为基点，根据经济社会发展的需要，以及人才培养的需要，有计划、有组织开展的教育活动。同时，综合实践活动的方案是由学生自主制定的，目标、内容、进程等是开放的，根据学习者的能力逐步扩展与生成。随着认识的不断深化，体验不断丰富，学习者逐步养成科学探究的意识和精神，积极地思考自己的生活方式，学会做人、学会生存与生活，身心获得和谐发展。

总而言之，在综合实践活动开设与实施的过程中，学习活动是学生不断质疑、不断探索、不断表达个人见解、重新建构知识的过程。

第十章

地方课程与校本课程变革史

新中国成立以来，我国基础教育课程结构与体系伴随着经济社会发展与变革不断发展变化，逐步完善。其中，地方课程和校本课程建设历经 70 余年的探索，经历孕育、雏形、成熟与完善等阶段，已成为基础教育课程体系重要的组成部分，与国家课程相辅相成。地方课程与校本课程的建设历程，体现了我国基础教育课程管理权限逐步下放与变革的过程，形成中国特色的三级课程管理体制，完善了我国基础教育课程形态、结构和体系，彰显课程以育人为本、在注重全面发展的基础上促进个性发展等特色与经验。

第一节　地方课程与校本课程变革的基本历程

一、地方课程变革的基本历程

地方课程又称地方本位课程，是指地方教育行政部门组织相关人员，以国家课程政策为指导，挖掘与利用地方文化和教育资源，开发的适应地方政治经济文化发展和地方人才培养需求的课程。目前，地方课程已成为我国基础教育课程的重要组成部分，与国家课程、校本课程相辅相成，共同服务于地方基础教育，推进地方基础教育健康发展。新中国成立 70 余年来，地方课程建设经历了从孕育、雏形到成熟与完善等发展阶段。

（一）孕育时期（1949—1977 年）

新中国成立初期，我国在借鉴苏联教育经验的基础上，形成了国家集中管控的课程管理体制，即国家制定统一的教学计划、教学大纲（当时没有专门的课程计划，教学包括课程）。然而，由于我国经济比较落后，以及区域经济、文化发展水平差异较大，为了更好地适应地方经济社会发展的需要和满足人们对教育的需求，国家允许地方开发与使用地方教材，作为对统编教材的补充。1958 年 1 月，教育部印发了《关于编写中小学、师范学校乡土教材的通知》，强调在中小学开发乡土教材的必要性，并要求各地编写乡土教材。同年 8 月，中共中央、国务院发布《关于教育事业管理权力下放问题的规定》，指出：“各地方根据因地制宜、因校制宜的原则，可以对教育部和中央各主管部门颁发的各级各类学校的指导性教学计划、教学大纲和通用的教材、教科书，领导学校进行修订补充，也可以自编教材和教科书。”（何东昌，1998）[850] 依据这两份文件，各地纷纷编写乡土教材和地方教材。例如，1959 年宁夏回族自治区人民出版社出版《工农阅读练写课本（第一册）》，文字改革出版社出版《注音扫盲用阅读课本（试用本）》上册、《注音扫盲用拼音识字课本（试用本第二种）》下册等。各地区根据区域经济社会发展和基础教育的需要，开发相关的乡土教材，为地方课程的提出奠定了基础。“事实上，我国乡土课程开发与建设的历史较为悠久，而且在这方面积累了丰富的经验，它们是早期的地方课程，是供今日开发地方课程参考的宝贵财富。”（王鉴，2006）[25]

从新中国成立初期的基础教育政策和教学（课程）政策来看，虽然并没有出现正式的“地方课程”名称，但国家已经认识到地方课程的重要性和价值，并开发了相应的乡土教材。从某种角度看，乡土教材具备了地方课程的特质，是地方课程的萌芽。

1958 年我国要求扩大生产劳动，不少学校课程被改为生产劳动，越来越多的学校建起了小型工厂和农场基地（胡森 等，2006）[164]。各种类型的地方性生产劳动课程在学校教育中迅速发展，它们常常与地方社会生产劳动相结合，以增加地方社会收益。“例如，中小学学生制作的变压器部件或晶体管增补了地方工业的生产。类似的是，在学校中种植蔬菜、大米或小麦，将会增加地方社会的收益。”（胡森 等，2006）[165] 地方课程有时凌驾于学科课程之上，甚至替代学科课程，扰乱了基础教育正常的教学秩序，致使基础教育教学质量下降，影响了人才培养质量。

（二）雏形时期（1978—2000 年）

1978 年，国家重新编订了全国统一的教学计划、教学大纲，基础教育课程建设重新回归正轨，地方课程的建设获得新的发展机遇。

随着基础教育课程的调整与改革，针对以往我国教育管理体制、课程管理体制“统得过死、管得过紧”的弊病，1985 年，中共中央颁布《关于教育体制改革的决定》，提出实行“地方负责、分级管理”的基础教育管理体制。这一规定有利于我国课程管理体制不断改革与创新，促进课程管理权不断下放，从而打破了国家课程“一统天下”的局面，呈现出国家、地方共同行使管理权力的格局，国家、地方分级管理体制初步形成，这是提出地方课程的政策先导。

1986 年，全国中小学教材审定委员会成立。根据《关于教育体制改革的决定》的精神，为了改变中小学教材不同程度存在的脱离地区、学校和学生实际的情况，决定在统一要求、统一审定的基本前提下，实行教材多样化探索，开发地方与乡土教材，即由“一纲一本”转向“一纲多本”，这是地方课程得以提出的政策前提。同年，《义务教育法》颁布，其中第八条规定：“义务教育事业，在国务院领导下，实行地方负责，分级管理。”此条规定通过立法的形式明确了地方教育管理主体的身份和管理权，为地方课程的正式提出奠定了政策法规基础。

1987 年，《全国中小学教材审定委员会工作章程》指出：“在统一教学基本要求的前提下，有领导、有计划地实现教材的多样化，以适应不同地区的需要。”（何东昌，1998）[2673] 1988 年，国家教委在《九年制义务教育教材编写规划方案》中提出“在统一基本要求，统一审定的前提下，逐步实现教材的多样化”，“经过审查，审定通过的中小学教材，由教育行政部门向学校推荐，……由学校的校长和教师，根据本校的实际情况选用”。（何东昌，1998）[2775-2776] 此方案不仅推动了教材的编审分离，也促进了教材“一纲多本”的形成与出现，学校和教师被赋予了一定的课程自主权。文件还规定：“乡土教材、小学劳动课和中学劳动技术课教材，以及本地区需要的补充教材，由地方编写，省、自治区、直辖市中小学教材审查委员会审查通过后，在本地区推荐使用。”（何东昌，1998）[2776] 地方获得了一定的课程管理权和课程编写权。上海和浙江率先开展了课程改革试点。在此次试点中，地方作为课程决策主体，制定具有本地区特点的课程大纲，自主编写省级教材，这是我国地方课程开发、课程管理的重要尝试。

1989 年，我国著名的课程论专家吕达参加了国家教委组织的中小学课程改革赴英考察团，回国之后提出了三级课程管理理念，论证了三级课程管理体制的可行性和必要性。

这一时期虽然没有明确提出地方课程，但在课程管理、教材编制等方面已经出现了地方课程的雏形。

1992 年 8 月，国家教委颁布《九年义务教育全日制小学、初级中学课程计划（试行）》，其中明确规定“课程包括学科、活动两部分，主要由国家统一安排，也有一部分由地方安排”，“地方课程由各省、自治区、直辖市教育委员会、教育厅（局）根据本地实际情况和需要制定”，并具体规定了地方课程的课时比例，在整个课程计划中国家安排的课程课时超过 90%，地方课程课时不到 10%（课程教材研究所，2001a）[372–381]。这是“地方课程”首次作为课程专业术语在国家课程文件中出现，标志着地方课程作为基础教育课程体系中的一种类型正式出现，同时也预示着我国的课程管理体制改革将进入新的时期。

1993 年，中共中央、国务院颁布《中国教育改革和发展纲要》，其中明确规定“深化中等以下教育体制改革，继续完善分级办学、分级管理的体制”，“国家颁发基本学制、课程设置和课程标准”，“省、自治区、直辖市政府……确定教学计划，选用教材和审定省编教材”，“中小学教材要在统一基本要求的前提下实行多样化”。

1994 年国务院《关于〈中国教育改革和发展纲要〉的实施意见》进一步说明：“基础教育实行在国家宏观指导下主要由地方负责、分级管理体制。国家负责制订有关基础教育的法规、方针、政策及总体发展规划、基本学制、课程设置和课程标准”，“省级政府负责本地区基础教育的实施工作，包括制订本地区基础教育发展规划，确定教学计划、选用教材和审定省编教材”。同年，国家教委对全国普通中小学教学计划进行了调整，针对不同类型学制的学校，规定不同的地方课程课时数和总量。实行六三制的学校，地方课程的课时占总课时的 6.1%；实行五四制的学校，地方课程的课时占总课时的

7.4%。（课程教材研究所，2001a）[387-388] 由此可见，这时的教学计划已明确重视地方课程，不断增加地方课程的课时比例，以更好地适应地方经济社会的发展变化。

1995 年 5 月，国家教委印发《中小学教材编写、审查和选用的规定》，要求“积极鼓励和支持单位、团体和个人按照有关规定，编写适应中小学教育需要，有较高质量、有特色的教材，包括适合民族地区使用的教材，适应农村地区尤其是经济发展程度较低的农村地区所需要的教材，以及乡土教材、劳动课、劳动技术课教材、选修课教材和活动课教材”（何东昌，1998）[3810]。1996 年，国家教委基础教育司颁布《全日制普通高级中学课程计划（试验）》，其中明确提出“普通高中课程由中央、地方、学校三级管理”（课程教材研究所，2001a）[402]。

国家颁布与实施的一系列政策文件都在对课程管理体制进行改革与完善，逐步下放课程管理权，赋予地方一定的课程自主权，从而使得地方课程终于在课程管理中拥有了自己的地位。至此，地方课程成型，并在后续的调整中不断发展。

1999 年，国务院批转教育部《面向 21 世纪教育振兴行动计划》，明确规定：“实施‘跨世纪素质教育工程’，……2000 年初步形成现代化基础教育课程框架和标准，……争取经过 10 年左右的实验，在全国推行 21 世纪基础教育课程教材体系。”同年 6 月，中共中央、国务院发布《关于深化教育改革全面推进素质教育的决定》，明确提出：“调整和改革课程体系、结构、内容，建立新的基础教育课程体系，试行国家课程、地方课程和学校课程。”这些显示我国基础教育课程管理体制正式出现转向，由原来的一级管理模式向三级管理模式过渡，使地方课程在我国的课程管理体系中的地位得以进一步确立和提高。

2000 年，教育部制订的《全日制普通高级中学课程计划（试验修订稿）》规定“各级教育主管部门应结合当地经济、社会、文化教育发展实际，积极创造条件，努力开发、完善地方课程”（课程教材研究所，2001a）[408]，明确提出地方和学校选修课的总量为 340—566 课时，地方课程越来越受到国家和社会的重视。

（三）成熟与完善时期（2001 年至今）

进入 21 世纪以后，地方课程已成为国家课程管理体系中不可或缺的一部分，呈现出稳定的发展态势。2001 年 5 月，国务院在《关于基础教育改革与发展的决定》中规定:“实行国家、地方、学校三级课程管理。……在保证实施国家课程的基础上，鼓励地方开发适应本地区的地方课程。”“省级教育行政部门负责地方课程教材编写的核准和教材的审定。经国务院教育行政部门授权，省级教育行政部门可审定部分国家课程的教材。”此决定标志着我国正式实行了三级课程管理体制，同时也彰显了地方课程在我国基础教育课程体系中不可或缺的地位。6 月，教育部发布《中小学教材编写审定管理暂行办法》，明确规定“省级教育行政部门负责地方课程教材的编写和审定管理”，“省级教育行政部门负责受理核准本地区编写地方课程教材的立项申请”。同月，教育部颁布《基础教育课程改革纲要（试行）》，进一步对三级课程管理体制进行明确规定:“改变课程管理过于集中的状况，实行国家、地方、学校三级课程管理，增强课程对地方、学校及学生的适应性”，“省级教育行政部门依据国家课程管理政策和本地区实际，制订本省（自治区、直辖市）实施国家课程的计划，规划地方课程”。为了全面贯彻和落实《关于基础教育改革与发展的决定》和《基础教育课程改革纲要（试行）》中关于实行国家、地方、学校三级课程管理的要求，切实加强地方对课程的管理，教育部针对地方课程研制了专门的管理规定《地方课程管理指南（征求意见稿）》，其中明确提出，开发地方课程要根据学生的需求，着眼于学生发展；要强调因地制宜，反映当地社会、文化、经济发展的需求，有效地增强课程对地方的适应性，形成课程的地方特色，为地方经济发展和社会进步服务；指导学校进行学校课程的设计与实施，增强课程对地区、学校及学生的适应性，形成课程的地方特色和学校特色，促进学生发展。此文件拟为地方贯彻和落实地方课程提供政策性指导，遗憾的是，这一文件并没有正式颁布执行。

为了增强课程的选择性，为地方课程提供足够的发展空间，2001 年教育部印发的《义务教育课程设置实验方案》规定，国家提供地方、学校自主开发或选用课程的空间，增强课程对地方、学校、学生的适应性，鼓励各地发挥创造性，办出有特色的学校。此外，教育部在这个文件中还特别说明:“省级教育行政部门可根据本省（自治区、直辖市）不同地区社会、经济、文化发展的实际情况，制定不同的课程计划；学年课时总数和周课时数应控制在国家所规定的范围内；根据教育部关于地方课程、学校课程管理与开发的指导意见，提出本省（自治区、直辖市）地方课程、学校课程管理与开发的具体要求，报教育部备案。”从中可以看到，国家对三级课程管理的具体规定在不断地细化、具体化，为地方课程的发展提供了更大的空间，使其具有更强的指导性和操作性。

三级课程管理体制在第八次基础教育课程改革中得以全面落实，地方被赋予课程管理权限，从而增强了基础教育课程对地方、学校和学生的适应性，有利于开展个性化和特色化的教育。国家课程由国家组织专家力量进行开发设计，地方课程是地方教育行政部门组织开发，学校课程则以学校为本位，由学校自己确定。此三者互为补充，其中地方课程起到了承上启下的作用。至此，地方课程从政策层面上进一步被明确为基础教育课程体系的重要组成部分。

2010 年，教育部颁发《关于深化基础教育课程改革进一步推进素质教育的意见》，进一步提出：“全面落实基础教育课程方案。……在达到国家规定的基础教育基本质量要求的前提下，有条件的地区和学校可逐步提高地方课程和学校课程的设置比例。各地要因地制宜地做好地方课程和学校课程的规范管理和分类指导。”2014 年，教育部发布《关于全面深化课程改革落实立德树人根本任务的意见》，在着力推进关键领域和主要环节改革方面规定：省级教育行政部门和学校要依据修订后的基础教育国家课程方案，调整完善地方课程和学校课程；各地要结合育人工作实际，开发完善地方课程教材；各地要做好地方课程和学校课程的规范管理和分类指导。

《普通高中课程方案（2017 年版）》中规定“完善国家、地方和学校三级课程管理制度”，“省级教育行政部门应依据本课程方案制定符合本省实际的课程实施指导意见，并抄报教育部”。地方课程已成为一种实实在在的课程形态，具备了独立发展的可能与空间。尤其是核心素养的提出，预示着地方课程步入了一个新的历史发展时期。

为高质量开发地方课程，《义务教育课程方案（2022 年版）》明确规定，地方课程要充分利用地方特色教育资源，注重用好中华优秀传统文化资源和红色资源，强化实践性、体验性、选择性。2023 年 5 月，教育部颁布《关于加强中小学地方课程和校本课程建设与管理的意见》，强调要规范开设地方课程。具体内容包括：一是功能定位。增强义务教育课程对地方的适应性，挖掘当地自然风貌、区域经济、优势科技、特色文化以及革命文物、遗址、纪念场馆等方面资源的育人价值，使学生认识家乡，丰富体验，拓宽视野，增强综合素质。地方课程要体现多元一体的理念，坚持区域特征与共同要求相统一，强化地方与国家的不可分割性，关注与世界的相互关联性，弘扬具有统一性和多样性的中华优秀文化，增强中华文化的生命力和影响力，涵养学生家国情怀，铸牢中华民族共同体意识。二是开发设置。省级教育行政部门统筹设置地方课程，确定开发主体；依据义务教育培养目标，把握地方课程的功能定位，充分调研当地资源优势，全面了解学生发展需求，进行科学设计和专业论证，组织研制地方课程纲要；重视课程开发中的试用和修订环节，加强评估与改进。每门地方课程纲要包括课程理念与目标、内容与形态、教学和评价建议、资源和条件保障要求等。地方课程要强化综合性，注重不同学习领域、不同学科知识的内在关联，注重课程内容与学生经验、社会生活的联系。强化实践性，加强课程与生产劳动、社会实践的结合，注重实践体验过程的设计和指导。丰富课程载体，创新教材形态，积极倡导实践活动手册、学习资源包、活页等方式；建设数字化课程资源库。

二、校本课程变革的基本历程

新中国成立以来，我国基础教育课程伴随着经济社会发展，进行不断的改革与探索，逐步形成了中国特色的课程结构和体系。其中，校本课程作为基础教育课程体系的重要组成部分，与国家课程、地方课程相辅相成，共同孕育着祖国的未来和民族的希望。校本课程建设历经 70 余年的探索，经历了萌生、雏形、成型等阶段。

（一）萌生阶段（1949 年—20 世纪 90 年代初）

新中国成立初期，百废待兴，教育事业亦不例外。出于政治上的考虑，我国借用了苏联“自上而下”的课程政策模式。在课程设置方面，采用国家集中统一的模式，课程教材的管理权集中在国家层面。当时，全国中小学的教学计划、教学大纲和教材基本上沿用统一的模式，在灵活性和多样性方面则显得有些不足。虽然这一体制存在一定的不足之处，但是从当时的政治形势和社会实际来看，它的存在具有一定的必然性与合理性。

改革开放以后，受 20 世纪六七十年代西方发达国家的课程政策思想的影响，国家颁发的相关课程文件中有了关注地方及学校课程的条目，这些文件的具体内容释放出分权、分级管理的信号。1981 年颁布的《全日制六年制重点中学教学计划试行草案》中出现了开放选修课科目、增加选修课时的规定。1985 年中共中央颁布的《关于教育体制改革的决定》提出“改革管理体制，在加强宏观管理的同时，坚决实行简政放权，扩大学校的办学自主权”。由此，我国开始对国家高度集中统一的课程政策实行改革。这一决定充分体现了新时期教育领域权力下放的精神，赋权增能成为教育民主化的方向（项家庆，2012）[6]。随后，各中小学进行了一系列课堂建设活动，形成课堂教学与课外活动相结合的模式。1991 年国家教委颁发了《关于在普通高中开设选修课的意见》，规定选修课与必修课、课外活动和社会实践活动组成普通高中课程结构的有机整体。虽然当时还是以国家集中统一管理课程为主，但为校本课程的出现提供了实践环境。其实，早在 1989 年，就有学者在国外考察回来后提出了三级课程、三级管理的建议，还有学者提出“课程的三个层次”（江山野，1991b），只不过当时国内还不具备实行校本课程的条件。

从这一时期的历史背景和文件规定中可以看出，虽然这一时期的地方和学校在课程设置上可以进行局部调整，但是它在本质上还不能被看成课程权力的下放，在某种程度上是为了丰富学生生活，增强地方与学校课程的灵活性和丰富性，因为这一时期课程决策权依然集中在中央。不过，我们可以从中领会课程权力下放的信号、意识和精神。总之，这一阶段处于课程权力下放的萌生阶段，在一定程度上为校本课程的萌生提供了空间与可能。

（二）雏形阶段（20 世纪 90 年代中后期—2000 年）

20 世纪 90 年代中后期，“校本课程”这一名称正式从西方传入，我国学者开始关注校本课程的研究。随着改革开放的不断深入，政治体制与经济体制改革不断推进，我国的教育事业也得到了很大的发展，尤其是发达地区的教师质量与教育质量不断提高，课程改革的步伐也日益加快，部分课程决策权被下放到地方或示范性学校。1996年《全日制普通高级中学课程计划（试验）》规定，学校可以在遵循国家和省级课程计划规定的基础上，对必修学科和限选学科做出具体安排，合理设置本学校的任选课和活动课（课程教材研究所，2001a）[402]，并分别在天津、山西和江西等地进行试验。这一举动直接推动了选修课、活动课逐步走上校本课程的轨道，尽管没有以校本课程正式命名，但是其内在蕴含了校本课程的思想。后来在课程专家的介入下，学校的选修课和活动课逐步规范化、科学化，从而具有了校本课程开发的理念。在校本课程实践中，最具代表性的当数江苏的南京师范大学附属中学与锡山高级中学、上海的大同中学与七宝中学。当时的校本课程开发具有了"校本"意义，尤其是江苏省锡山高级中学进行了三年多的校本课程开发的实验研究，取得了不错的研究成果。不过，当时"校本课程"一词在我国还未正式提出，学校多半使用"活动课""选修课"等字眼（崔允漷，2000a，2000b）。这些由学校自主开设的"活动课""选修课"在本质上是校本课程的雏形。

1999年6月颁布的《关于深化教育改革全面推进素质教育的决定》指出："试行国家课程、地方课程和学校课程。"这是国家在政策层面上明确对校本课程做出规定。这是我国课程管理史上具有划时代意义的变迁与进步，它从政策层面上给校本课程开发提供了支持和保证，随后全国各地开始了真正意义上的校本课程实践。2000年颁布的《全日制普通高级中学课程计划（试验修订稿）》规定，地方和学校安排的选修课有340—566课时，同时学校还要开发综合实践活动课程，这更加彰显了学校开发课程的重要性，为校本课程的真正产生提供了实践环境。至此，校本课程初现雏形。

（三）成型阶段（2001年至今）

进入21世纪以后，在课程开发权力逐步下放的大背景下，校本课程开始成形，并逐步成为国家课程管理体系中不可或缺的一部分。2001年5月，《关于基础教育改革与发展的决定》提出"实行国家、地方、学校三级课程管理"。6月《基础教育课程改革纲要（试行）》中提出："改变课程管理过于集中的状况，实行国家、地方、学校三级课程管理。"同年《义务教育课程设置实验方案》规定："提供……地方、学校自主开发或选用课程的空间。"由此，我国三级课程管理体系正式形成，校本课程作为基础教育课程体系的重要组成部分，开始受到各级各类学校的重视，受到众多研究者的重视。

2003 年 3 月，教育部印发了《普通高中课程方案（实验）》和语文等学科课程标准，规定了高中学校的课程自主权，允许学校根据当地社会、经济、科技、文化发展的需要和学生的兴趣，开设若干选修模块，供学生选择。

在 2005 年之前，我国对校本课程实践的探究仍旧较少，校本课程属于“奢侈品”，仅有少数有实力的学校进行了小规模的尝试，“校本课程开发”还未真正走进校门（余进利，2004a）。随着人们校本课程开发的意识不断增强、认识不断深化，学术界也开始对校本课程及其开发进行了研究，校本课程进入了探索与发展、推广与普及阶段。

虽然校本课程在进入新世纪以后得以正式形成与发展，且在相关的政策文件中已有体现，但是校本课程政策、理论与实践仍需进行深层次的探索，以逐步实现校本课程的终极目标。

2010 年,《关于深化基础教育课程改革进一步推进素质教育的意见》指出，有条件的地区和学校在达到国家规定的基础教育基本质量要求的前提下，可逐步提高学校课程设置的比例。国家对校本课程的重视程度越来越高，校本课程的地位在不断加强。同年,《教育规划纲要》提出学校要创造条件开设丰富多彩的选修课，鼓励学校办出自己的特色，这使校本课程开发得到了进一步推广与完善。在国家课程政策的引领下，学术界不断积极探索校本课程建设，使校本课程建设的理论与实践得以充实、丰富与发展。尤其是对校本课程开发的研究逐渐增多，在研究的价值取向、操作层面、开发的范围与内容上逐步呈现出多样性。特别是在 2012 年许多学者纷纷总结校本课程开发十年以来的经验和教训（商宪春 等,2016），促使校本课程开发不断发展与完善，校本课程建设不断趋于科学、合理。

2014 年教育部发布的《关于全面深化课程改革落实立德树人根本任务的意见》明确提出:“省级教育行政部门和学校要依据修订后的基础教育国家课程方案，调整完善地方课程和学校课程”，“各地要做好地方课程和学校课程的规范管理和分类指导”。这一政策文本不仅为校本课程的完善提供了政策上的依据，还为校本课程实施提供了强有力的抓手。

《普通高中课程方案（2017 版）》明确要求校本课程不低于 8 学分。此时的校本课程不仅在学校课程体系中的地位大幅提高，还作为一种具体的课程形态，具备了独立发展的可能与空间。尤其是随着核心素养的提出，校本课程的建设旨在促进学生核心素养的发展，设计和开发高质量的、满足学生发展核心素养需求的校本课程迫在眉睫。

综上所述，我国的校本课程建设历经70余年的探索，经历了萌生、雏形、成型等发展阶段。首先，我国课程管理从原先单一的国家课程模式走向国家、地方、学校三级管理的课程模式，这与国家课程政策的变迁和课程改革是紧密相连的（郑玉飞，2019）。其次，我国的校本课程是在本土生成的，是在学校选修课、活动课的基础上逐步形成的。如江苏省锡山高级中学便是由原来的“活动课程＋选修课”的自由课程发展形式走向真正意义上的校本课程发展之路（靳玉乐，2001b）。最后，校本课程政策在原则上肯定了学校、教师在课程开发中的重要地位，为学校、教师开发校本课程提供了政策保障，有利于促进三级课程管理体系的进一步完善。由此，各级各类学校开始按照校本课程的理念大力进行适合本校学生特点与需求的校本课程开发，以校本课程建设推动学校特色发展。

为高质量开发校本课程，《义务教育课程方案（2022年版）》明确规定，校本课程应立足学校办学传统和目标，发挥特色教育教学资源优势，以多种课程形态服务学生个性化学习需求，原则上由学生自主选择。这就意味着，校本课程应立足自身特点来丰富课程内容构建和呈现方式，避免变成学科课程的简单延伸或对某类专题教育知识的系统设计，同时要避免以单一的教材或读本为载体形态进行呈现（杨颖东 等，2023）。2023年5月9日，教育部颁布《关于加强中小学地方课程和校本课程建设与管理的意见》，强调合理开发校本课程。具体内容包括：一是功能定位。丰富课程供给，增强课程对学生和学校的适应性。服务学生个性化学习需求，培养兴趣爱好，发展特长；注重引导学生及时了解经济社会和科技等新进展、新成果；体现学校文化，增强学校办学特色，促进教师专业发展。二是课程开发。学校要有专人负责，建立健全教师、社会专业人士以及家长等多方参与的校本课程开发机制。明确各方责任，合理规划、规范组织课程开发工作。对学生需求和学校课程资源等进行调查分析，充分论证，确定校本课程建设方向、重点学习领域、科目与形态等。义务教育阶段校本课程，要注重反映学生丰富多样的成长需求，采取学生喜闻乐见的形式，避免内容和形式单一。普通高中校本课程要注重拓展学习领域，丰富学习样态，避免开设应试训练类课程。校本课程原则上不编写出版教材，确需编写出版的应报教育行政主管部门备案；鼓励开发运用多形态课程资源。

第二节　地方课程与校本课程的建设成效

一、地方课程的建设成效

地方课程是以党的教育方针为指导，结合地方政治经济文化的发展水平，以及地方对人才规格的具体要求，开发地方性的课程资源，进而设置的课程。地方课程受制于地方长期的历史变迁、人文环境及特定地理环境的影响，必然带有浓郁的地方特色。地方课程的提出与实施的过程，是我国课程管理体制不断创新与变革的过程。地方课程的出现不仅为课程管理的改革与创新注入了活力与动力，也丰富与完善了我国课程的形态。在建设与实施地方课程的过程中，必须始终保持“地方”的特色与功能，坚持以地方为本位。

（一）强调区域性和个性化，指向学生在全面发展的基础上实现个性发展

地方课程是根据区域经济社会文化发展情况、区域发展所面临的现实问题，以及区域对未来社会成员的特殊发展要求而开发的课程。地方课程在开发与实施的过程中，必须根植于特定区域，始终面向该地域经济社会发展的需要和地方对人才培养的需求，因此，它具有鲜明的区域性。从某种层面上说，地方课程的设置与实施，一方面是为了解决在全国统一的教学计划、教学大纲等规制下，课程与地方经济社会发展需要和人才培养需求不相一致，脱离社会生活和学生成长与生存的环境，脱离学生的生活经验，学生难以理解与掌握等问题。通过地方课程的设置与实施，让学校教育回归实际生活环境，将文化知识与个体生活实际联系起来，让学生了解与接触区域社会生活和历史文化等，增进学生对国家课程的理解，提高课程内容的应用价值。另一方面是提高学生对乡土文化的了解和热爱，提升文化自信，保持文化的丰富性和多样性，服务于地方经济社会文化发展。学生在地方课程的学习中，

了解、传承和创新乡土文化，增强乡土情怀，增强建设美好家乡的责任感和使命感，维护我国文化的多样性，推进地方经济社会发展，在全面发展的基础上实现个性化的发展。

（二）强调教育性和文化性，落实立德树人根本任务

地方课程是根据不同的地域文化开发的课程，必然带有区域文化的特征。我国有 56 个民族，不同民族的历史、文化有着明显的差异。为了保持文化多样性、丰富性，可以根据区域文化特点及其面临的现实问题等开发相应的课程。在地方课程开发的过程中，应坚持国家宏观教育政策指导与尊重各地方文化习俗相结合，开发出既符合党的教育方针和课程政策，又能体现区域文化特色的地方课程。

在长期的社会历史变迁过程中，人们积淀了一定的历史文化；同时，在不同的地理环境中，人们形成了不同的生活方式，积累了各具特色的地方文化资源。这些地方文化资源既有物质形态的，也有精神形态的；既有现实的，也有潜在的；既有地方性的文本文化，也有历史活态文化；既有先进的文化，也有落后的文化；等等。由于地方课程的开设有着明确的目的性和教育性，因此，必须挖掘地方文化资源蕴含的教育价值，开发有教育价值和意义的课程资源。在开发地方课程的过程中，开发者必须具有辨析与加工文化资源的能力，选择具有代表性的优秀的地方文化、体现地方高尚的精神追求和价值观念的文化，开发适切的地方课程。“通过利用民族优秀传统活态文化和自然历史活态文化精华进行育人，特别将中华民族长期的生活形成的民族精神及其核心价值观等活态文化引入育人活动的全过程，有利于陶冶心性，涵养传统文化精髓，保持育人文化的民族性，增强对文化民族性的坚守，提高文化自信。”（殷世东，2019a）[155] 在保持地区文化多样性和丰富性的同时，落实立德树人的根本任务，培养和塑造学习者的文化个性与文化审美情怀。

（三）强调课程地方管理权限，落实三级课程管理体制

从地方课程设置与开发来看，它是针对地方的基础教育改革与发展的实际需要，为了促进地方经济社会文化发展而设计的课程。地方课程设置的基

本目的是促进区域经济社会文化发展和满足区域范围内人们对基础教育的需求。它的设置有利于加强学生与区域社会现实的联系，有利于学生更好地了解社区，增强为地方服务的社会责任感。为了有利于地方课程开发、设置与实施，必须将地方课程管理权限归属于地方，真正实施三级管理，从而真正实现地方课程开设的目标和价值。

基础教育三级课程管理体制赋予了地方课程管理权限，在具体实施的过程中，各地根据地方实际，开发与实施地方课程，激活与唤醒地方教育管理部门、教育研究者和教师的课程开发与实施的主体意识，调动他们参与课程开发与实施的主动性、积极性和创造性，转变他们的课程管理理念，打破了“大一统”的僵化局面，增强了课程对地方、学校和学生的适应性，形成课程的地方特色（成尚荣，2004）。为此，在设计与开发地方课程的过程中，地方教育行政部门应联系相关部门、教育研究者和教师等组成地方课程开发小组，研究区域所面临的基础教育现实问题或主要矛盾，积极利用和开发区域文化中关于地方的历史知识、地方性的气候和地理环境知识、服务于地方经济发展的科技知识，以及地方社会生活方式知识等，有针对性地开发符合地方基础教育需要和人才个性发展需要的地方课程。

二、校本课程的建设成效

我国校本课程建设历经 70 余年的探索与发展，经历了从萌生、雏形到成型等阶段，实现了校本课程的全面推广与应用，取得了颇为显著的建设成效。

（一）校本课程开发日渐成熟

校本课程开发是一个专业性较强的活动，涉及许多复杂的因素。首先，设计科学合理的校本课程开发流程。校本课程在我国经历了几十年的发展，各学校在积极投入校本课程建设的实践中形成了适应自身发展实际的校本课程开发流程。其大致的操作流程是先组建校本课程开发的队伍，然后对学校内部和外部的情境和需要进行科学、充分、全面的了解和分析，在此基础上制订校本课程开发的目标，为校本课程的建设与发展指明方向和提供依据，随后再根据课程开发的目标设计校本课程开发方案，最后进行校本课程的实施与评价。如江苏省锡山高级中学根据国家或地方文件精神，在学校教育哲学的指导下，评估学生课程需求及社区、学校课程资源，确立校本课程建设的总体目标、总体结构，撰写课程纲要，从而形成了比较有特色的校本课程发展计划。

其次，积极与高等院校合作。校本课程开发是一项具有专业性、复杂性的活动，尤其是随着校本课程开发数量的逐步增多，对校本课程开发质量的要求逐步提高，校本课程开发迫切需要理论上的指导与帮助。因此，在开发的过程中，学校应积极寻求与高等院校的合作，获得理论上的支持，这样不仅可丰富教师的校本课程开发的理论知识，还有助于开发出更高水平、更高质量的校本课程。如厦门海沧实验中学委托教育部福建师范大学基础教育课程研究中心指导开发体现学校办学特色的校本课程，以国家课程和地方课程为基础，以校本课程为助力，培育“四有”的综合型、多元化、全面发展的现代化人才。

最后，依托当地环境。校本课程的开发不是凭空想象的，必须置身于地方的具体情境，依托当地的社会、经济、科技、文化等资源，这样开发出来的校本课程才能真正满足学校及学生的需要，成为一种适切的课程。校本课程资源有校内课程资源、校外课程资源、网络课程资源（殷世东，2009）[138]，而这些课程资源的开发与利用，一定要符合本校及本校学生发展的需要，体现学校特色。在校本课程开发的实践中，越来越多的学校为了进一步彰显学校育人特色，依托当地具体的环境开发出了颇具特色的校本课程，例如广东省佛山市的学校依据地方的特色文化开发了武术和醒狮校本课程；广东省深圳市的学校依据其创客特色开设了众多创客类校本课程；四川省中江中学校依据地域文化开发了科学素养类校本课程、人文素养类校本课程及艺术素养类校本课程；江苏省马陵中学依据学校内部丰富而独特的儒家文化资源开发了儒家文化校本课程，学校还成为江苏省“儒家文化经典课程基地”（夏静芳，2018）；苏州中学将对姑苏文化的传承与理解纳入语文课程，开设了“姑苏文化”读写共生校本课程（张兰芳，2018）。由此可以看出，校本课程的开发与当地的环境是密切相关的。

（二）校本课程教材建设成果显著

校本课程在我国经历了几十年的建设与发展之后，取得了相当大的成效，特别是校本课程教材建设成果显著。各学校在进行校本课程开发的过程中，逐步形成了一系列高质量的校本课程教材。如四川省中江中学校以地域文化为主题，编写了五本地域文化校本教材，分别是《中江诗文选读》《中江名人传记》《中江绿色农业》《中江民间文化》《中江旅游地理》（蒋波，2019）。厦门双十中学则开发了以学科为中心的系列校本课程教材，主要有语文学科的《闽南语读唐诗》《古典文学鉴赏之〈世说新语〉》《古典文学鉴赏之〈诗经〉》，政治学科的《我们身边的中国文化》《模拟联合国实践活动与核心素养》，历史学科的《中国传统文化概论》《中国古典文献学》《中国思想史略》《台湾地区文化》《历史上的闽国》《名校、名景、名人背后的厦门历史》等，地理学科的《上知天文下知地理》，音乐学科的《古典乐器赏析与学习：美丽的陶笛》（陈温柔，2018）。从中可以看出，大量学校在校本课程教材建设方面取得了优异的成绩，反映出校本课程建设在不断深化。

（三）校本课程研究日臻完善

我国学者对校本课程进行了一系列研究，成果也比较丰富。首先，学者分别从课程管理、课程功能及课程价值的角度对校本课程的内涵进行界说。尽管学者们从不同的视角对校本课程进行了界定，但对于校本课程基于学校、在学校中、为了学校的特点，以及校本课程应具有个性和灵活性等形成了共识。其次，对校本课程开发的基本内涵、理念与价值、内容与模式、设计与实施、管理与评价等进行研究。有学者认为当前校本课程开发存在的问题主要表现为缺乏校本意蕴、偏于技术理性和理论基础不足。未来的校本课程开发研究应注重自下而上地建构理论，不断走向反思性实践，深化基础理论研究（叶波 等，2012）。还有学者从不同的角度对校本课程开发进行探讨，如核心素养视角、学习共同体视角、多元文化视角等，深入探讨了校本课程开发的现状、问题、模式等。也有学者对校本课程实施及评价、校本课程管理及组织、校本课程设计、校本课程资源、校本课程体系构建、校本课程整合、校本课程实践、校本课程教学进行探讨。在研究与探索中，学者们撰写了一系列专著和论文，如崔允漷的《校本课程开发：理论与实践》、王斌华的《校本课程论》、吴刚平的《校本课程开发》等。

在实践层面，随着课程改革的不断深入，各学校对校本课程建设积累了丰富的实践经验，在专门的校本课程研究机构和专业人才的指导下，不断提升校本课程建设的质量。如宁波市江东区在 2003 年正式启动特色学校建设工程，将校本课程开发与特色学校建设紧密结合起来，开发了许多富有特色的校本课程（刘正伟 等，2007）。2005 年秋，江苏省锡山高级中学在已有校本课程建设的基础上，继续深入校本课程实践，建构了包括限选类和任选类等 6 类课程的课程框架，并据此制订学校的校本课程开发指南。四川省中江中学校从 2010 年起，建构了以中江地域文化为核心的校本课程，并在高中阶段积极开展教学实践。江苏省如东县实验中学在江苏省普通高中课程基地和薄弱初中课程建设项目中，着眼于学生的全面发展，努力构建富有学校特色、具有多样化和可选择性的校本课程体系，培养学生的创新精神和实践能力（如东县实验中学，2015）。

第三节　地方课程与校本课程建设的经验与反思

地方课程和校本课程是我国基础教育课程体系的重要组成部分，建设好这两类课程对完善我国基础教育课程体系，激发地方和学校课程变革活力具有重要意义。推动地方课程和校本课程高质量实施，需要强化两类课程的育人立意，并与国家课程形成协同育人合力。

一、在开发的过程中，必须以国家课程为基础，结合地方课程与校本课程资源，进行有效整合

地方课程和校本课程的开设目标与国家课程的目标总体上是一致的，两者是国家课程的补充，因此，其内容必须与国家课程内容有着紧密的联系。如：基础教育国家课程中的历史、道德与法治等，与地方课程和校本课程的相关内容与主题有着相似性和关联性，通过开发与整合相关的地方资源和学校文化，可以将国家课程中相关的内容整合到地方课程和校本课程之中，以深化对国家课程内容的理解，也有助于开发满足地方经济社会发展需求和区域学生发展需求的课程。地方课程和校本课程主要是综合课程，也可以是分科课程。这是因为其不追求知识的自成体系，而更注重知识面的拓宽，更注重与地方政治、经济、社会、自然发展需要的整合，指导学生用整体的视野去观察社区、观察更大的区域以至世界。（成尚荣，2004）

在地方课程与校本课程的教材开发使用上，可以将国家课程的教材、专题教材和地方课程的教材等，进行比较与整合，将同一教育主题或相关教育主题整合，如将国家课程教材中的安全、国防、环保等主题，与地方课程或校本课程中的安全教育、环保教育、身心健康教育和伦理道德教育等进行整合，开展综合化教学。充分挖掘地方文化资源，并与国家课程相结合，借助地方课程对国家课程进行地方化和校本化解读，使地方课程与校本课程有效实施，减轻学业负担，提升学生综合分析问题、解决问题的能力，提升学生的综合素质。

二、在实施过程中，保持地方课程与校本课程的灵活性和开放性，保障课程的生命力

地方课程与校本课程的实施必须保持灵活性和开放性，才能保障其生命活力，实现其课程目标。与国家课程相比，地方课程与校本课程具有较大的灵活性、即时性与变动性。地方课程必须根据地方社会生活变化而适时变化与调整，从而适应地方经济社会发展和人才培养的需要。

地方课程与校本课程的教学安排要灵活多样，保持其内容的开放性，以更好地实现其设置的目标。地方课程和校本课程具有一定的弹性，尤其是地方课程的很多内容具有实践性和整合性，开展的形式是多样的，如可以通过调查、访谈、观察等形式开展；同时，由于地方课程与校本课程没有严密的知识体系和系统完整的内容等，在实施过程中教师必须根据教学情境和学生的变化，调整各模块或领域教育主题或整合教学内容，灵活开展教学。在课时设置与安排上，需要灵活多样，课时可以集中，也可以分散。

三、以学生为本，构建服务于人才培养需要的生活化的课程，提高地方课程与校本课程的适切性

地方课程与校本课程的开发和实施必须以学生为本，以学生的全面发展和终身幸福为主旨，开发与构建符合学生个性发展需求和地方对人才需要的课程。

地方课程与校本课程由于注重实践性，因此，必须走向生活世界，开发实践性的课程内容。国家课程追求的是学科体系结构的完整性，实践性和生

活性较弱，而“学校必须呈现现在的生活——即对于儿童说来是真实而生气勃勃的生活”（杜威，1981）[4]。地方课程与校本课程的设置与实施，可以让学校教育回归生活，回到生活世界。“回归生活世界的课程，在内容上意味着要突破狭隘的科学世界的框束，要首先把科学世界理解为生活世界中的科学世界。”（张华，2001）[29] 地方课程与校本课程应加强与学生生活和社会现实之间的联系，保证每个人都能够获取适合的课程，提升学生生存与发展的能力。“课程内容面向学生的真实生活，增加了与现代社会生活关系密切的现实内容，为学生提供接触生活和解决生活中各种实际问题的必要空间。”（田慧生，2015）[88] 地方课程和校本课程“应该是现实生活世界和意义世界的交汇地，在追求科学与理性的过程中，以生活世界为基础，以生命教育、生活教育的理念为指导，润泽生命，是乐园，是学生诗意的栖居地”（殷世东，2016）[119]。

参考文献

安桂清，2006. 知识理解与教学创新：诠释学的视角［J］. 全球教育展望（8）：19–23.

白月桥，1996. 课程变革概论［M］. 石家庄：河北教育出版社.

鲍尔，希尔加德，1987. 学习论：学习活动的规律探索［M］. 邵瑞珍，皮连生，吴庆麟，等译. 上海：上海教育出版社.

本报记者，2003. 课程改革为何非搞不可：访福建师大基础教育课程研究中心余文森教授［N］. 光明日报，2003–05–22.

蔡克勇，冯向东，1985. 第二课堂的产生是教育思想上的一次变革［J］. 高等教育研究（4）：10–16.

蔡中宏，2005. 新中国教育方针嬗变的考察与反思［J］. 兰州大学学报（社会科学版）（5）：145–148.

巢宗祺，2012a. 义务教育语文课程标准修订概况（上）［J］. 课程·教材·教法（3）：45–49.

巢宗祺，2012b. 义务教育语文课程标准修订概况（下）［J］. 课程·教材·教法（4）：37–41.

陈温柔，2018. 跨学科主题式校本课程推动核心素养落地：以厦门双十中学校本课程《中国传统文化》为例［J］. 历史教学问题（4）：116–119.

陈侠，1983. 课程编订：概念和原则［J］. 课程·教材·教法（5）：3–6.

成尚荣，2004. 地方课程管理和地方课程开发［J］. 教育研究（3）：67–71.

崔峦，2000. 学习试用修订版大纲 大力改进小学语文教学［J］. 课程·教材·教法（5）：17–23.

崔允漷，1999. 略论我国基础教育课程政策的改革方向［J］. 教育发展研究（9）：32–34.

崔允漷，2000a. 从“选修课和活动课”走向“校本课程”：“江苏省锡山高级中学校本课程”个案研究［J］. 教育发展研究（2）：22–26.

崔允漷，2000b. 校本课程开发：理论与实践［M］. 北京：教育科学出版社.

崔允漷，2001. 国家课程标准与框架的解读［J］. 全球教育展望（8）: 4–9.

崔允漷，2003. 综合实践活动案例专家点评：小学卷［M］. 沈阳：辽海出版社 .

崔允漷，2011. 基于课程标准：让教学“回家”［J］. 基础教育课程（12）: 51–52.

崔允漷，郭华，吕立杰，等，2022. 义务教育课程改革的目标、标准与实践向度（笔谈）:《义务教育课程方案和课程标准（2022 年版）》解读［J］. 现代教育管理（9）：6–19.

戴伯韬，1981. 论研究学校课程的重要性［J］. 课程・教材・教法（1）: 3–7.

邓小平，1994. 邓小平文选：第 2 卷［M］.2 版 . 北京：人民出版社 .

杜威，1981. 杜威教育论著选［M］. 赵祥麟，王承绪，编译 . 上海：华东师范大学出版社 .

改革开放以来的教育发展历史性成就和基本经验研究课题组，2008. 改革开放 30 年中国教育重大理论成果［M］. 北京：教育科学出版社 .

高岩，陈晓端,2018. 改革开放 40 年我国课程政策研究的回顾与走向［J］. 课程・教材・教法（8）：34–42.

顾明远，1998. 教育大辞典（增订合编本）［M］. 上海：上海教育出版社 .

顾之川，2000. 高中语文教学大纲（试验修订版）述要［J］. 课程・教材・教法（6）：22–26.

郭元祥，2013. 综合实践活动课程与教学论［M］. 北京：人民教育出版社 .

郝德永，2007. 课程的本质主义症结与“合法性”危机［J］. 教育研究（9）：29–33.

何东昌，1998. 中华人民共和国重要教育文献（1949 年—1997 年）［M］. 海口：海南出版社 .

何茜，罗生全，李臣之，等，2022. “义务教育新课程方案和课程标准”笔谈［J］. 湖南师范大学教育科学学报（3）：1–18.

贺曼华，1985. 试谈我国农村中小学课程改革问题［J］. 课程・教材・教法（6）：61–65.

胡东芳，2002. 新中国课程政策的历史回顾与理论思考［J］. 清华大学教育研究（4）：64–70.

胡航舟，郑东辉，2018. 课程管理机制的日益民主与科学［J］. 中国教育学刊（6）：25–31.

胡森，波斯尔斯韦特，2006. 教育大百科全书：第 7 卷：课程 教育技术［M］. 海口：海南出版社 .

扈中平，刘朝晖，2001. 多元性教学理念与创新素质的培养［J］. 教育研究（7）：20–24.

华东师范大学教育系，杭州大学教育系，1980. 现代西方资产阶级教育思想流派论著选［M］. 北京：人民教育出版社 .

怀特海，2002. 教育的目的［M］. 徐汝舟，译 . 北京：生活 · 读书 · 新知三联书店 .

黄甫全，2000. 大课程论初探：兼论课程（论）与教学（论）的关系［J］. 课程 · 教材 · 教法（5）：1–7.

黄甫全，2004. 普通高中新课程培养目标变革的文献分析［J］. 课程 · 教材 · 教法（10）：3–8.

黄晓，李春密，黄端文，2015. 浙江省普通高中选修课程开发与实施的成绩、问题与建议［J］. 教师教育研究（2）：60–66，98.

黄政杰，1991. 课程设计［M］. 台北：台湾东华书局 .

黄忠敬，2003. 我国基础教育课程政策：历史、特点与趋势［J］. 课程 · 教材 · 教法（1）：21–26.

江山野，1991a. 简明国际教育百科全书：课程［M］. 北京：教育科学出版社 .

江山野，1991b. 普通高中课程改革的十个基本问题（三）［J］. 课程 · 教材 · 教法（7）：14–18.

蒋波，2019. 根植地域文化 建构校本课程：中江中学校地域文化校本课程的开发与实践［J］. 中学语文教学（3）：43–45，90.

蒋建华，2004. 走向政策范式的课程研究［J］. 北京大学教育评论（1）：89–94.

教育部基础教育司，2002. 走进新课程：与课程实施者对话［M］. 北京：北京师范大学出版社 .

金学方，1997. 关于《全日制普通高级中学课程计划（试验）》的介绍［J］. 课程 · 教材 · 教法（1）：1–3.

金一鸣，2000. 中国社会主义教育的轨迹［M］. 上海：华东师范大学出版社.

靳玉乐，2001a. 课程实施：现状、问题与展望［J］. 山东教育科研（11）: 3–7.

靳玉乐，2001b. 校本课程的实施：经验、问题与对策［J］. 教育研究（9）: 53–58.

靳玉乐，2002. 中国基础教育新课程的创新与教育观念转变［J］. 西南师范大学学报（人文社会科学版）（1）: 48–51.

靖国平，2003. 个体知识及其教育的时代意义［J］. 江西教育科研（6）: 3–6.

柯政，2018a. 从整齐划一到多样选择：改革开放 40 年中国课程改革之路［J］. 全球教育展望（3）: 3–18.

柯政，2018b. 改革开放 40 年教材制度改革的成就与挑战［J］. 中国教育学刊（6）: 1–7.

课程教材研究所，2001a. 20 世纪中国中小学课程标准 · 教学大纲汇编：课程（教学）计划卷［M］. 北京：人民教育出版社.

课程教材研究所，2001b. 20 世纪中国中小学课程标准 · 教学大纲汇编：化学卷［M］. 北京：人民教育出版社.

课程教材研究所，2001c. 20 世纪中国中小学课程标准 · 教学大纲汇编：历史卷［M］. 北京：人民教育出版社.

课程教材研究所，2001d. 20 世纪中国中小学课程标准 · 教学大纲汇编：数学卷［M］. 北京：人民教育出版社.

课程教材研究所，2001e. 20 世纪中国中小学课程标准 · 教学大纲汇编：物理卷［M］. 北京：人民教育出版社.

课程教材研究所，2001f. 20 世纪中国中小学课程标准 · 教学大纲汇编：语文卷［M］. 北京：人民教育出版社.

兰德曼，1988. 哲学人类学［M］. 张乐天，译. 上海：上海译文出版社.

李臣之，王虹，2016. 校本课程开发的本土味：逻辑、空间与限制［J］. 课程 · 教材 · 教法（1）: 28–34，44.

李润洲，2011. 基础教育课程改革的三维解析［J］. 教育学术月刊（11）: 3–5，57.

李素梅，滕星，2008. 中国百年乡土教材演变述评［J］. 广西民族大学学报（哲学社会科学版）(1)：49–55.

李涛，2009. 新中国历次课程改革中的“双基”理论与实践探索［J］. 课程·教材·教法（12）：77–86.

李召存，2006. 课程知识的生存论透视［J］. 教育理论与实践（15）：33–36.

联合国教科文组织，2017. 反思教育：向“全球共同利益”的理念转变？［M］. 北京：教育科学出版社.

联合国教科文组织国际教育发展委员会，1996. 学会生存：教育世界的今天和明天［M］. 北京：教育科学出版社.

刘道义，2002. 英语：新课程所引起的教材变革［J］. 课程·教材·教法（9）：44–47.

刘启迪，1999. 论综合课程的绝对性与相对性［J］. 课程·教材·教法（6）：8–11.

刘英杰，1993. 中国教育大事典：1949—1990：上册［M］. 杭州：浙江教育出版社.

刘正伟，仇建辉，2007. 校本课程开发与特色学校建设：以宁波市江东区为中心的考察［J］. 教育发展研究（10）：77–79.

龙安邦，余文森，2019. 我国基础教育课程改革与发展 70 年［J］. 课程·教材·教法（2）：11–18.

陆志平,2001. 高中语文教学大纲（试验修订版）的新发展［J］. 课程·教材·教法（10）：24–27.

洛克，1999. 教育漫话［M］. 傅任敢，译. 北京：教育科学出版社.

吕立杰，2007. 课程政策制定过程的特征与本质［J］. 课程·教材·教法（8）：3–7.

吕立杰，2008. 国家课程设计过程研究：以我国基础教育“新课程”设计为个案［M］. 北京：教育科学出版社.

吕立杰，韩继伟，张晓娟，2017. 学科核心素养培养：课程实施的价值诉求［J］. 课程·教材·教法（9）：18–23.

吕型伟，1984. 创建两个渠道并重的教学体系，培养现代化建设人才［J］. 上海教育(1)：35–37.

吕型伟，阎立钦，2000. 面向 21 世纪我的教育观：基础教育卷［M］. 广州：广东教育出版社 .

马克思，恩格斯，1972. 马克思恩格斯选集：第三卷［M］. 北京：人民出版社 .

马克思，恩格斯，2012. 马克思恩格斯选集：第一卷［M］. 3 版 . 北京：人民出版社 .

马立，1992. 关于《九年义务教育全日制小学、初级中学课程计划》的若干说明［J］. 课程 · 教材 · 教法（11）：4–10.

马云鹏，2000. 对《九年义务教育全日制小学数学教学大纲（试用修订版）》的理解与认识［J］. 课程 · 教材 · 教法（7）：20–25.

马云鹏，唐丽芳，2002. 课程实施策略的选择：课程改革中一个不可忽视的问题［J］. 比较教育研究（1）：16–20.

曼海姆，2000. 意识形态与乌托邦［M］. 黎鸣，李书崇，译 . 北京：商务印书馆 .

孟凡丽，于海波，2003. 课程实施研究二十年［J］. 西北师大学报（社会科学版）（2）：1–5.

莫兰，2004. 复杂性理论与教育问题［M］. 陈一壮，译 . 北京：北京大学出版社 .

潘洪建，2014. 知识旨趣：基本蕴涵、教育价值与教学策略［J］. 当代教育与文化（4）：50–55.

彭前程，2018.《普通高中物理课程标准（2017 年版）》的变化［J］. 课程 · 教材 · 教法（9）：99–106.

彭泽平，2006. 嬗变与超越：新中国基础教育课程改革史［M］. 北京：华龄出版社 .

彭泽平，李茂琦，2003. 对当前我国义务教育培养目标定位的思考［J］. 西南师范大学学报（人文社会科学版）（1）：70–75.

钱丽欣，2015. 课程整合：回应未来社会对学生核心素养的期待［J］. 人民教育（24）：33–35.

瞿葆奎，1988. 教育学文集：课程与教材：上册［M］. 北京：人民教育出版社 .

瞿葆奎，1991. 教育学文集：课外校外活动［M］. 北京：人民教育出版社 .

瞿葆奎，1993. 教育学文集：智育［M］. 北京：人民教育出版社.

任兆平，2013. 论课程实施中的学生参与［J］. 山西师大学报（社会科学版）（研究生专刊）：145–146.

如东县实验中学，2015. 学会超越，追求卓越：校本课程建设成效初显［J］. 教育研究与评论（中学教育教学）（4）：2.

萨瓦特尔，2012. 教育的价值［M］. 李丽，孙颖屏，译. 北京：北京大学出版社.

商宪春，谭诤，2016. 校本课程开发研究的回顾与反思［J］. 现代教育科学（12）：134–138，155.

邵光华，顾泠沅，2006. 中国双基教学的理论研究［J］. 教育理论与实践（3）：48–52.

施良方，1996. 课程理论：课程的基础、原理与问题［M］. 北京：教育科学出版社.

石娟，2018. 数字教科书的价值逻辑与教师主体回应［J］. 课程·教材·教法（5）：56–61.

石鸥，2009. 中国基础教育 60 年（1949—2009）［M］. 长沙：湖南师范大学出版社.

石鸥，方成智，2012. 中国近现代教科书史：下册［M］. 长沙：湖南教育出版社.

石鸥，吴小鸥，2015. 简明中国教科书史［M］. 北京：知识产权出版社.

史宁中，马云鹏，刘晓玫，2012. 义务教育数学课程标准修订过程与主要内容［J］. 课程·教材·教法（3）：50–56.

史玉，肖慧，2019. 成都市中小学综合实践活动课程实施现状调研报告［J］. 教育科学论坛（8）：66–70.

孙彩平，蒋海晖，2012. 知识的道德意义：兼论学科教学中道德意义的挖掘［J］. 中小学德育（10）：13–17.

孙平，2007. 课程实施中的教师主体性及其发展研究：阐释学视角［D］. 武汉：华中科技大学.

孙素英，2011. 普通高中课程改革的渐进实施：以北京市首轮高中课程改革为例［J］. 中国教育学刊（9）：49–52.

孙霄兵，2005. 培养社会主义社会的合格公民应当成为我国教育事业的重要目标［J］. 教育研究（4）：13–16.

孙霄兵，2018. 改革开放以来我国基础教育改革主要政策走向及启示［J］. 人民教育（21）：13–19.

孙霄兵，徐玉玲，2019. 中国基础教育 70 年：成就与政策［J］. 课程·教材·教法（2）：4–10.

田慧生，2014. 新课程标准修订的基本精神与主要特点［J］. 中国教育学刊（11）：34–39.

田慧生，2015. 我国基础教育课程改革：回顾与前瞻［J］. 中国教育科学（2）：82–103.

田慧生，2018. 普通高中课程方案和课程标准审议有关情况介绍［J］. 重庆与世界（2）：25.

田慧生，2022. 修订颁布《义务教育课程方案和课程标准（2022 年版）》为培养时代新人奠基［J］. 中国教育学刊（5）：2.

屠莉娅，2007. 论基础教育新课程改革对国情的适应与创造［J］. 全球教育展望（8）：20–25.

王策三，1985. 教学论稿［M］. 北京：人民教育出版社.

王鉴，2006. 我国民族地区地方课程开发研究［J］. 教育研究（4）：24–27.

王湛，2018. 为新时代高中教育绘制育人蓝图：谈普通高中课程方案和课程标准修订工作［J］. 人民教育（3–4）：33–36.

魏国栋，吕达,2004. 普通高中新课程解析［M］. 北京：人民教育出版社.

吴洪成，田谧，李晨，等，2017. 中国近现代教科书史论［M］. 北京：知识产权出版社.

吴小鸥，2012. 新课程改革教材建设十年回顾及趋势展望［J］. 教育科学研究（1）：57–62，76.

吴小鸥，雷熙，2011. 新中国语文教科书 60 年之演进［J］. 湖南师范大学教育科学学报（2）：10–14.

夏静芳，2018. 植根于环境 养成于实践：马陵中学“儒家文化”校本课程开发与实践探索［J］. 中学语文教学（7）：41–43，89.

夏皮罗，2014. 具身认知［M］. 李恒威，董达，译. 北京：华夏出版社.

项家庆，2012. 教你开发校本课程［M］. 广州：世界图书出版广东有限公司.

肖磊，2016. 课程改革制度化论纲［J］. 课程·教材·教法（8）：48–54.

《小学活动课程实施中的问题研究》课题组，1996. 上海市小学活动课程实施情况的调查报告［J］. 上海教育科研（12）：19–21.

熊明安，1999. 中国近现代教学改革史［M］. 重庆：重庆出版社.

徐金海，2021. 学习方式变革的五个关键要素［J］. 教育发展研究（24）：3.

许大成，2016. 教师课程实施力：教给学生进入世界的知识［J］. 中学政治教学参考（28）：14–16.

许洁英，2005. 国家课程、地方课程和校本课程的含义、目的及地位［J］. 教育研究（8）：32–35，57.

杨九诠，2021. 三维目标，核心素养的分析框架［J］. 上海教育科研（1）：1.

杨明全，2022. 新一轮义务教育课程修订基本精神［J］. 教育研究（8）：77–84.

杨向东，2018. 核心素养与学习方式变革［J］. 上海教育科研（7）：1.

杨晓微，2000. 近二十年我国基础教育课程研究的方法论探析［J］. 教育研究（3）：37–43.

杨颖东，郝志军，2023. 地方课程和校本课程建设的价值导向与高质量实施路径［J］. 人民教育（20）：54–57.

叶波，范蔚，2012. 课程改革十年：校本课程开发的进展、问题与展望［J］. 教育科学研究（4）：47–52，56.

叶澜，2002. 重建课堂教学价值观［J］. 教育研究（5）：3–7，16.

叶圣陶，1994. 叶圣陶教育文集：第二卷［M］. 刘国正，主编. 北京：人民教育出版社.

殷世东，2009. 综合实践活动课程与素质教育［M］. 合肥：中国科学技术大学出版社.

殷世东，2011a. 中小学社会实践的价值意蕴与有效开展［J］. 课程·教材·教法（9）：9–12.

殷世东，2011b. 作为学习方式的社会实践：考量与开展［J］. 中国教育学刊（7）：29–32.

殷世东，2016. 让课堂成为诗意栖居地［J］. 教育研究（3）：119–125.

殷世东，2017. 课堂教学活动逻辑：诗性逻辑［J］. 教育研究（10）：100–105.

殷世东，2018. 课堂育人的文化品性［M］. 北京：中国社会科学出版社.

殷世东，2019a. 活态文化视角下中小学研学旅行课程的价值考察［J］. 教育研究（3）：154–159.

殷世东，2019b. 综合实践活动：课程抑或学习方式［J］. 课程·教材·教法（4）：116–121.

殷世东，程静，2018. 中小学研学旅行课程化的价值意蕴与实践路径［J］. 课程·教材·教法（4）：116–120，115.

殷世东，龚宝成，2008. 综合实践活动课程旨归：身心和谐发展［J］. 中国教育学刊（8）：60–62.

殷世东，汤碧枝，2019. 研学旅行与学生发展核心素养的提升［J］. 东北师大学报（哲学社会科学版）（2）：155–161.

于述胜，刘继青，2005. 中国现代课程改革的文化问题论纲［J］. 当代教育科学（19）：13–17.

于影丽，2006. 西北少数民族地区三级课程实施再思考：以新疆地区为例分析［C］// 西北师范大学西北少数民族教育发展研究中心. 中国少数民族教育学会第一次学术研讨会会议论文集. 兰州：西北师范大学西北少数民族教育发展研究中心.

于泽元，靳玉乐，2007. 课程实施研究：理论转向与研究焦点［J］. 全球教育展望（1）：63–68，39.

余进利，2004a. 关于校本课程开发的新思考［J］. 教育发展研究（1）：34–37.

余进利，2004b. 我国基础教育三级课程管理体制实施述评［J］. 当代教育科学（4）：22–25.

余文森，2005. 新课程教学改革的成绩与问题反思［J］. 课程·教材·教法（5）：3–9.

余文森，2008. 论个体知识的课程论意义［J］. 教育研究（12）：44–50.

余文森，2012. 论公共知识的课程论意义［J］. 教育研究（1）：118–124.

余文森，2015. 关于教学改革的原点思考［J］. 全球教育展望（5）：3–13.

余文森，2018a. 课程教学改革目标方向的 40 年变迁［N］. 中国教师报，2018–12–26（6）.

余文森，2018b. 论学科核心素养的课程论意义［J］. 教育研究（3）：129–135.

余文森，2018c. 论学科核心素养形成的机制［J］. 课程・教材・教法（1）：4–11.

余文森，2019a. 从“双基”到三维目标再到核心素养：改革开放 40 年我国课程教学改革的三个阶段［J］. 课程・教材・教法（9）：40–47.

余文森，2019b. 论核心素养导向的三大教学观［J］. 当代教育与文化（2）：62–66.

余文森，龙安邦，2022. 论义务教育新课程标准的教育学意义［J］. 课程・教材・教法（6）：4–13.

俞啸云，胡豪，吴慧，1984. 论“第二课堂”建设与人才培养［J］. 上海青少年研究（7）：11–17.

张华，1999. 论课程实施的涵义与基本取向［J］. 外国教育资料（2）：28–33.

张华，2001. 主导基础教育课程改革的五种理念［J］. 江苏教育（19）：28–30.

张华，2023. 论课程核心素养：走向“新三维目标”［J］. 教育研究（9）：76–85.

张家军，靳玉乐，2004. 论课程政策主体［J］. 当代教育科学（1）：23–25.

张建文，2011. 基础教育课程史论［M］. 北京：人民出版社.

张兰芳，2018. 读以为耕 文以为获：“姑苏文化”读写共生校本课程开发与实施［J］. 中学语文教学（5）：43–45，89.

张妍，曲铁华，2023. 我国基础教育课程政策 100 年：历程、特点与展望［J］. 教育学术月刊（8）：26–32.

张颖，2011. 新课程高中物理教科书呈现方式的研究［J］. 课程・教材・教法（5）：76–81.

张增田，靳玉乐，2004. 论解释学视域中的课程实施［J］. 比较教育研究（6）：1–5.

赵昆伦，张君，2018. 改革开放以来我国基础教育课程结构的演变及展望［J］. 辽宁教育（7）：28–32.

赵宗芳，吴俊明，2005. 新课程化学教科书呈现方式刍议［J］. 课程·教材·教法（7）：70–74.

郑太年，2006. 知识观·学习观·教学观：建构主义教育思想的三个层面［J］. 全球教育展望（5）：32–36.

郑玉飞，2019. 改革开放 40 年三级课程管理概念的演化及发展［J］. 教育科学研究（5）：54–59，65.

中共中央文献研究室，2011a. 建国以来重要文献选编：第一册［M］. 北京：中央文献出版社.

中共中央文献研究室，2011b. 建国以来重要文献选编：第十册［M］. 北京：中央文献出版社.

中共中央文献研究室，2011c. 三中全会以来重要文献选编：下［M］. 北京：中央文献出版社.

中国教育科学研究院，2022. 中国共产党百年教育大事记（1921—2021）［M］. 北京：教育科学出版社.

《中国教育年鉴》编辑部，1984. 中国教育年鉴（1949—1981）［M］. 北京：中国大百科全书出版社.

《中国教育年鉴》编辑部，2004. 中国教育年鉴：2004［M］. 北京：人民教育出版社.

《中国教育年鉴》编辑部，2005. 中国教育年鉴：2005［M］. 北京：人民教育出版社.

中国教育学会，2005. 中国教育科学：2004［M］. 北京：人民教育出版社.

中华人民共和国教育部，2001. 全日制义务教育语文课程标准（实验稿）［S］. 北京：北京师范大学出版社.

中华人民共和国教育部，2003a. 普通高中课程方案（实验）［S］. 北京：人民教育出版社.

中华人民共和国教育部，2003b. 普通高中历史课程标准（实验）［S］. 北京：人民教育出版社.

中华人民共和国教育部，2003c. 普通高中语文课程标准（实验）［S］. 北京：人民教育出版社.

中华人民共和国教育部，2018. 教育部教材局负责人就普通高中课程方案和课程标准修订答记者问［EB/OL］.［2018–01–16］.http：//www.moe.gov.cn/jyb_xwfb/s271/201801/t20180116_324661.html.

中华人民共和国教育部，2022a. 义务教育课程方案（2022 年版）［S］. 北京：北京师范大学出版社 .

中华人民共和国教育部，2022b. 义务教育语文课程标准（2022 年版）［S］. 北京：北京师范大学出版社 .

钟启泉，2011.“三维目标”论［J］. 教育研究（9）：62–67.

钟启泉，2017. 学科教学的发展及其课题：把握“学科素养”的一个视角［J］. 全球教育展望（1）：11–23，46.

钟启泉，安桂清，2003. 综合实践活动课程：实质、潜力与问题［J］. 北京大学教育评论（3）：66–69.

钟启泉，崔允漷，张华，2001. 为了中华民族的复兴 为了每位学生的发展：《基础教育课程改革纲要（试行）》解读［M］. 上海：华东师范大学出版社 .

周彬，2009. 课堂密码：对课堂教学的深度思考［M］. 上海：华东师范大学出版社 .

朱华，肖清清，2019. 中小学教科书 70 年改革的历程与经验［J］. 湖南师范大学教育科学学报（2）：8–14.

卓晴君，李仲汉，2000. 中小学教育史［M］. 海口：海南出版社 .

左璜，2016. 基础教育课程改革的国际趋势：走向核心素养为本［J］. 课程·教材·教法（2）：39–46.

Pinar W F，Reynolds W M，Slattery P，et al.，1995.Understanding curriculum：an introduction to the study of historical and contemporary curriculum discourses［M］.New York：Peter Lang.

Taylor P H，Richards C M，1979.An introduction to curriculum studies［M］. Atlantic Highlands，NJ：Humanities Press.